Los Países Bajos al abdicar Carlos V en 1555

Flandes y Artois ya no eran feudos de la Corona francesa. Las demás provincias de los Países Bajos ya no eran (desde 1548) feudos del Imperio.
--·--·-- Frontera del Imperio.

EL EMPERADOR CARLOS V

ROYALL TYLER

EL EMPERADOR CARLOS V

EDITORIAL JUVENTUD, S. A.
PROVENZA, 101 - BARCELONA

No se permite la reproducción total o parcial de este libro, ni su introducción en un sistema informático, ni su transmisión en cualquier forma o por cualquier medio, ya sea electrónico, mecánico, por fotocopia, por registro o por otros métodos, sin el permiso previo y por escrito de los titulares del copyright.

Título original: THE EMPEROR CHARLES THE FIFTH
Traducción de Juan Ríos Sarmiento
© Royall Tyler, 1956
© de la traducción española:
   Editorial Juventud, Barcelona (España), 1959
Tercera edición, 1987
Depósito Legal, B. 14.287-1987
ISBN 84-261-0288-3
Núm. de edición de E. J.: 7.765
Impreso en España - Printed in Spain
IBYNSA - Badajoz, 147 - 08018 Barcelona

ÍNDICE

	Prólogo	7
	Introducción	9
I.	Carlos y su fondo	15
II.	Borgoña	27
III.	Francia e Italia	34
IV.	Protestantes y política en Alemania	63
V.	La herejía se acerca	83
VI.	Problemas orientales	101
VII.	Problemas de gobierno en los Países Bajos	119
VIII.	La sucesión de los Habsburgo	131
IX.	Inglaterra hasta la muerte de Eduardo VI	138
X.	"La más bella boda del mundo"	152
XI.	Felipe y María	163
XII.	Las Españas: Hacienda, moneda y precios	174
XIII.	La ganancia	197
XIV.	Yuste y después de Yuste	205

PRÓLOGO

Tuve la suerte de conocer a Royall Tyler durante el curso de su varia carrera y admirar su universal personalidad. **En sus últimos tiempos me habló con aquella claridad y énfasis tan suyos de este libro, que él consideraba la obra principal de su vida.** *Poseía un conocimiento directo de Europa, su espíritu y su Historia, y al mismo tiempo representaba la mejor tradición de América, lo que le colocaba en un excelente punto de vista y le dejaba libre de todo prejuicio.*

Estoy agradecidísimo a William Royall Tyler, su distinguido hijo, que me confió el cuidado de esta extraordinaria obra de su difunto padre; fue para mí una profunda satisfacción el poder ponerme en contacto con el jefe de la renombrada casa "Allen and Unwin" y el ver publicado este importante libro.

Al revisar las pruebas mi amigo el doctor Breycha-Vauthier, director de la Biblioteca del Palacio de las Naciones, de Ginebra, ha prestado este postrer servicio en memoria de su grata colaboración con su colega Royall Tyler.

CARL J. BURCKHARDT

INTRODUCCIÓN

En una época de rápida evolución, cuando la Europa medieval se insinuaba en la moderna y el Estado nacional iba sustituyendo a los dominios reales, cuando la unidad de la cristiandad de Occidente se veía más amenazada que nunca, y la escuadra turca se encaminaba al Oeste, y el tradicional mecanismo económico cedía el paso al influjo del precioso metal de América, en aquella época, digo, aparece un hombre que vivió aquellos acontecimientos con más intensidad que nadie: Carlos I de España y V del Imperio. Apenas salido de la cuna, la suerte añadió a su patrimonio (que ya comprendía los Países Bajos y el condado palatino de Borgoña, así como los dominios de los Habsburgo) la presunta herencia de las Españas y del Nuevo Mundo. Antes de adquirir la plena condición de hombre recibió la dignidad imperial. Pero esto ya no podía soportarlo el Rey de Francia, y declaró la guerra. Y cuando el Papa concedió al joven césar la investidura de Nápoles, Carlos, para asegurarse las líneas de comunicación con su nuevo reino, se propuso arrojar de Italia a los franceses.

Había adquirido en el negocio de Europa la mayoría de acciones. Pero dejó la política de paz con Francia, que había permitido a las tierras borgoñonas reponerse tras la pérdida del propio ducado. Restablecimiento del ducado que sus primitivos consejeros habían esperado absorber mediante un casamiento y que ya era un propósito bélico cuyo buen éxito habría arruinado el edificio de la unidad nacional, elaborada por una larga serie de monarcas franceses y no completada hasta fecha reciente. Sólo una derrota aplastante consolidada por la ocupación, como la que Francia había conocido un siglo antes, habría arrancado de ésta tal sacrificio.

Aun sin contar los territorios de los Habsburgo, Carlos poseía aproximadamente el doble de territorios europeos que Francisco I, y Flandes era la comunidad más rica de los Alpes al Norte. Pero la céntrica posición de Francia y su bien entrelazada unidad presentaba un frente demasiado fuerte para que ninguno de los adversarios pudiese obtener una victoria duradera. Mas el desastre sufrido por Francisco I en 1525 y los redoblados esfuerzos que tuvo que hacer después, le aconsejaron buscar, dondequiera que fuese, la alianza de quienes hubiesen recibido agravio de Carlos o esperasen ganar algo a expensas del Emperador.

Enfrentados con un eje de Norte a Sur, que, aunque no estaba totalmente soldado, sí, al parecer, próximo a estarlo, apoyado pronto con la conquista de Túnez por Carlos y prolongado hacia el Norte por intermitentes alianzas y, después de la llegada de María, por una unión personal con Inglaterra, Francisco y Enrique II se esforzaron por conservar las aberturas que restaban y crear diversiones en el flanco y la retaguardia del césar. Les resultó útil la alianza con el Turco y los príncipes alemanes descontentos; pero nunca pudieron ser sincronizados estos dos instrumentos, porque el miedo de los alemanes ante el peligro turco les haría ayudar a Carlos en el momento grave. En desesperada busca de armas, el francés promovía todas las perturbaciones posibles: con Enrique VIII, el Papa, Venecia, los pequeños Estados italianos; lanzó planes para un Consejo General; hizo la corte a Polonia y a la Hungría de Zapolyai; utilizó a Escocia para neutralizar en lo posible las ventajas que Carlos y Felipe obtenían de su conexión con Inglaterra. Carlos se oponía cultivando alianzas en Alemania, Italia, Escandinavia, Inglaterra y hasta en Irlanda, tratando con Persia y con Iván el Terrible, haciendo pacientemente progresar un limitado acuerdo con Polonia, y logró contener la acción de Francia en aquel sector. En determinados momentos, toda Europa y partes de Asia y África tenían intereses, grandes o pequeños, en la lucha Habsburgo-Valois, que duró cerca de cuarenta años, para terminar inmediatamente después de la muerte de Carlos. Mucho antes se había visto éste forzado a renunciar a un plan para cuya adopción le había dado ánimos la conquista de Túnez y que se dirigía a liberar a Constantinopla y rechazar a los turcos hacia Asia. La causa que siempre detuvo su buena suerte fue siempre la falta de crédito y, después de algún tiempo, el peso de las deudas. Felipe II heredó las dificultades económicas que le podrían haber llevado a un acuerdo con Francia aunque hubiese sido por naturaleza tan emprendedor como su padre.

El paladín de la cristiandad, nuestro Carlos, era un débil y tímido muchacho, humorísticamente consciente de sus peculiaridades físicas. Cuando niño, era encogido, y aun pareció cobarde a más de un observador. Pero pronto se mostró intrépido, presto a sobresalir en todo varonil ejercicio, y dio muestras de una rara inclinación a la política y la estrategia, dones que mejoró hasta el límite con la práctica. Nunca tan contento como en las campañas, este artista de la lucha gozaba con las victorias incruentas. Era superior a todos en las derrotas, en las que su frío juicio salvaba sus tropas con una maestría que ganaba la confianza y la admiración de aquéllas. La vida de trabajo que llevaba no le dejó desenvolver sus condiciones musicales, que cuando niño parecía poseer en la misma medida.

Desde su juventud, todo el mundo sentía su magnetismo y reconocía en él un caudillo superior a lo corriente entre soberanos. Su atractivo puede ser explicado en parte por el hecho de que él pertenecía, en diferentes grados, a la mayoría de las razas europeas. Era español y portugués, pero también francoborgoñón; era holandés y Plantagenet (de remoto origen céltico). Aunque tenía poca sangre germana, descendía, por línea de varón, de los Habsburgo. Griegos e italianos, eslavos y lituanos figuran entre sus antecesores. Ni aun las razas de españoles judíos y árabes faltaban en su formación. Más que muchos de los espíritus europeos contemporáneos nuestros se hallaba libre de cierta limitación en las relaciones internacionales: la creencia, inconfesada pero perceptible, de que la corrección y el buen estilo son patrimonio de cierta especie de hombres.

Bien preparado para entender a los demás, daba a sus mismos servidores entero permiso para oponerle sus opiniones cara a cara y criticar su política y sus decisiones. Buscaba el contacto directo con sus adversarios, entre los cuales (excepto algunos germanos) logró crear una atmósfera en que las cuestiones delicadas podían ser discutidas sin ofensa para nadie. Cuando los repetidos fracasos demostraron que era imposible un arreglo, como entre él y Francisco I, habría preferido dejar la decisión a un duelo singular a seguir exponiendo a sus súbditos a una guerra. El enemigo le acusaba de estar siempre procurando usurpar los Estados de otros príncipes, con ánimo de dominar el mundo entero, censura que no viene bien con sus esfuerzos para preparar a sus pueblos a un porvenir conforme con los deseos de éstos. Al comienzo de su reinado ya se desprendió de sus heredadas tierras de Habsburgo, y con gusto hubiera dado Milán, cuando desapareció su nativa dinastía, a un príncipe francés casado con una de sus hijas o sobrinas, si con ello hubiese podido asegurar la alianza con Francisco I contra el Turco.

Se propuso arreglar las cosas de modo que España no tuviese que dirigir los Países Bajos, sino que éstos fuesen equiparados a Inglaterra, su antigua aliada. Su mayor proeza fue el asegurar su independencia respecto de Francia y el Imperio.

Era de naturaleza amable. Podía incendiarse; pero pronto se abatía la llama. Cortés y atento, se atraía la devoción de los que le servían. Nadie le hizo traición como la de Andrea Doria y Borbón a Francisco I. La jugarreta de Mauricio de Sajonia fue de orden distinto. Si sus ministros a veces cobraron con retraso, pronto supieron que los bolsillos del césar estaban también vacíos. Nunca depuso a un ministro. Indiferente a la gloria, comenzó a cansarse del poder y suspirar por la paz antes de la mitad de su carrera. En cuanto pudo marcharse sin abandono de su deber, se separó del mundo.

La historia de su reinado nos revela la intimidad de todos los problemas que agitaron a la cristiandad en una época de crisis. Nuestra generación es quizá más apta para comprenderlo y apreciar los servicios que prestó a Europa, que los contemporáneos, a cuyos ojos el orden de los Habsburgo fue condenado como reaccionario en las tierras en que ha sobrevivido hasta hoy. Y es que nosotros hemos tenido ocasión de comparar sus frutos con los de más recientes distribuciones.

* * *

Como quiero presentar a Carlos tal como apareció cuando sus contemporáneos comenzaron a conocerlo, he bosquejado los lugares entre los cuales nació, las personas que con él convivieron al principio y las influencias que formaron su personalidad y carácter. Conocedor de la parte que Borgoña tuvo en la formación de su mundo ideal, he pintado el nacimiento del grupo de Estados que rápidamente llegó a ser un elemento poderoso bajo los Duques de Valois, su momentáneo eclipse cuando se perdió el ducado y su reaparición, bajo Carlos, como centro de una asociación cuyos miembros ocuparon en Europa posiciones dominantes al Norte, Sur, Este y Oeste, buena parte del continente americano y avanzadas en África y Asia.

La política religiosa, internacional y financiera de tan desperdigados países daba mucho quehacer a Carlos y sus ministros. Y poco menos a los estudiosos que quieran comprenderlo. En vez de mezclar todos estos temas en una sola narración, dando a cada uno su calificación y haciendo amena la lectura, he tratado separadamente varios temas principales en los que todos pueden agruparse. Les he prestado particular atención a los asuntos cuya resolución tuvo más influencia en el curso de los acontecimientos. Se ha prescindido de lo relativo al Nuevo Mundo porque es un tema aparte, que requiere un estudio más completo de lo que aquí pudiera dársele.

Este libro se basa primeramente sobre la correspondencia del Emperador con sus ministros y embajadores y otros documentos de la época publicados durante el pasado siglo bajo los auspicios del Gobierno de los países en que se conservaban y por las monumentales series inglesas *Letters and Papers, Foreign and Domestic* y los *Candelars of State Papers, Spanish and Venetian*. También tienen valor esencial, aunque se han de usar teniendo en cuenta el color político de cada autor, los escritos de personas que conocieron a Carlos, negociaron con él y lo vieron actuar en política y guerra, o tuvieron otra ocasión de adquirir noticias directas sobre su actuación. Trabajando con estos elementos, muchos hombres cultos han coadyuvado, unos estudiando el reinado en conjunto, otros en alguno de sus aspectos.

Capítulo Primero

CARLOS Y SU FONDO

Carlos nació en Gante el 24 de febrero de 1500, de Felipe de Habsburgo, *el Hermoso,* y Juana de Aragón y Castilla, que después fue llamada *la Loca.* Vio la luz en la Prinsenhof, a una media milla de la ciudad, detrás del Gravenkasteel, la aún existente Torre de los medievales Condes de Flandes. De la Prinsenhof sólo queda una puerta de arco rebajado y parte del muro superior, perforado por una ventana que, según tradición, señala el sitio en que Juana fue entregada. Pero en el Museo Arqueológico de la Abadía de La Byloke, en los alrededores de Gante, existe una pintura del siglo XVI, que no es gran obra de arte y que muestra la Prinsenhof, con la procesión bautismal de Carlos camino de la entonces San Juan y ahora San Bavon. La casa parece una vivienda típica del siglo XV, no grande pero más agradable para habitarla que el Gravenkasteel, con buenos alrededores que faltan en el viejo edificio.

Cuando Carlos aún era niño, sus padres fueron a España, donde había nacido su hermano menor Fernando. Carlos quedó en Flandes, al principio al cuidado de Margarita de York, viuda, sin hijos, de Carlos el Temerario, Duque de Borgoña, la que ya había criado a María, hija y heredera del Duque, y a sus dos hijos, Felipe y Margarita. De manera que las más antiguas relaciones de aventuras que oyó Carlos fueron quizás ecos de la Guerra de las Dos Rosas narradas con tendencia yorkista. *Madame la Grande* (como la llamaban a esta seca rama de la Rosa Blanca, hermana de Eduardo IV) vivía en la Corte borgoñona, reverenciada y querida, desde que su marido cayó ante Nancy, en 1477, hasta su propia muerte, en 1503, con cincuenta y cinco años de edad, cuando nuestro Carlos tenía cerca de cuatro. Los padres de éste volvieron a los Países Bajos en 1504, pero no compensaron aquella pérdida. No habían de permanecer allí mucho tiempo. Además, el juicio de Juana estaba ya agotado, mientras que los placeres de Felipe cesaron con la muerte de éste, ocurrida en 1506. Pero a principios de 1507, Margarita de Austria, ya viuda, se fue a vivir a Malinas, y allí fue Regente y al mismo tiempo una madre para Carlos, que a la vez encontró un padre en su Gran Chambelán, Guillermo de Croy, señor de Chièvres.

Estos padres adoptivos diferían en opiniones políticas. Margarita, que había perdido en su infancia a su madre. no había conocido otra parienta que Margarita de York. Borgoñona de la vieja escuela, "*bonne Englese*", decía ella, consideraba a Inglaterra como aliada de su patria, y a Francia como natural enemiga de ambas. Estos sentimientos habían sido reforzados por una temprana humillación: llevada a la Corte de Francia como prometida de Carlos VIII, la habían vuelto a su casa para que éste pudiera casarse con la heredera de Inglaterra. Margarita se casó con don Juan, Príncipe de Asturias, y quedó viuda después de medio año de pasión conyugal. Fue después feliz con Filiberto II el Hermoso, Duque de Saboya, pero lo perdió, con veinticuatro años, sin hijos. Residió dos años en Saboya, en Bourg-en-Bresse, rodeada de arquitectos y escultores que trabajaban en su iglesia de Brou y sus tumbas, y se volvió a Flandes, rehusando varias proposiciones de matrimonio, la de Enrique VII de Inglaterra entre ellas, y se hizo cargo de sus sobrinos huérfanos. Era mujer de viva inteligencia, como se ve en la correspondencia con su padre, y de acertado juicio: se las arregló de modo que logró evitar un iniciado conflicto con Chièvres. Los primeros años de Carlos, pasados entre dos mentores muy distantes en carácter y opiniones, le enseñaron que las autoridades pueden chocar entre sí y que, aun teniendo un hondo sentido del respeto, a veces hay que dejar los consejos de la edad y decidir por sí mismo.

Conducida por Chièvres y por el canciller Juan Sauvage (o *el Salvaje*), la política borgoñona aún aspiraba a recobrar el ducado, que había ocupado Luis XI después del hundimiento de Carlos el Temerario en 1477, pero no por la fuerza. El casamiento había beneficiado a los ascendientes del joven príncipe. Pero le perjudicaron los compromisos entre Carlos y varias princesas francesas. Cuando murió Sauvage en 1518, el Regente y Chièvres convinieron que el sucesor fuese Mercurino Gattinara, servidor de Margarita de Saboya y de Maximiliano. El nuevo Canciller, pariente de Dante, consideraba a Italia el centro del mundo, y la política ya no siguió su carácter borgoñón, y Carlos obtuvo algunos triunfos a cambio de una posición espectacular y precaria en Italia y de no poder recobrar Dijon. Su final descanso no habría de ser en la Cartuja de Champiol, sino en El Escorial. La muerte de Gattinara, en 1530, hizo de Carlos su propio Canciller. Los Granvela, padre e hijo, nada hicieron por él. El propósito de Carlos había sido determinado por la unión de la influencia de Gattinara con la herencia del reino de España.

Antes de que la muerte de su padre le hubiese proporcionado el ducado de Borgoña, se colocó en la línea de sucesión a la Corona de Castilla. Murió Isabel la Católica sin heredero varón. La madre de Carlos heredó el reino, sin Aragón, Valencia ni Navarra. Isabel había nombrado Regente a su marido Fernando, por la enfermedad de Juana, con oposición de Felipe el Hermoso y los nobles castellanos. Y al morir Isabel quedó Fernando en el gobierno de toda España menos Navarra. Antes de un año, Fernando casó con Germana de Foix, sobrina de Luis XII, de la que tuvo un hijo, sucesor suyo como Rey de Aragón. El hijo de Germana murió pronto, y Fernando aspiró a ser sucesor en la Corona de España. Educaba a Fernando, hermano menor de Carlos. Se consideraba preferible que Carlos no visitara España hasta la muerte de su abuelo materno. Carlos conocía tan mal el castellano que no lo hablaba ni lo entendía cuando conoció España, en 1517, aunque varios españoles residían en su Corte de Flandes.

Al fin, al morir Maximiliano, Carlos visitó por primera vez los restos del antiguo Habsburgo. En cuanto al Imperio, Carlos gastó casi 1.000.000 de florines de oro en su elección, pues no se había hecho hereditario. Maximiliano sabía poco de su nieto mayor, del que decía que, si no fuera por su afición a la caza, le negaría el parentesco. El hábil Fernando había sido más de su gusto. Además, había prometido el Imperio, como si fuera suyo, a Luis II de Hungría, promesa hecha también a Enrique VIII.

Una mayor atención de su abuelo habría obviado las dificultades de Carlos sobre el espíritu y el idioma germanos, que nunca dominó. Maximiliano carecía de autoridad, es cierto, porque él había ido a casarse con María de Borgoña sin hablar francés, y después no usó otra lengua cuando escribía a sus hijos y nietos. Así lo hizo Carlos con su hermano y hermanas e hijos de éstos. Con sus propios hijos sólo habló español, su segunda lengua, aprendida en España desde 1522 hasta 1539. Quizá sea verdadera la afirmación atribuida por los españoles a Carlos de que el francés era propio para hablar con los embajadores; el italiano, con la mujer propia; el alemán, con los caballerizos, y el español, con Dios.

Carlos nació en francés y murió en español. Sabía alemán y algo de latín e italiano; pero nunca entendió bien el latín hablado por embajadores extranjeros. Conocía el flamenco familiar, y a veces caía en él hablando con los alemanes; pero no lo consideraba lenguaje culto: no tenemos cartas suyas escritas en flamenco.

Hasta su ida a España (otoño de 1517) nunca salió de los Países Bajos, salvo cuando fue a felicitar a Enrique VIII, que acababa de tomar Thérouanne, en 1513. Como Duque de Luxemburgo y después como Duque de Borgoña mantuvo una Corte borgoñona de carácter y francesa de habla. Se crió rodeado de retoños de familias borgoñonas, con algunos principitos alemanes elegidos por Maximiliano. Pero no hablaban alemán. El conde Federico del Rin pretendió a la hermana de Carlos, Leonor, y fue separado de la Corte por presuntuoso: la carta estaba en francés. Carlos fue declarado mayor de edad como Duque de Borgoña antes de tener quince años, y regía sus dominios con profundo sentido del deber. Trabajó obstinadamente en aprender el arte de gobernar. Chièvres le aconsejaba aire libre y ejercicio, con disgusto de su tutor, que lo quería latinista. Los príncipes jóvenes recibían lecciones de música, y reglamentariamente era elogiada su ejecución. No ocurría así con Carlos. Tenía innata pasión por la música. Cuando niño, se retiraba con disgusto de la espineta. También tocaba la flauta y otros instrumentos, y era buen cantor.

Estirpe

En sus primeros años, cuando se forma la personalidad, el corazón y la mente de Carlos se consagraban a la reconstrucción de su mutilada herencia. Los borgoñones que le rodeaban no consideraban definitiva la pérdida del ducado. El sentido tradicional de Carlos, su respeto al pasado, alimentaron en él un deseo de no fracasar en su tarea y humildad en cuanto a sus atribuciones. De las influencias que matizaron sus ideas y sentimientos, ninguna más importante que su estirpe, que conocía y estimaba mucho.

Corría por sus venas más sangre hispánica que ninguna otra, aunque se tenga en cuenta la injerencia francesa en la realeza española y los Plantagenet se cuenten como franceses. Pero descendía de la Casa Real de Francia no menos que por tres ramas de Valois: Duque de Borgoña, de Borbón y de Berri. De los borgoñones le venía aquella saliente mandíbula "Habsburgo". La sangre de Capeto llegaba hasta él por vía borgoñona, Casas de Castilla y Portugal, por Constanza de Borgoña, mujer de Alfonso VI de Castilla.

El papa Paulo IV, censurando a Carlos V y Felipe II, llamó a los españoles la simiente de los infieles y judíos. ¿Qué quería decir? Los antecesores de los reyes de Castilla eran llamados españoles de origen visigótico: *sangre de godos.* Es cierto que existe cierto misterio alrededor del nacimiento de Alfonso V (abuelo de Alfonso VI), al que los moros de aquel tiempo llamaban, según la crónica de Bayano, Adfunch-Ibn-Barbariya, o sea: "Alfonso, hijo de mujer berebere". Los historiadores cristianos de España corren un velo sobre tal historia infiel. Según ellos, el padre de Alfonso V, Bermudo II, lo tuvo de doña Elvira, hija del conde García Hernández, de Castilla; afirman la cosa con tanta vehemencia que se adivina la existencia de otra versión que no está demostrada. El hijo de Alfonso VI, don Sancho, que cayó, siendo muchacho, en la batalla de Uclés (1108), era ciertamente hijo de una princesa mora. La Casa Real de Castilla no desciende de don Sancho, cuyo origen, sin embargo, demuestra que todo era entonces posible en cuanto a uniones de príncipes cristianos con princesas moras. En una generación más antigua, el rey Ramiro II de León (muerto en 950) tuvo de la hermana de un reyezuelo moro llamado Alboazar un hijo que se avergonzaba tan poco del linaje de su madre que llevaba el nombre de Alboazar Ramírez, y con él adquirió renombre como héroe de la Reconquista y fue llamado Cid un siglo antes que Rodrigo Díaz de Vivar, el Cid de europea historia. El Cid Alboazar fue antecesor de Mayer, Trastamírez, Suárez, así como la mayor parte de las familias nobles de León, Castilla y Portugal, sin exceptuar la real. Otro ascendiente moro fue don Hernando Alonso de Toledo, bautizado cuando esta ciudad cayó en poder de Alfonso VI y cuya sangre, por los Enríquez y Pacheco, corría por las venas de los abuelos maternos de Carlos, y aun de su padre, a través de princesas lusitanas.

Estas filiaciones fueron consignadas por el fundador de la genealogía hispánica, don Pedro, Conde de Barcelona (muerto en el año 1346), hijo ilegítimo del rey Denis de Portugal, cuyo *Nobiliario,* impreso en 1640 pero bien conocido antes en manuscritos, es mirado con gran respeto por los historiadores de España. Pues bien, el conde don Pedro, como es llamado en España, menciona a cierto Ruy Capón, *almojarife* o recaudador de impuestos de la reina Urraca, hija de Alfonso VI, cuya ricamente dotada hija María Roiz casó con don Gonzalo Páez Tavera y, por los Correa y Portocarrero, fue origen de familias nobles y aun reales. La primera edición del *Nobiliario* no habla de la familia Ruy Capón. Pero en la segunda edición (1646) se ve una indignada nota que niega que Capón fuese judío, y afirma que el pasaje que tal decía en las primeras copias fue omitido desde las primeras ediciones impresas. Esto era cerrar la cuadra cuando ya se había escapado el caballo. Durante mucho tiempo ha sido un lugar común la identidad de Ruy Capón como judío y antecesor de las más ilustres Casas españolas. Poco después de la muerte de Carlos renació el escándalo con el conde Chinchón, un Bobadilla, cuya admisión en una Orden militar fue denegada por la razón de que aquél no tenía sangre azul. Hacia 1560 empezó a circular una carta aparentemente dirigida a Felipe II por un tío materno de Chinchón, don Francisco, cardenal Mendoza y Bobadilla, obispo de Burgos, que citaba a don Pedro para demostrar que todos los Grandes de España venían a ser iguales en cuanto a antecesores judíos e infieles, agregando algunos ejemplos. No se incluyó a la Casa reinante; pero todos creyeron que si los Pacheco y Portocarrero, Enríquez, Mendoza y Bobadilla tenían sangre hebrea, también la tendría el Rey. El papel circuló ampliamente con el título de *El tizón de la nobleza*. Se realizaron ciertos esfuerzos para recoger y destruir las copias; pero una existe en los Archivos de Toledo. Fue groseramente impresa varias veces en el siglo XIX por razones políticas, sin citar la fuente, que parece haber sido el manuscrito de Toledo. Casi todos los ejemplares modernos han desaparecido; pero hay por lo menos tres en la Biblioteca Nacional de Madrid. Fuese o no el cardenal Mendoza el autor de *El tizón*, era ciertamente genealogista, reconocido autor de un libro sobre el tema, que también ha desaparecido junto con el resto de sus trabajos, salvo las partes religiosas. Murió cuando iba a tomar posesión de la silla arzobispal de Valencia y la controversia desatada por *El tizón* se hallaba en su apogeo. No se sabe si se declaró autor.

Por fortuna para algunos, *El tizón,* como el también raro *Libro verde de Aragón,* contiene materias bastante ligeras y atrevidas para desacreditarlo, así como afirmaciones indemostrables, por muy ciertas que puedan ser algunas de las historias de ambos libros. Mucho más difícil habría sido impugnar el testimonio de don Pedro en cuanto al origen de Ruy Capón y el de otros linajes "no arios" en la más noble sangre de la Península. El erudito tiene aquí un tentador tema de investigación. Pero no es fácil llegar a la certidumbre sobre tales hechos, aun hoy e incluso para los mismos españoles, y no hay que decir para un extranjero.

En los ascendientes de Carlos hubo también infieles del Norte. Alejandra, hija de Oldgerd Jagellon, Príncipe de Lituania, tatarabuela de Carlos, nació y se crió como pagana: se convirtió al cristianismo para casarse con Ziemovit, Príncipe de Masovia (de la Casa de Piast), como su hermano Ladislao se casó con Jadwiga (de Anjou), Reina de Polonia. Este parentesco era más reciente que el de los judíos y moros consignado por el conde Pedro. El bautismo de Jagellon se celebró en 1386, sólo ciento catorce años antes del nacimiento de Carlos. Otro remoto precedente puede ser citado: el Suárez de Toledo de quien descendía Carlos por Fernando de Aragón procedía de la Casa imperial bizantina de Paleólogo.

De Alfonso VI en adelante, durante unos cuatro siglos antes de la época de Carlos, los reyes de Castilla se habían casado, en su mayor parte, con princesas extranjeras, y así iban emparentando sus Casas con las otras de la Europa occidental. De la portuguesa y aragonesa eran parientes de nacimiento. Cierto que apenas había entrado sangre nueva desde que la hija de Juan de Gante, Catalina, casó con Enrique III de Castilla. Por el lado de Felipe el Hermoso, la cosa iba mejor. Su abuelo, el emperador Federico III, era una mezcla de alemán, lituano, polaco e italiano. Pero Federico se casó con una princesa de Portugal, y la mujer de Maximiliano, María de Borgoña, era nieta de otra, con lo que se reforzaba el elemento ibérico. En cuanto a Carlos, aparte la dignidad imperial y la cerveza de Munich, nada teutónico tenía. Sería curioso averiguar si en sus innúmeras cartas escribió alguna vez la palabra "Habsburgo". Durante las guerras, aun en el Imperio, en el día de su gran triunfo en Mühlberg, llevaba la bandera de Borgoña. El sello que había adoptado al despojarse de todos sus títulos llevaba sólo las armas de España y Borgoña. Ya hemos visto a su paterno *grandsire* Maximiliano I dejando el alemán por el francés en su propia familia. Lo mismo ocurrió en la elección de nombres: Felipe y Margarita para los hijos de Maximiliano. Los hijos de Felipe el Hermoso recibieron también nombres de antecesores españoles o franceses: Carlos, Fernando, Leonor, María, Catalina e Isabel. En vano buscamos un nombre de Habsburgo, como Rodolfo, Alberto, Leopoldo o Ernesto, hasta que renacieron en la línea de Austria. El nombre de Maximiliano, que había de extenderse ampliamente, fue escogido por Federico III para su sucesor en memoria de un oscuro mártir: un caballero del siglo III que, según la leyenda, se convirtió al cristianismo en Austria. No se había dado antes a ningún Habsburgo ni a ninguno cuyo nombre pasase a la Historia. Su nombre debió de sonar como extranjero en el siglo XV, como el de Napoleón tres siglos después.

Esta predilección de los Habsburgo por los nombres franceses y españoles supone cierta consciente timidez de la Casa de Austria, recientemente elevada a la primera fila de las familias reinantes. Los dos o tres siglos transcurridos desde que el primer Habsburgo llegó a emperador no son nada en comparación con los que habían pasado desde Pelayo, Hugo Capeto y aun Guillermo el Conquistador hasta sus actuales descendientes. Los mismos embajadores de Carlos fueron a veces tachados por algún colega francés o inglés, que se permitió aludir al hecho de que los ascendientes de aquél por línea de varón eran simples duques o condes. Todavía en el siglo XVI quedaba en los Habsburgo huella de advenedizos a pesar de sus regias bodas. Federico III se mostró orgulloso de llevarse como esposa a una hija de Portugal: una de las primeras princesas de Casa Real antigua que casaron con un Habsburgo.

Carlos no necesitaba recordar que Felipe el Hermoso, su padre, hasta que fue Rey de Castilla, por su casamiento con Juana, había, a la muerte de Isabel la Católica, rendido homenaje por todos sus Estados: por unos, a la Corona de Francia, y al Imperio por el resto. El mismo Carlos, aunque no respondió en persona a una invitación dirigida a él, como primer vasallo de Francia, para asistir a la coronación de Francisco I, envió un representante, rindiendo, pues, homenaje. Fácil es imaginar cómo brillaría para Carlos la corona de Pelayo, perteneciente a la dinastía más antigua de Europa; pero en su testamento político, escrito para Felipe en 1548, encargó a su hijo que no renunciara nunca sus derechos sobre el ducado de Borgoña, "nuestra patria".

Lo que vio Carlos en el extranjero

Si Carlos "sintió" a Europa más que ningún otro soberano anterior o posterior fue debido no sólo a sus amplios estudios de los problemas políticos y a sus negociaciones personales con gobernantes y hombres de Estado, sino también a sus viajes. Residió en los Países Bajos diecisiete años, pero visitó todos los centros y rincones. Después, su estancia más duradera fue en España, de julio de 1522 a julio de 1529, durante la cual ordenó sus reinos ibéricos de Norte a Sur y de Este a Oeste. Después, por orden de duración: sus últimos tres años y medio en los Países Bajos (1553 a 1556); su primera visita a España, de dos años y medio; dos años o dos años y medio en el Imperio (1546 a 1548, y junio de 1550 a noviembre de 1556); dos años menos unos días en España (1533 a 1535), y después, por un período igual, de septiembre de 1556 a su muerte, en septiembre de 1558. Fuera de esto, en ningún sitio pasó dos años. Es decir, que en treinta y ocho años, desde su partida de Flandes hasta su abdicación, la mitad la pasó en estancias de menos de dos años en todas partes. Visitó el Imperio nueve veces; España, siete; Italia, siete; Francia, cuatro (dos en guerra); Inglaterra, dos veces, y África del Norte, otras dos. De sus cincuenta y ocho años y siete meses de vida, estuvo aproximadamente veintiocho años en los Países Bajos, dieciocho en España, ocho en el Imperio, dos y medio en Italia, seis meses en Francia, cuatro meses y medio en África, dos meses en la Lorena y unas seis semanas en Inglaterra. En el mar: ocho viajes por el Mediterráneo y cuatro entre los Países Bajos y España, por el Atlántico. Nunca visitó Portugal ni Venecia. Nunca vio el Adriático. Sus viajes por el Imperio lo llevaron arriba y abajo por el Rin, por Würtenberg, Baviera y las provincias de Austria, y sólo una vez a Viena y nunca a Praga ni a Buda. El valle medio del Elba era su límite oriental en Alemania. Su observación de Francia fue adquirida en una tranquila expedición (1539), en la que entró por el extremo occidental del Pirineo y siguió por Bayona, Dax, Burdeos, Loches, Tours, Blois, Orleáns, Fontainebleau, París, Compiègne, La Fère, hasta los Países Bajos por Cambrai; en una visita que en Aigues Mortes hizo a Francisco I, otra en Provenza y otra por la Champagne y Chateau-Thierry. De Inglaterra vio Dover y Cantorbery en su primera visita, y en la segunda, Londres, Richmond, Hampton Court, Windsor, Winchester, Bishop's, Waltham y Southampton. En Italia conoció su reino en Nápoles, Sicilia, Cerdeña, su ducado de Milán; fue por tierra desde Reggio-di-Calabria a los Alpes; pasó unas Pascuas en Roma; hizo dos estancias de varios meses en Bolonia; cruzó la Toscana, Piedmont y la república de Génova, y desembarcó también en Córcega.

Nunca vio Habsburgo, fortaleza de una baronía de donde sus ascendientes tomaron un nombre de que él mismo se apartó. Se dice que el *Hab* de Habsburgo deriva del alemán *Habicht,* pariente del inglés *hobby* y del francés *hobereau,* que significa *halcón.* El mismo castillo está encaramado en un promontorio que se alza sobre un valle donde se reúnen los ríos Aar, Reuss y Limmat para correr al Rin, y domina los principales caminos de Alemania al San Gotardo, que siguen hasta la llanura de Lombardía. Era la mejor colocada de muchas fortalezas semejantes, construida por señores feudales de lo que ahora es Suiza alemana, entre los cuales los antecesores de Carlos fueron haciéndose los más poderosos, especialmente cuando agregaron Austria a otras posesiones adquiridas por casamiento, aunque solamente para ser expulsados de su original nido de halcones, mucho antes del nacimiento de Carlos, por los confederados helvéticos, victoriosos en una larga lucha decidida en la batalla de Sempach (1386), cuando Leopoldo, Duque de Austria, perdió a su mujer. Francisco I pudo forzar a Carlos a atravesar Francia, de España hacia los Países Bajos, y hacerle un magnífico recibimiento. Los suizos nunca le invitaron a ir de Alemania a Italia por el camino recto, sino que le dejaron dar la vuelta al Brennero. No habían olvidado que a lo largo del camino de San Gotardo los antiguos Habsburgo habían cobrado peaje durante varias generaciones a los caminantes y mercaderes. Se podría creer que el tiempo había suavizado aquellos recuerdos; pero cuando el último emperador-rey Francisco José mostró deseos de comprar el Habsburgo al Cantón de Aarau, las autoridades locales vacilaron. El castillo se convirtió en un restaurante popular, que continúa allí para que todos puedan averiguar el camino que han de seguir. El más vulgar poste indicador señala la vuelta que hay que dar para ir de la carretera a la pista que sube hasta aquél.

Su mundo interior

Carlos nació el último año del siglo XV. No sin razón se ha dicho de él que pasó por su época (el Renacimiento) como un medieval extranjero. No parece que relacionara al Tiziano, a quien admiraba, ni a la arquitectura neoclásica, que él favorecía, con la idea de un renacimiento, o con los albores de un día que dispersaba las sombras. Le gustaba poco el latín. Nunca se aplicó al griego. Raras veces leía literatura antigua, ni aun traducida. Cuando joven, su autor favorito era un caballero del Franco Condado, Olivier de la Marche, que había pertenecido a la Corte borgoñona bajo Felipe el Bueno, Carlos el Temerario, María y Maximiliano y Felipe el Hermoso, y que murió en 1502, con unos ochenta años de edad.

Las *Memorias* de La Marche habían causado tal escándalo, por su descarado lenguaje, que su viuda fue requerida para que entregase su copia, de la que fueron cortados muchos folios. Lo mismo se hizo con otras copias. El texto que conocemos nada contiene que Chièvres o Croy pudiesen haber prohibido a Carlos. *Le chevalier délibéré*, de Olivier, poema alegórico en elogio del valiente en general, y en particular de Carlos el Temerario, se imprimió varias veces en vida del autor.

Carlos no podía menos de procurar la recuperación del Ducado de Borgoña. Todos lo sabían. Pero él tenía otra ilusión que pocos conocieron, aun entre sus íntimos: Constantinopla. En su primera edad, cuando aún tenía tiempo para leer, cayó sobre La Marche como un muchacho victoriano habría caído sobre *Tom Brown* o las novelas de Fenimore Cooper. Sabemos que tenía *Le chevalier délibéré,* reimpreso al final de su reinado, y que un ejemplar fue con él a Yuste. Los escritos de Olivier son una buena clave para comprender la intimidad de Carlos. La caballería es tema constante. En las *Memorias,* el Emperador leyó la vida de Jacques de Lalaing, el mejor justador de la Corte borgoñona, que desafió a todos los que durante un año llegaran, y se batió con treinta caballeros cuando aún no tenía treinta años, proeza que le valió el Toisón de Oro. Y al regresar de Escocia por Inglaterra provocó a los campeones de Albión. Aquel reto no se ajustaba al uso inglés, y nadie lo aceptó. Pero cuando iba a darse a la vela para Flandes, una barca se acercó, desde la cual un caballero galés gritó que deseaba romper una lanza con Lalaing. Había corrido tras él por toda Inglaterra. Fijados lugar y fechas para Flandes, apareció a su tiempo el caballero, y dio tanto como recibió o más.

Estos combates llenan la mayor parte de las páginas, mezclados con esbozos del carácter de los duques, especialmente de Carlos el Temerario, en quien no notaba otra falta que el haber intentado mucho. Pero no por vulgar ambición. El Duque, igual que antes su padre, ardía en deseos de vengar la injuria hecha a la Fe cuando los turcos tomaron Constantinopla y mataron al emperador griego.

El hilo de la historia era la desgracia de haber dejado a la Media Luna dominar a la Iglesia de la Divina Sabiduría, y el deber de los príncipes cristianos de borrar aquella mancha. Carlos el Temerario tomó sobre sí la carga de tal empresa, y esto le forzó a dominar a sus vecinos. Cuando acabó, no murió solamente un conquistador, sino un campeón que había hecho suya la causa de Dios.

Éstas fueron las ideas que absorbía nuestro Carlos durante sus más impresionables años. La historia de su bisabuelo borgoñés, interpretada por La Marche, fijó la meta que en seguida se señaló y que nunca perdió de vista. No podía publicar sus propósitos; pero ya veremos que en la cima del poder brillaba ante él la liberación de Constantinopla como la coronación de sus esfuerzos y que todas las tropas que pudiera reunir Francisco I eran pocas para estorbar aquel propósito. Además de las razones que sus antecesores borgoñones tuvieron para el sacrificio, él tenía la de aquel esfuerzo de Paleólogo que Carlos recibía de sus antepasados los Suárez de Toledo.

Las disquisiciones de Olivier sobre la genealogía de Felipe el

Hermoso resultaban para el joven príncipe tan encantadoras como un libro de caballería. Austria había sido en tiempos un reino, según Olivier había descubierto "en crónicas antiguas", y un muy noble reino. Un príncipe de la Real Casa de Troya llamado Príamo había caminado hasta Austria, gobernó en ésta caballerosamente y dejó varios hijos para continuar el linaje. Por el mismo tiempo, otro príncipe troyano, Paris, había fundado la ciudad francesa que lleva su nombre; un hijo de Paris, Francio, dio su nombre a Francia. A la muerte de éste, los hombres de Paris no encontraron jefe capaz de conducirlos, y llamaron a Marcomiro, hijo de Príamo de Austria, que se hizo Rey de Francia y fue padre de Faramound y que, según creencia general, fundó la monarquía francesa. Austria había dejado de ser reino porque cuando Nuestro Señor apareció sobre la tierra, su rey, como los de otras tierras (pero no Francia, conste), se despojaron de su corona por deferencia al Rey de todas las cosas. Si fuese necesaria otra prueba del origen troyano de la Casa de Austria, se hallaría en sus primitivas armas, con cinco alondras de oro "como las de Troya".

Y así se va presentando la Historia, escena tras escena, como los tapices de Arras que cubrían las paredes cuando Carlos se dio cuenta por primera vez de lo que le rodeaba. Federico de Troya-Austria se distinguió en las guerras contra los sarracenos. Uno de sus descendientes, inmediato antecesor de Felipe el Hermoso, casó con una Habsburgo, dama distinguida por su virtud, aunque de feo rostro. Sus hijos llevaron el nombre y las armas de Austria. De manera que hallamos descendientes de los reyes de Troya por línea de varón. Los ascendientes de Carlos fueron siempre de sangre real.

Después, la ascendencia portuguesa. Algunos escritores superficiales aparentan despreciar la Casa de Aviz porque su fundador, el rey Juan, era hijo ilegítimo. Según Olivier, una rama de los reyes de Troya, el soberano mayor del mundo antiguo, fue el origen de la dinastía de la Casa de Aviz, ilustrada por las caballerescas hazañas de los Duques de Borgoña, que habrían recobrado Santa Sofía si los avaros reyes de Francia no se hubiesen atravesado. Ni la conquista de México, cuya noticia llegó cuando Carlos visitaba España por vez primera, ni la del Perú, exaltaron la imaginación de aquél como las fantasías de Olivier. El Nuevo Mundo no era para él más que riqueza. Los enviados protestantes que de súbito aparecieron en el camino de una montaña de la Carintia cuando Carlos huía de Mauricio de Sajonia, en 1552, sabían que la más tentadora oferta que podían hacerle era la del trono de Constantinopla.

Capítulo II

BORGOÑA

Sum burgundus ego: sed non me poenitet hujus nominis; hoc quondam Aquilas tremefecit etipsos pendere Romanos insueta tributa coegit.[1]
Ahora, Francia es Francia, Alemania es Alemania, y ambas son vecinos paredaños, como nuestra edad ha aprendido a su costa. Estados más pequeños: Suiza al Sur; Holanda, Bélgica y Luxemburgo al Norte, neutrales o supuestos neutrales, se hallan como muelles finales de un viaducto destruido por las mareas. Tiempos hubo en que parecía posible que una nación intermedia, con su centro en el corazón del terreno amenazado, pudiese reclamarlo y obtenerlo, y aun usarlo para promover pacíficas relaciones entre el Este y el Oeste. Lotaringia (nombre tomado del nieto de Carlomagno) estuvo a punto de hacer este papel. Borgoña lo intentó una y otra vez, últimamente bajo nuestro Carlos, cuando parecía posible aquel estado intermedio y que Inglaterra se asociara con él.

Sería absurdo atribuir propósitos "europeos" a Gundobaldo o San Segismundo, del primer reino de Borgoña, o a Rodolfo y Conrado, el Pacificador, del segundo. Todavía los borgoñones, cuando en el siglo v se introdujeron en la Galia, hablaban latín y eran cristianos, mientras sus vecinos Alamanni a un lado y franceses al otro

---

1. "Soy borgoñés; pero no lamento el nombre. En tiempos, hizo temblar a las Águilas y forzó a los mismos romanos a pagar tributo" (Pierre de St. Julien, deán de Chalon-sur-Saône, después de leer las censuras de Amiano Marcelino sobre los borgoñeses en el siglo iv).

permanecían paganos. Clodoveo, Rey de Francia, fue convertido al cristianismo por la reina Clotilde, católica, sobrina de Gundobaldo, que desde Lyón y Ginebra gobernaba un reino que comprendía lo que conocemos como Ducado de Borgoña, el Franco Condado, la Suiza que hablaba francés, Saboya, el Delfinado y la Alta Provenza. El primer reino sucumbió en 532-534. Quedan pocas noticias de él; pero Gundobaldo es recordado como legislador. Su *Loi Gombette* vivió hasta Carlomagno. Todos los restos hablan de una civilización superior a la de sus conquistadores.

Se puede afirmar que los borgoñones fueron atraídos por la vid. Desde su antigua tierra del Báltico, buscaron, en el siglo IV, las orillas del Rin. Poco después se trasladaron a regiones famosas por sus vinos blancos y tintos, a los que dieron su nombre.

Después de conquistada por los francos, la parte de Borgoña últimamente conocida como Ducado se convirtió en feudo de Francia. Hacia el fin del siglo IX fue fundado un segundo reino de Borgoña, con su sede en Payerne (Cantón de Vaud), que descendía hasta el Mediterráneo, e incluyó por algún tiempo el antiguo reino de Arlés. Cuando se liberó de los señores que lo regían por partes, reconoció el señorío del Imperio: lazo frágil, pero que duró siglos. Entre aquellos señores se hallaban los más antiguos conocidos de la Casa de Saboya, que fue adquiriendo gradualmente la Suiza francesa de hoy, y la conservó hasta la Reforma. El Delfinado pasó a la Corona de Francia en 1349. Provenza, en 1486. Los habitantes de orillas del Ródano abajo de Lyón han llamado siempre, a la de Levante, *banda del Imperio,* y a la de Poniente, *banda del Reino.* El segundo reino vive en la corona del rey Rodolfo, uno de los más venerables y magníficos objetos que hay en el Tesoro del Sacro Romano Imperio.

Exactamente al terminar el Segundo Reino, Roberto, hijo del rey Roberto I de Francia, obtuvo posesión de lo que luego fue el Ducado; se le reconoció como Duque cuando su hermano entró a reinar como Enrique I, en 1031. Cluny se hizo centro espiritual de la cristiandad latina, y de allí salieron las grandes iglesias románicas de Borgoña. Los monjes de Cluny y del Císter se extendieron desde Borgoña por Europa. Bajo la influencia de Cluny, España dejó el rito visigótico por el romano; su arte nativo, por el románico francés.

Muchos colonos de Borgoña siguieron a su conde Ramón cuando vino a casarse con doña Urraca, heredera de Alfonso VI de Castilla. Ayudaron a repoblar las ciudades y construyeron iglesias muy semejantes al modelo borgoñés.

Después, Borgoña fue eclipsada por la refulgente monarquía de Felipe Augusto y San Luis. El último duque de la primera raza (directamente Capeto), Felipe de Rouvres, heredó el Condado de Bolonia y llevó la bandera borgoñona al Canal. A la muerte de Felipe de Rouvres, el feudo de Borgoña volvió a la Corona de Francia. Más adelante, bajo Carlos el Temerario, el Ducado adquirió una importancia aún mayor, porque Francia se encontraba sumida en la dolorosa Guerra de los Cien Años.

El Duque de Borgoña llegó a ser el prepotente gobernante de Europa. Sus rentas equivalían a las de Venecia. Pero el Duque debía homenaje por todos sus territorios: el Ducado, Flandes y Artois, al Rey de Francia, y al Emperador por el resto.

El azar tuvo parte en la espectacular alza y baja de Borgoña bajo los Valois. Tales acontecimientos interesan aquí porque suministran el fondo del pensamiento de Carlos V, como constituyen el nuestro los acontecimientos desde hace siglo y medio hasta hoy. El rey Juan de Francia llamado *el Bueno* dio a su hijo favorito, Felipe el Atrevido, el Ducado de Borgoña, y además obtuvo del emperador Carlos IV la investidura del Franco Condado, que así volvió a unirse con el Ducado después de cinco siglos de separación. Aplazado el matrimonio entre Margarita de Flandes y Felipe de Rouvres, el Rey comenzó negociaciones en favor de Juan de Nápoles, heredero de Provenza, lo que podía haber dado a Borgoña una salida al Mediterráneo. Seguro de la lealtad de Felipe, el rey Juan no pensó que el Duque de Borgoña, poseedor de aquellos tan importantes feudos, podía buscar su total independencia. Y, en efecto, Felipe no lo intentó; pero su hijo Juan Sin Miedo no era un francés cualquiera. Hablaba el flamenco lo mismo que su lengua. Carlos VI de Francia había sufrido ataques de locura durante varios años cuando Juan fue Duque. El hermano de Carlos VI, Luis, Duque de Orleáns, aprovechó la enfermedad del Rey para encargarse de los negocios, gastó fondos públicos, provocó a Inglaterra y dejó que Juan (muy despierto en las artes de la demagogia) se hiciera un nombre como capitán del populacho. La política borgoñona iba tomando un rumbo peligroso para Francia. No habían pasado más que tres años desde la muerte de Felipe el Atrevido cuando (1407) Orleáns fue asesinado por instigación de Juan, crimen que tuvo repercusión en 1419 con el asesinato del propio Juan en el puente de Montereau.

El sucesor de Juan, Felipe el Bueno, para vengar a su padre, entró en la alianza inglesa. El tratado de Troyes (1420) obligaba al desgraciado Carlos VI a reconocer a Enrique V como heredero.

Al mismo tiempo, Felipe obtenía de Enrique la confirmación de los feudos que por éste tenía, con recientes concesiones que llevaban sus fronteras hasta sesenta millas de París. La muerte de Enrique V (1422) dejó a Inglaterra sin guía. Juana de Arco puso en llamas a Francia; quizás una chispa alcanzó a Felipe. Éste (1435) hizo la paz con Carlos VII y se dedicó a consolidar sus Estados y mejorar su administración. Era un estadista: comprendía a sus súbditos; era francés con los franceses, y con los flamencos, flamenco. Como su abuelo, protegía el arte, pero no era como su padre, sino leal y magnánimo. Le llamaban *el Aseñorado,* por dueño de sí que era. Después fue llamado *el Bueno.* De su tercera mujer, Isabel de Portugal, tuvo un heredero; pero también tuvo muchos bastardos. Se contentó prudentemente con las posesiones heredadas, pero las fue redondeando como pudo sin gran riesgo. Se anexionó Luxemburgo; Hainaultz y Holanda pasaron a Borgoña por un derecho heredado de su madre. Vino poco después el Brabante. Las cuatro provincias eran feudo del Imperio.

Carlos, cuarto y último duque de la segunda rama, era distinto de su padre, con quien tuvo fuertes querellas.

Se parecía mucho a su madre, de la que *el Bueno* decía sonriendo que era la mujer más falsa que había conocido. Hablaba de sí mismo unas veces como inglés y otras como portugués, y decía que amaba tanto a Francia que le deseaba no ya un rey, sino seis. El temperamento de la familia, a pesar de *el Bueno,* hervía secretamente en su puritano hijo, vengativo y ambicioso. Le llamaron *el Atrevido* o *el Trabajador.* La posteridad le llamó *el Temerario.*

Con la prosperidad y riqueza de Borgoña y el agotamiento de Francia, Carlos creyó que podía imponerse a su señor. Antes de morir su padre, ya había hecho tanteos apoyando a la Liga del *Bien público* contra Luis XI. En el campo diplomático no podía compararse con su adversario. Una vez Duque, puso manos a la obra. Casó con Margarita de York. No pudo esperar a que Inglaterra estuviese preparada, e invadió Francia en 1472; pero tuvo que aceptar una tregua en 1473. En enero de 1474 declaró en Dijon que el antiguo reino de Borgoña había sido usurpado e injustamente reducido a ducado por Francia. Pero Luis XI tenía a su lado al astuto Felipe de Commynes, ex favorito de Carlos, que, asustado por la ambición de éste, lo dejó por Luis en 1472.

En julio de 1474, Carlos y su cuñado Eduardo IV firmaron un tratado por el que Carlos reconocía a Eduardo como Rey de Francia, y éste prometió liberar a Carlos de su vasallaje y además cederle nuevos territorios, como Champagne y Bar, con lo que se ligaban los dominios del Duque en el Norte con el Ducado *cum* Franco Condado. Eduardo había de invadir Francia en julio de 1475 y reunirse allí con Carlos y un ejército de 10.000 hombres. Y Carlos, en vez de reunir sus fuerzas para la suprema lucha con Francia, se lanzó a una expedición por tierras del Rin. Y entonces Alsacia, que le había sido empeñada por Segismundo de Habsburgo, se sublevó, apoyada por los suizos, con el asombroso resultado de que suizos y Habsburgos, que llevaban dos siglos peleando, formaron frente común contra Borgoña. Luis XI aprovechó la oportunidad para ayudar a los suizos a pagar la deuda (con lo que Alsacia quedó libre) y excitar al Duque de Lorena para que atacase a Borgoña. Carlos replicó invadiendo Lorena. Cuando Eduardo IV desembarcó en Francia, con el mayor ejército que nunca envió Inglaterra, Carlos no estaba allí, y los ingleses se encontraron frente a un ejército tan fuerte como el suyo. Tras algunos encuentros, Eduardo acordó con Luis una tregua de siete años.

Carlos firmó también una tregua, y entonces intentó castigar a los suizos. Llegó al territorio de Neuchâtel, su aliado a la fuerza, tomó el castillo de Grandson y, con su acostumbrada ferocidad, ahorcó a cuatrocientos hombres de la guarnición. Siguió hacia delante y fue completamente derrotado por los suizos. Sufrió aún otra derrota en el cantón de Friburgo. El botín de Grandson se ve todavía en Berna, Bulle y Gruyère.

Trastornado por aquellos desastres, Carlos se lanzó, perdiendo los pocos amigos que le quedaban, a mandar a La Marche que raptase a la Duquesa de Saboya con sus hijos, el mayor de los cuales fue el único que se salvó. Fue después contra la Lorena, cuyo Duque, Renato II, había recobrado a Nancy con la ayuda de tropas suizas pagadas por Luis XI. Carlos, en discusión, abofeteó al jefe de éstas, y los mercenarios italianos se retiraron. A los oficiales que procuraban convencerle de que era locura seguir la guerra replicaba que seguiría aunque tuviera que luchar solo. Combatió el 5 de enero de 1477. Su cuerpo fue encontrado dos días después en el estanque helado de San Juan, destrozado y desfigurado, cerca de Nancy. Su triunfo y su ruina le sirvieron a nuestro Carlos, que los conocía por las *Memorias* de La Marche, de advertencia contra la excesiva ambición.

Tras la caída de Carlos el Atrevido, los dominios borgoñones al sur de la falla Champagne-Lorraine quedaron reducidos al Franco Condado y al enclave de Charolais, que fue perdido en 1477 y recobrado en 1493. Borgoña era aún rica y poderosa y alcanzaba hasta los Países Bajos. Las andanzas de Carlos habían arruinado la posición de la Casa de Saboya entre el Jura y el lago Leman. Los de Berna encontraron pronto nuevo motivo para volver. En 1502, Filiberto de Saboya, *el Hermoso,* casó con Margarita de Austria; pero poco después Berna ocupaba todo el Cantón de Vaud, que se redujo a un triste vasallo de aquella orgullosa monarquía hasta después de la Revolución francesa.

De su segunda mujer, Isabel de Borbón, sólo tuvo Carlos el Atrevido a María de Borgoña, en la que recayó la gran herencia. Luis XI hizo cuanto pudo para atraérsela, por amor, por engaño o por fuerza, para el Delfín, futuro Carlos VIII, esperando obtener aquella parte de los dominios de Carlos que él no había podido ocupar. Inglaterra, aliada de Borgoña, estaba deshecha con las guerras de las Rosas. Pero María no perdió la cabeza. Su padre, según decía, deseaba que se casara con Maximiliano, y ella no quería a ningún otro. Terminó aquello súbitamente con la muerte de María. Dos hijos quedaron: Felipe el Hermoso (padre de Carlos V) y Margarita, la futura regente. Quedaba asegurada la sucesión borgoñona.

Porque Borgoña subsistía. En la mente de sus contemporáneos se había formado un conjunto de todos los Estados de Borgoña, a pesar de la pérdida del Ducado. Las fuerzas llevadas a Francia por Carlos V y Felipe II eran llamadas ejército borgoñón y estaban formadas, aparte muchos españoles y alemanes, por contingentes ingleses, y de vez en cuando flamencos y del Franco Condado. Un siglo y más pasó antes de que Europa se acostumbrase a la idea de que Flandes no era ya de Borgoña, y Borgoña enteramente francesa. No es raro que Carlos se empeñara en restaurar la gran herencia a lo que era veintitrés años antes de que él naciera, y aun aumentarla, y el matrimonio de Felipe II y María Tudor fue como la respuesta a la plegaria de una vida entera.

Carlos V nunca visitó el Ducado, ni siquiera el Franco Condado. Pero conocía íntimamente a varios hijos de ellos, y sin duda habría rechazado con desprecio una indicación de que eran franceses. Ciertamente, los borgoñones son de raza aparte. Todavía resuena su acento desde Auxerre hasta la cabeza del lago Leman y en lo alto del valle del Rin. Persiste allí cierta comunidad de sentimientos después de rotos los lazos políticos. San Pedro de Ginebra pertenece a un estilo del cual Autun es un típico ejemplo. La catedral de Lausana se ajusta al gótico borgoñón que se ve en Dijon, Besançon, Semur y Saint Thibaut-en-Auxois.

Aun hoy encajan bien en la comunidad francesa. No hay señal de separatismo. Con Bélgica no ocurre igual. La Historia se halla

Carlos V nació en Gante el año 1500 y murió en el monasterio de Yuste a los 58 años.

EL EMPERADOR CARLOS V
(1533)
Retrato atribuido a Cranach el Viejo

BORGOÑA

mezclada con una interminable controversia entre flamencos y valones; aquéllos son tradicionalistas y católicos; éstos, liberales y anticlericales. Según los flamencos, la Casa de Borgoña intervino providencialmente manteniendo a los Países Bajos fuera de la órbita de Francia, conservándoles su carácter, su fe ancestral y librándoles de las ideas de la Revolución francesa. Carlos V es un héroe flamenco, al que se le reconoce (y aun a sus sucesores) una deuda de incalculable magnitud. Pero los valones, que hablan francés y no soportan las complicaciones de la tradición, no olvidan las represiones por los soberanos borgoñones y Habsburgo de los movimientos populares y las limitaciones de las libertades municipales; y aun hoy desearían desprenderse en cuanto a educación y otras materias, aunque pocos se prestarían a su absorción por Francia. Las dos guerras mundiales no han suprimido el problema. Muchos flamencos se oponen a la influencia alemana; pero a veces dicen que contra la más sutil influencia francesa se necesita una preparación defensiva especial.

Los valones beben todavía al estilo borgoñón. Las cuevas escondidas en la roca del valle de Meuse, particularmente por Namur, parecen construidas para la madurez del vino. Holanda bebía en tiempos borgoña: el más ilustre holandés, Erasmo, no bebía otra cosa; pero el holandés se ha pasado al clarete, de transporte más barato. Holanda, por las razones que sean, ha huido del Ducado. Pero entre la Bélgica de lengua francesa y Borgoña nunca han cesado las relaciones. Muchas casas nobles de ambas comarcas se han ido uniendo por matrimonio generación tras generación.

Éstos son los vestigios, como cumbres que aquí y allá emergen del mar, de lo que Carlos V quiso convertir en un poder intermedio entre Francia y Alemania.

Capítulo III

FRANCIA E ITALIA

Chièvres: pacificación con Francia

Guillermo de Croy, señor de Chièvres, llevaba un nombre que hablaba de paz con Francia. La familia descendía de una rama de la Casa Real húngara de Arpad; pero se hallaba establecida en la Picardía desde el siglo XII. El bisabuelo de Guillermo, Juan de Croy, fue muerto en Francia, en Azincourt. Su abuelo, Antonio, progresó bajo Felipe el Bueno desde 1435, cuando el Duque iba haciendo las paces con Carlos VII. Las riquezas que amontonaron él y su familia daban sombra a Carlos el Atrevido, y la suerte de Croy declinó por algún tiempo. Felipe, hijo de Antonio, padre de Chièvres, casó con una hija de Luis de Luxemburgo. Según sus contemporáneos, Chièvres había recibido con la leche materna la tendencia de su abuelo a jugar a los dos lados contra el medio, y había heredado la rapacidad de Croy. Emparentado con muchas Casas grandes en ambos lados de una sinuosa frontera entre Francia y las posesiones norteñas del Duque de Borgoña, no desaprovechó las oportunidades. En cierta crítica ocasión, gracias a él los negocios de Borgoña fueron cautelosamente dirigidos. Chièvres se las compuso para conservar la confianza de su príncipe mientras él llevaba una política de paz, cuya falta había sido fatal para Borgoña.

Nombrado gobernador por Carlos cuando Felipe y Juan fueron a España para no volver, Chièvres permaneció ya junto a su joven señor para toda la vida. Estaba indicada para regente Margarita de Austria, Duquesa viuda de Saboya. Pero la influencia de Chièvres se había fortalecido. Su designación para chambelán, en 1509, no hizo más que consagrar su posición. No teniendo hijos propios, quedó al cuidado de Carlos, que correspondió a su afecto. Bajo la guía de hombre tan experimentado, aquel mal dotado, desconfiado y casi cobarde muchacho adquirió el dominio de sí mismo, lo que fue el principal resorte de una fuerte personalidad y le permitió adquirir el arte de dirigir a los otros.

A pesar del disgusto de los resistentes borgoñones, impacientes por recobrar lo perdido por Carlos el Atrevido, Borgoña se mantenía aparte de la *Sainte Ligue* formada contra Francia por el Papa, el Emperador y Enrique VIII, que condujo a la victoria de Maximiliano sobre los franceses en Guinegate, mientras Fernando el Católico, el otro abuelo de Carlos, iba expulsando de Navarra a los francófilos Albrechts. Sin el moderado influjo de Chièvres, la Regente habría sido arrastrada por el partido de guerra. El Canciller del Ducado, Sauvage, era más bien un servidor que un hombre de Estado. La política de Chièvres respondía admirablemente a las necesidades de la época, dando a los Países Bajos una larga paz, durante la cual acumularon riquezas que después habían de gastarse en fines que Chièvres no habría aprobado. Por lo pronto, sólo se proyectaron algunos matrimonios en los que Francia estaba interesada. Antes de que Carlos cumpliese dos años, sus padres visitaron París, camino de España. Felipe presidió aquel Parlamento como vasallo de la Corona (por Flandes y el Artois), y se aprovechó la oportunidad para comprometer a Carlos y a la hija de Luis XII, Claudia, nacida en 1499. Cuatro años más tarde se rompió el compromiso, para casar a Claudia con el futuro Francisco I. La nueva novia de Carlos fue Mary, hija de Enrique VII, nacida en 1497. Se fijó el casamiento para cuando Carlos cumpliese los catorce años. Pero en 1514, los consejeros de Carlos pidieron nuevo plazo. Mary fue dada a Luis XII, ya viudo. Al año siguiente hubo negociaciones para casar a Carlos con Renata, otra hija de Luis XII, nacida en 1510. En 1516, por el tratado de Noyon, que puso fin a una guerra entre Francia y una coalición formada por Inglaterra, Maximiliano y los Cantones, fue comprometido con Luisa, hija de Francisco I, de un año de edad, que habría llevado en dote Nápoles. Murió ella en 1517. Se formó plan, que no maduró, para sustituirla por Carlota, hija segunda de Francisco I. Mientras tanto, los obstáculos que se presentaban para una unión con Francia o Inglaterra, y algunas consideraciones dinásticas, dieron causa a una búsqueda por otro sector: la Casa de Jagellon, de la cual una rama mandaba en Lituania y Polonia y otra en Bolonia y Hungría. Polonia no tenía princesa casadera; pero en sus últimos años, después de un período de rivalidad entre Habsburgo y Jagellon, en un pacto contra Moscú, Maximiliano asombró a Europa ofreciéndose a casarse con Ana de Hungría, unos veinte años más joven. A la muerte de Maximiliano, el casamiento de Ana con Carlos fue tomado en consideración. Nunca se realizó. En su lugar, la nueva alianza Habsburgo-Jagellon fue cimentada casando a Ana con el archiduque Fernando y su hermano Luis de Hungría con la archiduquesa María. En 1521, Carlos se comprometió con María Tudor, hija de Enrique VIII, prima hermana suya y futura nuera. En 1525 decidió casarse con Isabel de Portugal.

Carlos había sido coronado Duque de Borgoña, en Bruselas, en 1507. Con quince años de edad tomó el gobierno de los Países Bajos. A la muerte de Fernando el Católico, su madre y él fueron proclamados en Bruselas soberanos de Castilla y Aragón; pero el cardenal Jiménez de Cisneros, el Regente, tuvo dificultad para que fuese reconocido en España, donde su hermano Fernando había vivido desde su nacimiento y era popular. En cuanto murió Fernando el Católico, los catarriberas e intrigantes acudieron a Flandes para atacar a los ministros de España. El tutor de Carlos, Adrián de Utrecht, obispo de Tortosa y cardenal, salió en representación de su joven señor y chocó con Jiménez. Ya era tiempo de que compareciera Carlos, so pena de que el reino pasase a Fernando. Se embarcó en el otoño de 1517, con Chièvres, el canciller Sauvage y la archiduquesa Leonor.

País difícil aquella España, entre torrentes de lluvia, por las montañas asturianas sin caminos. Pareció que Chièvres había retrasado el encuentro con Jiménez, el cual murió cuando quedaba sólo una jornada. El veterano estadista había estado enfermo, y parece que Carlos le dirigió una carta para que cesase en su cargo, y la carta no llegó a él. Chièvres, mal aconsejado por Adrián de Utrecht, no comprendió los problemas que en Castilla esperaban a Carlos. Si hubiese reunido a éste con Cisneros, y él mismo hubiera consultado con éste, se habrían evitado, o al menos atenuado, las tragedias que se produjeron, porque se hubiesen hecho cargo de la firme resolución de Castilla de no ser gobernada por extranjeros rapaces, lo que tuvieron que aprender por dolorosa experiencia.[1]

---

1. No sólo Chièvres. El canciller Sauvage era acusado de haber reunido medio millón de ducados con la venta de cargos públicos en los pocos meses que pasó en España.

El 4 de noviembre, Carlos y Leonor visitaron a su madre en Tordesillas, dolorosa visita que se repitió varias veces durante el invierno que Carlos pasó en Valladolid. El comportamiento de Carlos en los torneos le valió una favorable acogida del pueblo. Lorenzo Vidal, testigo ocular, dice que si él hubiese recibido un ducado por cada linda española que sintiera deseos de ser acariciada por un joven rey tan diestro en el manejo del caballo, habría enriquecido. Pero los nobles se horrorizaron al ver que no podían hablarle en castellano, y todos se resentían por los privilegios que tenían los borgoñones. Para remate, Chièvres obtuvo el nombramiento de su sobrino Guillermo de Croy, que tenía veintidós años, para arzobispo de Toledo. Carlos, tan pronto como pudo, al terminar una agitada reunión de las Cortes, partió (22 de marzo de 1518) para visitar sus restantes dominios españoles, después de quitar de en medio, mandándolo a Flandes, a su demasiado popular hermano Fernando.

Llegada la primavera, el valle del Ebro sonreía; pero las Cortes aragonesas eran tan obstinadas como las de Castilla. Carlos quedó en Zaragoza hasta enero de 1519; después siguió a Cataluña, donde pasó un año. Las Cortes catalanas rivalizaron con las otras en obstinación.

En su primera reunión, las Cortes de cada territorio obligaban al Rey a jurar que mantendría las tradicionales libertades y privilegios, y sólo entonces pudo pedirles *servicio* (concesión de dinero). De las Cortes de Castilla obtuvo 600.000 ducados; pero la concesión significaba poco, pues quedaba ver su duración y el trabajo que costaba reunirla. En marzo de 1520 estaba de vuelta en Valladolid, y después siguió a Galicia; por último, reunió en La Coruña las Cortes antes de embarcarse para Flandes (20 de mayo de 1520). De modo que en esta visita a España estuvo seis meses en Castilla, nueve en Aragón y doce en Cataluña. Los castellanos se sintieron menospreciados. Poco después de su partida — dejando a Adriano de Utrecht como Regente, a pesar de haber prometido a las Cortes no designar para tal puesto a extranjero alguno — estalló la revolución de los *comuneros,* sostenida por el odio a los borgoñones que Carlos había traído consigo y por el poco tiempo dedicado a Castilla. Se murmuraba que Chièvres quería que se celebraran Cortes en la lejana Galicia para poder escapar de España con la fortuna que había acumulado. Después, Valencia, reino que el Rey no había visitado, se exaltó y levantó las *germanías.* La visita a España le reveló los problemas que necesitaba resolver; a la vuelta, dos años después, emprendió otro camino para conquistar a Castilla. Se atrajo a España, y ésta le atrajo a él, hasta el punto de que acabó su vida como español.

Durante su primera permanencia en España ocurrieron tres hechos que determinaron la subsiguiente conducta de Carlos. Primero, Le Sauvage murió (junio de 1518) y fue reemplazado por Mercurino Gattinara, que no era un dependiente como Le Sauvage, sino que hacía política, y fue respetado en España por su rectitud. Segundo, Maximiliano murió (enero de 1519). Y tercero, Carlos fue elegido Rey de Romanos (rey de Alemania) y nombrado Emperador, en Francfort, el 28 de junio de 1519. Ya hablaremos de las consecuencias del primer acontecimiento. En cuanto a la dignidad imperial, Carlos decidió conservarla a toda costa, porque, de otro modo, recaería en Francisco I, y no solamente el Ducado se hubiese perdido, sino que el resto de la herencia borgoñona, cogido entre un rey de Francia y un emperador, ambos en una persona, habría corrido el peligro más grave, lo mismo que los hereditarios dominios de los Habsburgo, nunca vistos por Carlos, y aun España, vista por él demasiado superficialmente. Y era mayor el peligro porque el Papa, cuya influencia actuó contra Carlos mientras se preparaba la elección, habría hecho causa común con el triunfante candidato francés.

Otras posibilidades había. Aunque parezca extraño, se presentó un momento, a la muerte de Maximiliano, en que Luis II de Hungría pareció bien como Emperador. La situación era muy especial. Segismundo I de Polonia, aunque no era Elector ni su territorio correspondía al Imperio, ocupaba una posición clave como tutor de su sobrino Luis II, Elector del Imperio como Rey de Bohemia. Los otros Electores: arzobispos de Colonia, Mainz y Trier, y los Electores laicos: Palatinado, Sajonia y Brandemburgo, aparecían capaces de dividir sus votos, de manera que Segismundo podía decidir el resultado. El canciller húngaro visitó Roma y Venecia para sondear sus propósitos, por lo que podían influir. No encontró ayuda. Segismundo, entonces, prestó oídos a los emisarios de Francisco I, que esperaban ganar el voto de Luis II. Segismundo anunció al francés que votaría a Francisco si los otros Electores se hallasen divididos, pero no si él iba a quedarse solo al lado de Francia. Todavía las posibilidades de Francisco aparecieron grandes al indicar Margarita que sería oportuno poner a Fernando en el lugar de su hermano. Los Estados de Bohemia declararon haber puesto el gobierno del reino en manos de Luis II, no obstante su minoridad. Segismundo vio que no podía influir sobre Luis II. Y decidido éste, Bohemia votaría a Habsburgo. Asegurada Bohemia, Carlos sólo podía perder la elección si Francisco ofrecía mayor precio que él. Pero cuando los agentes de éste habían distribuido todo lo que podían, se supo que los billetes que daban no eran descontados por los banqueros germanos. Los billetes del otro bando tenían crédito y vencían después de la elección si el candidato triunfaba. En conjunto, la operación dejó en Carlos una deuda de medio millón de florines, aparte 350.000 pagados al contado. Así se fue á pique, como dicen, y allí siguió cada vez más hundido hasta su muerte. No hay señal de lo que sintiera Chièvres al ver que se hundía la sana posición financiera construida, a pesar de su rapacidad, por su cuidadosa política de paz. No había de vivir mucho en un mundo al cual ya no podía acomodarse. Mas, por lo pronto, no se desvió de su línea pacífica de conducta con Francia.

Confórme a la práctica de equilibrio de Chièvres, Carlos tenía que hacer una breve visita a Inglaterra a su vuelta a España, pasando unos días en Cantorbery. Después de conferenciar Chièvres con Wolsey, concluyó una alianza con Enrique VIII, con el que había ya tratado en octubre de 1513 y al que había de ver pronto de nuevo, en junio de 1520, cuando Enrique se hallaba en el continente por la contienda de la Vestidura de Oro. Asegurado el Imperio, la conveniencia de la paz para Carlos pareció a Chièvres mayor que nunca. Mercurino Gattinara, que voló a España en cuanto fue nombrado y recibió los sellos en octubre de 1518, esperó su oportunidad. Todo se dejó para preparar la coronación, que se celebró en Aquisgrán el 28 de octubre de 1520, al día siguiente de pisar por primera vez el territorio del Imperio fuera de aquellos de que era ya señor. Carlos era ya Rey de Alemania. Pocos días después recibió del papa León X permiso para usar el estilo de Emperador electo hasta su coronación por mano del Papa mismo.

Desde Aquisgrán fue a Worms, adonde llegó el 28 de noviembre. Allí se preparaban para la Dieta reunida desde enero a mayo (1521), primero para tratar cuestiones constitucionales, como la composición de los poderes del *Reichsrat* (Consejo del Imperio) y el *Reichskammer* (Tribunal Imperial). Los príncipes deseaban un mecanismo que les permitiera dirigir la política internacional; pero Carlos deseaba conservar la dirección en sus manos o en las de sus delegados. Es dudoso si, desde el mismo comienzo de su reinado, hizo de la unificación de Alemania su principal objetivo. Sus propósitos llevaban otra dirección. Durante aquella Dieta ocurrieron tres hechos de importancia: Carlos firmó un edicto contra Lutero; Francisco I, ansioso de aprovechar la rebelión de las Comunidades en España, declaró la guerra a Carlos, y Chièvres murió, con lo que Gattinara quedó de principal consejero. Antes de volver, Carlos alivió sus nuevas responsabilidades relativas al patrimonio de Habsburgo nombrando Lugarteniente en el Imperio a su hermano Fernando. Austria requería atención: se habían producido desórdenes semejantes a los de las Comunidades. Las alianzas de familia se encaminaron a asegurar la estabilidad al Sur y al Este de los extensos Estados germanos cuando Carlos, en cuanto los trastornos surgieron, tuvo que ocuparse del más grave de todos, el que le proporcionaba Francia. Ellas echaron los cimientos de un arreglo destinado a durar en gran parte hasta la guerra de 1914-1918, y su destrucción contribuyó a producir la de 1939-1945, así como a condenar a la Europa situada al este de la línea Stettin-Trieste a luchar contra la hegemonía moscovita, cuyo temor había producido, cuatro siglos antes, la unión Habsburgo-Jagellon.

Para el resto de su vida había de estar Carlos en guerra con Francia salvo unas cortas treguas. Lo que él y sus consejeros veían en los ojos franceses puede observarse en un notable cuadro del Museo de Picardía, en Amiens, que fue presentado en 1518 a la Cofradía de Nuestra Señora del Puy y titulado *Al peso justo, verdadera balanza,* planeado y ejecutado por el tiempo en que Carlos salía para España, en 1517. No hay que analizar aquí la alegoría de la parte alta del centro; pero sí los dos grupos que aparecen a los lados del altar. A la derecha del espectador, Francisco I (que tendría veintitrés años) se arrodilla entre dos cortesanos y dos pajes, uno de éstos con un caperuzado halcón en la muñeca. Detrás del Rey, un gigantesco portaestandarte. Enfrente, en un grupo más numeroso, aparece nuestro Carlos como un joven pálido y esbelto, con armadura de oro y corona imperial, con la espada y la esfera del Imperio. Delante de Carlos, un papa con tiara. En el fondo, un cardenal, con la inconfundible demacración del fututro papa Adrián VI, que en tiempos fue tutor de Carlos. Detrás de éste, claramente identificable con el retrato del Museo de Bruselas, está Guillermo de Croy, señor de Chièvres. Junto a él, un fraile, que puede ser el confesor de Carlos, por entonces Miguel Pavye. También reconocible por otros retratos, Juan Carondelet, ex arzobispo de Palermo y presidente del Consejo de Carlos en los Países Bajos, se ve detrás del Papa. El joven con mitra detrás de Chièvres es probablemente el sobrino de éste, llamado también Guillermo de Croy, obispo de Cambrai, aunque apenas tenía veinte años cuando se pintó el cuadro y cuya designación para la sede primada de Toledo produjo gran disgusto en España. Otro prelado, con mitra, a la izquierda de Carondelet, puede ser Everardo de la Marck, obispo de Lieja. Otros dos eclesiásticos completan una compañía de diez, que sólo contiene dos legos: Carlos y Croy, sin contar media docena de niños de coro.

Primer problema: Carlos no era todavía Emperador. Se ve la intención satírica: Francisco I aspiraba a la dignidad imperial. Pero ¿quién era aquel papa? León X no tenía más que cuarenta y tres años, mientras que el que vemos representa cerca de sesenta y se parece a Maximiliano. León X había llegado a un acuerdo con Francia y firmado el Concordato en 1516. En 1517 ó 1518, cuando el Papa estaba todavía del lado francés, ninguno de éstos lo hubiese señalado como imperialista. Como el pintor presenta a Carlos con la insignia imperial, dio al Papa las facciones de Maximiliano, que, dos veces viudo, había pensado en que el Papado fuera para él. El cuadro no es sólo una alegoría, sino también una pintura política.

Otro curioso problema: mientras Francisco I no tenía ni un sacerdote en su séquito, Carlos no tenía más que eclesiásticos, salvo Chièvres y su sonriente bruja, cuya cabeza aparece sobre su hombro derecho y en el que quizás el pintor había tenido el mal gusto de representar el dolor de la madre de Carlos, Juana la Loca. Y como si quisiera destacar el carácter no clerical de la compañía de Francisco, el bufón Triboulet aparece vestido con su traje de colorines, exactamente detrás de su amo, sosteniendo un báculo episcopal con la caña pintorescamente listada y la cabeza de un loco en el puño, mientras levanta la otra mano en burlesca imitación del ademán que hace el frontero pontífice, licencia por la cual se le ha censurado gravemente. La Caridad está en el lado del Emperador; pero las monedas que éste deja caer vuelan todas en dirección a Francisco, y la mayor parte cae en la copa de un mendigo cojo que castañetea los dedos por el deleite de la lluvia. Cerca de Carlos no hay mendigos ni pajes, sino varios niños de coro. El cuadro muestra una inclinación anticlerical que corre por las letras y el arte de Francia desde la Edad Media, anticlerical pero con frecuencia, como en este caso, no impía. Ciertamente, al poner al Niño Jesús cogiendo la balanza para impedir que uno de los platillos se detenga en el lado imperial, el pintor parece haber deseado que el divino favor fuera asegurado al más cristiano de los reyes *(Cristianísimo)* mejor que a su católico rival, a pesar de que el monarca francés no tiene Papa ni clero en su compañía.

Gattinara: el espejismo italiano

La política de Chièvres, dirigida a consolidar los Países Bajos y al mismo tiempo a sostener las probabilidades que tenía su señor de recobrar el Ducado, no tuvo en cuenta a Italia. Su mundo se reducía a Francia, Borgoña e Inglaterra. El esfuerzo hecho para considerar los negocios de Carlos en España había sido demasiado para el canciller Sauvage. Cuando hubo que incluir en el cálculo al Imperio, Chièvres fracasó también. En cuanto a Italia, los antiguos borgoñones recordaban su descanso al ver a Carlos VIII cruzar los Alpes, dilapidar tesoros que podía haber destinado a apoyar sus pretensiones al señorío de Artois y Flandes. Carlos estuvo toda su vida obsesionado por los pasos y rodeos de aquella larga bota italiana. Cuando andaba por los cincuenta escribió a su hijo que aquel Milán le atormentaba "más que todo el resto".

Por otra parte, Gattinara, italiano hasta la médula de los huesos, a pesar de su experiencia europea, argüía que Carlos, una vez que los franceses hubiesen salido de Italia, podría pactar con el Papa y (con el consejo de Italia) dominar toda Europa. El amor a su patria le hizo meditar profundamente el problema. Dejando a Chièvres en la oscuridad al principio, se dedicó a rehacer la política en la forma que menos pudiera asustar a los borgoñones y provocar una sistemática oposición. La declaración de guerra de Francisco (22 de abril de 1521) ayudó, especialmente cuando el Papa se resintió por la insolente actitud de Lautrec y el obispo de Tarbes, con quienes él había intrigado contra Carlos. El 28 de junio de 1521, un mes después de la muerte de Chièvres, León X, por tratado secreto, dio a Carlos la investidura del reino de Nápoles, menospreciando así la bula de Clemente IV, que había establecido que ningún rey de Nápoles sería emperador. Con tal premio en la mano, Gattinara consiguió que Carlos contestara a la declaración de guerra de Francisco enviando una expedición a Lombardía, donde Pescara y Lannoy se reunieron, con rápido éxito. El 19 de noviembre de 1521 tomaron Milán. Pocos días después murió León X, y el 9 de enero de 1522 el antiguo tutor de Carlos, ahora regente de España, Adrián Dedel Floriszoon de Utrecht, era elegido Papa con el nombre de Adriano VI. Al verlo en la sede de San Pedro, Carlos intentó el definitivo arreglo de los asuntos de Italia. Aunque Adriano se negó a renovar la alianza contraída por León X, Gattinara se encargó del negocio con ayuda de la regente Margarita, la cual persuadió al Duque de Borbón de que cambiara de bando. El 4 de agosto de 1523, Carlos, el Papa, Fernando, Enrique VIII, Venecia, Milán, Florencia, Siena, Lucca y Borbón se coaligaron contra Francisco, encargándose Enrique de invadir a Francia. Pero Adriano VI, clave de la combinación, murió el 14 de septiembre del mismo año, con gran placer de la Corte de Roma, ansiosa de ver a un italiano, o al menos uno que comprendiese a Italia, en la sede papal.

Dos meses después le sucedió Clemente VII, cuya actitud resultó inquietante desde el principio. Y Carlos, sometido a la política de Gattinara, se encontró privado del principal elemento. Algunos triunfos logró; pero con un papa, una serie de papas, todos italianos, empeñados en conservar aún el equilibrio entre las dos grandes potencias y en resistir a la reforma de la Iglesia, las probabilidades de lograr un arreglo seguían revoloteando ante él fuera de su alcance, como fuegos fatuos.

Después de seis meses de prueba en Worms, Carlos volvió a los Países Bajos y se dedicó a asegurar el auxilio inglés contra Francia. Pasó el mes de agosto con Gattinara en Brujas, conferenciando con Wolsey. Se concluyó un tratado secreto: Carlos se casaría con la hija de Enrique, que sólo tenía cinco años, cuando ésta llegara a los doce; Enrique invadiría Francia en mayo de 1523, para ayudar a recobrar "todo lo que retenía el Rey de Francia y pertenecía a Carlos", lo que significaba el Ducado de Borgoña, Lyón y todo el este del Ródano, incluso Provenza, como feudos del Imperio, y además, como del patrimonio aragonés, Narbona, Montpellier y Tolosa. Por fin, Navarra. Gattinara no daba mucha importancia al contenido, puesto que Carlos, sintiéndose amparado en el Norte, lo ponía todo en la campaña de Italia.

Durante aquellas negociaciones ocurrió un suceso que hubiera detenido al mismo Gattinara. Los turcos tomaron Belgrado, llave del Danubio. Al año siguiente cayó Rodas. Pero Carlos no podía dejar lo de Italia. Las cosas iban bien en otros campos. Enrique declaró la guerra a Francia; los franceses fueron derrotados por los imperiales en La Bicocca, y, lo mejor, el movimiento comunero había terminado. Para Carlos era seguro y urgente volver a España. Pasó antes seis semanas en Inglaterra, donde se ratificó el tratado de Windsor, e hizo su primer testamento (3 de mayo de 1522) en Bishop's Waltham.

El primer acto político del nuevo Papa (diciembre de 1523) fue repudiar los encargos de Adriano VI. En abril siguiente envió misiones a España, Inglaterra y Francia para hacer un arreglo general: Carlos cambiaría Milán por el Ducado de Borgoña y se casaría con Carlota, hija de Francisco I. María Tudor se casaría con el Rey de Escocia; los franceses evacuarían Italia; Francisco I se casaría con Leonor, hermana de Carlos, ya viuda, y Francisco Sforza se quedaría con Milán y se casaría con Renata de Francia, prometida de Carlos en 1515. Este plan no produjo negociación seria alguna. Quizás el propósito del Papa no fue otro que relajar la coalición formada bajo su predecesor. Y eso lo consiguió. Después de una fracasada invasión de Provenza y una tentativa inútil de tomar Marsella, Borbón retiróse a Piedmont. Francisco recogió Milán; Venecia salió de la alianza y poco después hizo un convenio con Francia y el Papa. Fracasó el propósito de unir a Italia contra los franceses. Pacificada o acobardada España, el problema más urgente era inducir al Papa a coronar a Carlos como Emperador. Estaba convencido de que la unión con Inglaterra no ayudaría a su propósito. Toda dote ofrecida con la princesa inglesa resultaría insignificante a consecuencia de las reclamaciones. Carlos necesitaba el dinero en la mano para su acción en Italia. Sólo una dote portuguesa podía servirle. Isabel, prima hermana de Carlos, podría significar un millón de dote, al menos en el papel. Con tal suma podría traer a razones al Papa y, después de recibir la Corona de Italia, pediría a Enrique la rápida ejecución de un gran plan contra Francia, recobrar el Ducado de Borgoña y estabilizar los asuntos de Europa. Después podría pensar en la liberación de Constantinopla. Apenas formado este plan, llegó a Madrid un mensajero que informó que Pescara, Leyva y Lannoy habían celebrado su vigesimoquinto cumpleaños derrotando en Pavía a los franceses y cogiendo prisionero a Francisco I.

Desde que Juan el Bueno fue hecho prisionero por el Príncipe Negro en 1356, nada igual había ocurrido en Europa occidental. Los potentados se volvieron a Carlos. El 1.º de abril, el Papa y Enrique VIII concluyeron alianza con él, y al mes siguiente Wolsey envió a preguntar si Carlos mantenía su propósito de casarse con lady Mary. Carlos había cambiado de parecer, y Enrique, resentido, concluyó un tratado con Francia (6 de septiembre de 1525). Traído Francisco a Madrid, Carlos tuvo que recibir la visita de la madre, Luisa de Saboya, Regente de Francia. Después, Margarita de Alençon llegó a España para negociar la paz. En una reunión en Toledo aparecieron las pretensiones de Francia y las condiciones de Carlos. Contra la opinión de Gattinara, el Emperador rehusó el ofrecimiento de pagar tres millones de coronas, salir de Italia y renunciar a toda pretensión sobre Flandes y Artois. Quería el Ducado de Borgoña. En aquellas discrepancias, un representante del Franco Condado, señor de Granvela, resultó más apto para hacer frente a Gattinara que los otros borgoñones presentes; y Gattinara disintió nuevamente de su señor. En el verano, Pescara había informado que Giordano Morone, secretario de Estado milanés, intentaba reducirle con una oferta de Nápoles. En octubre, Pescara arrestó a Morone, que salvó su cabeza recaudando dinero para Pescara, y después convenció a Gattinara de su inocencia y de la duplicidad de Pescara. Sin embargo, Carlos mantuvo su confianza en Pescara. Éste murió (diciembre de 1525) a consecuencia de su desatentada costumbre de beber agua.

Pasó el otoño sin acuerdo, con gran disgusto de Gattinara. Ciertamente, la pasiva actitud del Emperador después de Pavía asombró a muchos. No se había entusiasmado. Se mostró como si le pareciera sacrilegio atribuirse parte en aquel triunfo y hasta el intento de aprovecharlo pidiendo algo más de lo que por nacimiento le correspondía: el Ducado. Quizás había en ello más de lo que las gentes veían, estupefactas como estaban con la idea de que un rey se hallaba encadenado. Una promesa que hicieron los franceses de no intervenir ya en Italia valdría menos que el papel en que se escribiera. En cuanto a los tres millones de coronas, Carlos sabía que los franceses no tenían tal cantidad, y él habría tenido que soltar al prisionero y contentarse con un pagaré. Era seguro que Francisco, una vez libre, rechazaría igualmente los términos del Tratado de Madrid, en el que juró (14 de enero de 1526) entregar el Ducado y tomar por esposa a la archiduquesa Leonor con una dote de un millón de coronas. Pero Carlos no había pedido más que lo justo. Si lo había de obtener o no, es cosa que corresponde a los inescrutables designios de la Providencia. Los españoles suelen decir: "Será lo que Dios quiera." Carlos, con más sangre española que de ninguna otra, había vivido ya en el país tiempo bastante para demostrarlo. Quizá no ofrezca la Historia más expresiva ilustración de la diferencia entre los procedimientos italianos y los españoles que el comportamiento de Carlos y el de Gattinara en aquella ocasión. En la amargura de su desengaño, el Canciller se negó a sellar el tratado.

Los actores de la comedia de Madrid salieron: Carlos, para Sevilla, para casarse allí con Isabel de Portugal (10 de marzo de 1526); Gattinara, con un largo permiso; Francisco, para verse libre en el Bidasoa (17 de abril) después de dar a Lannoy palabra de honor de cumplir el Tratado de Madrid, que en seguida rescindió con el pretexto de que lo había firmado por coacción. Inmediatamente concluyó la Liga de Cognac con el Papa, Venecia y Francisco Sforza contra el Emperador. La contestación de Carlos fue decir a una misión francesa que su rey no se había portado como caballero y retar a Francisco a singular combate. Francisco aceptó el desafío, pero nunca compareció.

De este modo, el triunfo de Pavía dejó a Carlos con el problema de Italia pendiente y el Tesoro vacío

Carlos, que no conocía a Isabel, pronto apareció enamorado. Pero nunca la sacó de España, y durante el matrimonio estuvo cinco años y medio ausente. Tuvieron tres hijos: Felipe, María y Juana. Conocemos tres bastardos de él: Margarita (después Duquesa de Parma), Juana (1522-1530), ambas nacidas antes del compromiso con Isabel, y Jerónimo (futuro don Juan de Austria), nacido ocho años después de la muerte de ella.

Los turcos volvieron a campaña. El 29 de agosto de 1526, Luis II de Hungría y Bohemia, marido de María, hermana de Carlos, cayó en Mohacs. Los meses inmediatos trajeron peores noticias a Carlos, todavía en España. En la primavera de 1527, el ejército imperial de Italia, sin pagar y con Borbón a su cabeza, marchó a Roma, que empezó a saquear el 6 de mayo, con escándalo de toda la cristiandad. Carlos supo que Enrique VIII andaba buscando el modo de repudiar a Catalina de Aragón. En agosto, Wolsey envió a Carlos la renuncia de su señor a sus reclamaciones sobre la Corona de Francia, y el 22 de enero de 1528, Francia e Inglaterra declararon la guerra a Carlos. Para compensar estas desgracias, la Emperatriz dio a luz a un niño (21 de mayo de 1527), futuro Felipe II, en Valladolid. Carlos lo celebró al modo español, con una corrida, en la que él mató un toro. En julio de 1527 se supo que Fernando tenía un hijo: el futuro Maximiliano II. En 1528, Carlos encontró un enemigo destinado a mortificarle cada vez con más frecuencia: la gota.

Había una excelente razón para que la sed de venganza de Francisco y la indignación de Carlos no llevara en seguida a renovar las hostilidades en gran escala. Un ejército francés sitió a Nápoles, pero tuvo que levantarlo por las enfermedades. El Papa hizo cuanto pudo para resistir a Carlos. Pero la relativa fuerza de la posición de Carlos se fue haciendo sentir gradualmente con las riquezas que llegaban ya del Nuevo Mundo. En julio de 1528 abandonó a los franceses y entregó Génova al Emperador. Carlos, con esta gran base a su disposición, podía más fácilmente salir de España. El 15 de junio de 1529 se concluyó un armisticio en Hampton Court entre Carlos y Enrique, y el 29 de julio, en Barcelona, el Emperador firmó un tratado con el Papa, que al fin consintió en recibirlo en Italia. Ya era tiempo de que Francisco I transigiera. Por la Paz de las Damas, negociada por Luisa de Saboya y Margarita de Austria (3 de agosto de 1529) reconoció la soberanía de Carlos sobre Artois y Flandes, renunció a toda reclamación sobre Milán, Génova y Nápoles, se prestó a pagar un millón de ducados como rescate de sus dos hijos cautivos en España cuando él fue liberado,[1] y dejó a un lado la deuda de Carlos con Enrique VIII y el casamiento con Leonor. Carlos se embolsó sus pretensiones al Ducado de Borgoña, a Provenza y al Languedoc. Éstas eran casi las mismas condiciones que Carlos rehusó en octubre de 1525. Pero después Francisco había sido su prisionero.

Aparte del disgusto que los españoles mostraban por la ausencia de su Rey, aunque ya había pasado buen número de años con ellos, tenía Carlos el camino libre para recibir las coronas prometidas ocho años antes y que su antecesor Maximiliano no había recibido del Papa. Antes de su salida recibió de Margarita una advertencia contra su posible envenenamiento y para que hiciera perder dinero y tiempo al Papa y se pusiese de acuerdo con Venecia sin relación con Clemente. En otoño de 1529 embarcó en Palamós para su primera visita a Italia, y en noviembre se reunió con el Papa en Bolonia. Después del segundo ataque de gota, dedicó tres meses a deliberar con el Papa, que lo coronó en febrero, con la corona de hierro de Lombardía, y dos días después, cumpleaños de Carlos, con la del Sacro Romano Imperio: última vez en que un papa invistió a un emperador. En abril, Carlos fue a Augsburgo, para celebrar su segunda Dieta.

Teniendo el Papa en cuenta que Carlos deseaba la reforma mediante concilio, se procuró un arreglo para volver a los Médicis a Florencia: convertir a esta república en Ducado y entregar a Alejandro de Médicis la hija legitimada de Carlos, Margarita, cuando llegara a la edad núbil. El Papa alentó a Carlos para esperar que Alejandro se prestaría cuando fuera ya Duque de Florencia.

Gattinara, después de seis meses de licencia, para serenarse después del Tratado de Madrid, volvió a su puesto de Canciller. Al parecer, su política había triunfado con la coronación y el acuerdo con el Papa. Pero el Emperador había visto ya las dificultades de

---

1. Muchos escritores han dicho que fueron tratados duramente. Pero es de notar que Dantiscus, que nunca dudó en censurar a los españoles, dice repetidamente que fueron bien tratados.

actuar en Italia. La posición de Gattinara en la Corte no fue lo que había sido. Granvela se encargó de los asuntos de Borgoña. Francisco de los Cobos había subido de un modesto empleo en la Hacienda a actuar en todas las cuestiones relativas a España. Carlos no escatimó la confianza en Gattinara, que conservó los sellos hasta su muerte (5 de julio de 1530), y recibió el capelo cardenalicio, tan ansiado; pero el Emperador no admitió a su servicio ningún italiano más en puesto de confianza. Ya era bastante que el Papa fuese italiano. Los franceses habían salido ya de Milán y Nápoles. Dos siglos y medio habían de pasar antes de que Napoleón los volviera allí, por sus pecados. Carlos vio que aún era tiempo de que aquéllos promoviesen disturbios en la Península y que la posición dominante que Gattinara prometía le hubiese dado el dominio de toda Europa había de perjudicarle en sus esfuerzos para hallar un arreglo más cerca.

Cuando, en 1493, Carlos VIII de Francia preparaba su expedición a Italia, ciertos portentos habían anunciado desastres pendientes. Una noche, en Apulia, aparecieron juntos tres soles. Cerca de Arezzo, unos guerreros corrían por el aire en corpulentos caballos entre ensordecedores ruidos de tambores y trompetas. Se vio sudar a algunas imágenes sagradas. Señales eran de aumento de los males italianos. Pero de Francisco y Carlos no tenían que temer.

Cuñados

Después de todo lo ocurrido, Carlos y Francisco vinieron a ser cuñados, con lo que se hacía más fácil la paz. Francisco no concedía a la nueva reina influencia alguna en sus asuntos, con indiferencia rayana en desprecio. No tuvo hijos de ella. Leonor, incómoda en una Corte llena de mujeres hermosas,[1] halló algún consuelo en la afectuosa mirada del futuro Enrique II, y el Emperador dio muestras de agradecimiento a éste, aún en guerra con Francia y

---

1. Dantiscus escribía en 1526 que Leonor había perdido mucho desde que la había visto él, diez años antes, en Bruselas: había engordado, y tenía manchas rojas en la cara, como de elefantiasis. Y algo peor, porque el mismo Dantiscus escribía en 1531: *"Ferunt etian serenissimam Leonoram Franciæ jam gestare uterum et morbo et modo, quem dicunt gallicum, a rege infectam, regemque solere, ultra solitum, venari crebrios in eaque venatione non semper capere feras, sed suapte naturas cicuratas..."*

JUANA LA LOCA

EL HABSBURGO (CANTÓN DE AARGAU)
Sólo se conserva parte de este castillo, cuna de la casa de Austria, construido hacia 1020

MAXIMILIANO Y SU FAMILIA
por B. Striegei

aunque sabía que Enrique II le odiaba: no tomó otra venganza. Estas consideraciones personales no tenían importancia. Francia se sentía amenazada, oprimida, cercada por todas sus fronteras terrestres por Estados pertenecientes a Carlos o que debían homenaje a éste, mientras Carlos se veía detenido, en su deseo de establecer el orden en Europa, por una nación más homogénea, que había alcanzado un mayor grado de unidad política que ninguna otra de análogo tamaño: una corteza grande y dura que no podía él quebrantar a pesar de sus esfuerzos. Luis XI, por la potencia de sus Estados, había conseguido el Ducado de Borgoña para la Corona francesa y asegurado Provenza y Bretaña. Tales éxitos parecían imponer a Francisco la obligación de recobrar Artois y Flandes. Pero ya no era tan fácil como parecía cuando la derrota de Carlos el Atrevido. Inglaterra habría luchado día tras día antes que dejar a Francia dominar los Estrechos. Y aunque las comunidades de los Países Bajos, de comercio e industria muy desarrollados, ejercían sus derechos con un rigor implacable, que con frecuencia proporcionaba medios a Francia de perturbar al Duque de Borgoña, mucho se había adelantado en el sentido de reunir pequeñas comarcas en un conjunto manejable, redondeando el territorio borgoñón con la absorción de los territorios vecinos, feudatarios del Imperio, que hasta entonces no habían pertenecido a éste, y el robustecimiento de la influencia del gobierno central sobre el obispado independiente de Lieja, que se hallaba como una barrera entre los Países Bajos y Luxemburgo.

El reconocimiento del Círculo Borgoñés como independiente de las Cortes imperiales y de su Dieta se hizo en 1548; pero el Estado borgoñón era una realidad mucho antes. Francia afrontó un reiterado peligro: que Carlos pudiese unir los Países Bajos con el Franco Condado y las ancestrales posesiones de los Habsburgo en Alsacia y sudoeste de Alemania, ganando permanente dominio sobre la Lorena. Mientras que era esencial para Carlos el sostener unidos los Países Bajos si su sucesor en las tierras borgoñonas no era elegido emperador y mantener derecho de paso entre ellos y el Franco Condado, Francisco consideraba cuestión de vida o muerte conservar paso abierto entre Francia y Alemania (por Lorena) y entre Francia e Italia (por Saboya). La Paz de las Damas (1529) definía una posición transitoria y no fijaba la continuación. El Rey de Francia, viendo crecer la riqueza de Carlos con las aportaciones del Nuevo Mundo y temiendo que el Emperador empleara todos sus recursos contra Francia, se colocó en posición de agresor. Despreció el tratado de 1529, que había firmado con libertad, tan tranquilamente como el de Madrid, firmado bajo coacción. Si la Paz de las Damas produjo a Carlos algún beneficio fue la renuncia de Francisco al superdominio de Artois y Flandes, aunque todos sabían que el francés reanudaría sus exigencias en cualquier momento. Lo mismo se podía decir de la intervención en Italia o en el Imperio. En efecto, en mayo de 1531, el embajador francés en Bruselas había pedido que Milán fuese entregada al Duque de Orleáns. Por el momento, Francisco no tenía dinero para emprender mayores operaciones. Pero pronto siguió otros caminos para perturbar a Carlos, que andaba tan mal de dinero que en 1529 empezó a vender bienes de la Corona de España. El agente del Emperador en Mónaco, Rodrigo Enríquez, descubrió un complot francés para apoderarse de aquella importante fortaleza que dominaba la costa desde Francia a Italia. Los tutores del joven señor de Mónaco, Honorato I, se hallaban complicados. En un momento fue deshecho el plan. La invitación de Francisco a Carlos para viajar por Provenza, de Italia a España, en abril de 1533, no fue aceptada, aunque el Emperador envió algunas de sus tropas por tierra.

Pronto aparecieron otros signos. Cuando Francisco estaba preso en España, había planeado una comunicación con Solimán II, que invadió Hungría, por su indicación, al año siguiente. En 1532, un renegado español, Antonio Rincón, inició un acuerdo con el turco, que fue seguido en 1535 por el despacho de una embajada francesa y que cuajó en formal alianza. Enrique VIII, desde que comenzó a inducir a Roma a anular su matrimonio con la reina Catalina, fue alentado por Francia, que procuraba una ruptura entre el Papa y Carlos, con lo que se agriarían las relaciones entre Inglaterra y España. En el otoño de 1532, Francisco I y Enrique VIII se reunieron en Bolonia. En 1533, durante las negociaciones francoturcas, el Duque de Orleáns casó con la sobrina del Papa, Catalina de Médicis, y el Papa mismo fue a Marsella para la boda: un visible enfriamiento de Clemente VII respecto a los compromisos adquiridos con Carlos: un concilio general y una acción combinada de Europa contra el infiel. Un regalo de Francisco I al Papa originó muchos comentarios sobre la causa atribuida a la muerte reciente de varios pontífices: un cuerno de unicornio, del que se decía que, puesto sobre la mesa, sudaba cuando alguno de los alimentos estaba envenenado.

Carlos intentó llegar a un acuerdo con Francisco. Aunque Milán, que era reclamado por Francisco para su segundo hijo, no se podía separar sin poner en peligro a Nápoles, Carlos, por la paz y por la alianza contra los turcos, ofreció a Orleáns una pensión sobre los ingresos de Milán y propuso el casamiento de una de sus hijas con el Delfín, y de Felipe de España con una princesa de Francia. Aun llegó a proponer el casamiento de Angulema, tercer hijo de Francisco, con María, hija de Enrique VIII. Francia reiteró su demanda no sólo por Milán, sino también por Génova y Asti. Se pensó después que lo mejor sería proponer a Francisco Florencia o el Franco Condado en lugar de Milán. Mientras los dos bandos se iban preparando, Carlos reunía una poderosa escuadra en Barcelona y dejaba al francés la adivinación del ataque. Hasta mayo de 1535 no se supo que había de ser Túnez. Los consejeros del Emperador se oponían a que éste saliera de España. La conquista de Túnez (1535) causó impresión profunda en toda la cristiandad, y no fue vana para el nuevo Papa, Paulo III, que había sucedido (1534) a Clemente VII. Cuando Carlos iba de Mesina para Nápoles, se le reunió el hijo de Paulo III, Pierluigi Farnese, enviado por el Papa con minuciosas instrucciones: para sondear las intenciones del Emperador, procurar presentarse bien, dejando sus pederásticas inclinaciones mientras estuviese en la Corte. La misión no fue un éxito; en Nápoles, Pierluigi se despidió y volvió a Roma.

La cuestión de Milán se presentó abiertamente por la muerte de Francisco Sforza sin solución. Las exigencias de Francisco I se hicieron más apremiantes, y Carlos empezó a considerar la posibilidad de ceder Milán. No a Orleáns, casado con una Médicis, sino a Angulema, que se iba a casar con Cristina, sobrina de Carlos y Duquesa viuda, solución más útil para la paz que la de volver el Ducado al hermano de Carlos, Fernando, que pasaba una pensión a Cobos y Granvela para asegurarse su ayuda. Para reconciliar al Emperador con Orleáns, Francisco ofreció su ayuda para la próxima lucha con Argel y Constantinopla, aunque ya estaba en adelantadas negociaciones con los turcos para una alianza formal. El plan del Emperador era sacar de Europa a los turcos. Mientras hacía aquellas tentadoras proposiciones a Carlos, el Rey de Francia seguía en tratos con Venecia para ir contra aquél y amenazaba a la República con los turcos si sus ofertas eran rechazadas. Por su parte, Carlos quería ganarse a Paulo III para un pacto secreto entre el Papa, el Emperador y el Rey de Romanos, que ligara a sus sucesores contra los infieles, los herejes y todos los defensores de ambos y asegurar la celebración de un concilio, proposición que el Papa no podía aceptar sin abandonar su favorita posición de neutralidad entre el Emperador y Francia.

Mientras Carlos preparaba su salida para Roma, un ejército

francés ocupaba la provincia de Bresse, del Ducado de Saboya (1536), cruzó los Alpes y ocupó Turín. Está clara la amenaza contra Milán. Carlos acudió al Papa, mientras procuraba que no cesaran las negociaciones, con la insinuación de que quizás, al fin y al cabo, accedería a sitiar Milán con ciertas condiciones. A su llegada a Roma quiso ante todo preparar su éxito en conversaciones privadas con el Papa, que parecía mantener el propósito de celebrar un concilio y nada más. El lunes de Pascua, ante la corte papal y dos embajadores franceses, dirigió al Papa un discurso en castellano, en que narraba sus esfuerzos para lograr la amistad de Francia y su alianza contra el infiel. Viendo que no producía efecto, Carlos continuó, presentando a Francisco ante tres soluciones alternativas: 1.ª, la paz, y Milán para Angulema; 2.ª, guerra, cuyo resultado sería tal destrucción en la cristiandad, que los turcos se harían dueños de Europa, calamidad evitable con 3.ª, un combate singular entre Francisco y él, con la condición de que después sus fuerzas combinadas marcharían contra los turcos bajo el mando del vencedor. Finalmente pidió al Papa que juzgara entre los dos contradictores.

Cuando el Papa protestó violentamente contra el duelo propuesto, Carlos explicó que no proponía un duelo. Que si no había otro camino que el de las armas, deseaba ahorrar las vidas de los soldados españoles y franceses con un juicio de Dios entre los soberanos. El discurso impresionó a todos por su fuerza y sinceridad. Granvela y Cobos, molestos porque no habían sido consultados y quizá por otros motivos, indicaron a sus colegas franceses que no tomaran muy en serio tales amenazas. Además, el Papa se negó a juzgar entre Carlos y Francisco. Y como un enviado francés alegara que no entendía el castellano, Carlos repitió el discurso como mejor pudo, pero con tal energía que el Papa se levantó y puso la mano en el hombro a Carlos, diciéndole como en broma: "Ya está bien, hijo."

La guerra era inevitable. Los laureles de Túnez se habían marchitado en una sacristía romana, y Carlos iba a sufrir ahora el más grave revés de su carrera militar, que le llevó casi al desastre. Había que defender a Milán y arrojar de Piedmont a los franceses, con un plan propuesto por Andrea Doria para una acción por mar y tierra contra Marsella. En julio de 1536 salió Carlos de Asti con 50.000 hombres, mandados por Gonzaga y el Duque de Alba, hacia Niza, y después, por la costa, hasta Provenza, avitualladas las tropas por los barcos de Doria. La estrategia de Montmorency agotó a los invasores, y la disentería hizo el resto. Mientras tanto, Marsella había sido reconocida como inatacable, y fue abandonado, por falta de dinero, un intento de invadir el norte de Francia. No quedaba más camino que ir a Rosellón (entonces parte de Cataluña) o retirarse a Italia, distancia más corta pero con el enemigo al flanco. Carlos se retiró. A fines de octubre estaba en Génova; en noviembre, en Barcelona, y en febrero, en Valladolid.

La campaña de Provenza fue calamitosa para todos. Carlos tenía más deudas que nunca, había perdido un ejército y mucho prestigio; Provenza quedaba arruinada, y exangüe el resto de Francia. El Rey no podía reunir fuerzas para conquistar Milán. Ninguno de los soberanos conservaba fuerzas para nuevas operaciones, aunque no querían negociar. Francisco supo que había indicios de conciliación entre protestantes y católicos en Alemania y de una alianza contra los turcos entre Carlos, Fernando, el Papa y Venecia, y aceptó una invitación para una conferencia en Niza bajo los auspicios del Papa. Sólo se logró una tregua de diez años. En Niza no concurrieron el Rey ni el Emperador, que negociaron separadamente con el Papa. Pero cuando Carlos volvió a España habló con Francisco, que hizo protestas de eterna amistad. Después hubo tentativas inútiles para convertir la tregua en paz (1538).

Francisco dio muestras de simpatía por Carlos, cruelmente herido por la muerte de su Emperatriz (mayo de 1539). Con motivo de una sublevación en Gante, el Rey invitó al Emperador a ir a los Países Bajos por tierra, lo que Carlos aceptó. Pasó la Nochebuena en Fontainebleau y después hizo a París su primera y última visita. Fue espléndidamente atendido. El Rey se acercó a él con una proposición: el casamiento con Margarita de Francia; pero Carlos estaba resuelto a no casarse.

No hubo negociaciones de paz; pero poco después de llegar el Emperador a los Países Bajos (marzo de 1540) encargó a su embajador en París que abriera negociaciones, ya que había sido rehusada su oferta de formar con Francia una cruzada contra los turcos. Ahora proponía el matrimonio de su hija María con Orleáns: heredarían el patrimonio borgoñón, incluso el Ducado, todo lo cual volvería a la línea masculina de Carlos si la infanta moría sin sucesión, y Francisco reconocería el derecho de Carlos sobre Milán. Contestación: si había casamiento, Orleáns sería declarado heredero de los Países Bajos, y mientras tanto Francia no reclamaría Milán; si Orleáns moría sin hijos, el Ducado de Borgoña recaería en Francisco; si la infanta moría primero, el viudo sería heredero, al menos hasta que Milán fuese restituido a Francisco. No siguió el cambio de notas. Y en octubre de 1540, Carlos dio el Ducado a su hijo Felipe.

Después de castigar a los rebeldes de Gante, Carlos pasó el resto del año 1540 en los Países Bajos. En 1541 fue a Ratisbona para celebrar una Dieta. Allí decidió sobre la expedición contra Argel que venía meditando desde 1535. Francisco tenía decidido ya romper con Carlos, y por ello aprovechó el pretexto de que su embajador cerca de los turcos, Antonio Rincón, había sido detenido y muerto en el territorio de Milán (julio de 1541). Francisco esperó, y cuando la expedición de Argel había consumido todos los recursos del Emperador, denunció la tregua de diez años que había concertado en 1538. La declaración llegó a Carlos en Monzón, donde celebraba Cortes aragonesas. Como una ironía llegó también una bula que convocaba concilio general en Trento, cosa imposible cuando estaban en guerra el Emperador y Francia. La situación en los Países Bajos era casi desesperada. Se hallaban invadidos por Francia, mientras que los rufianes de Martin van Rossem, desde Guelders, saqueaban Holanda, y los descontentos brotaban por doquier. Nunca había estado aquello tan mal desde los tiempos de Maximiliano. El resentimiento por los tributos era inflamado por las religiones. María de Hungría se mantuvo aplicando duras medidas represivas. Pasó el momento de extremo peligro. Mas para evitar su repetición y hacer posible la celebración del concilio era necesario lanzar una gran ofensiva contra Francisco. El 11 de febrero de 1543 se concluyó un tratado secreto con Enrique VIII, que había despreciado la supremacía papal y no tenía interés en el concilio; pero estaba conforme con atacar a Francisco y ayudar a Carlos. También reconocía a María como sucesora después de su medio hermano Eduardo. Para obtener lo que necesitaba del Imperio, Carlos tenía que recurrir a la Dieta de Alemania. Salió de España en abril de 1543, para no volver en trece años. Mientras se preparaba la Dieta, el Emperador trataba de conjurar una amenaza dirigida a los Países Bajos por el aumento de poder del Duque de Clèves por su elección como Duque de Guelders. Clèves tuvo que someterse y Guelders y Zutphen fueron incorporados con los Países Bajos. Fue restablecido en Colonia el catolicismo. Hubo un alarde de fuerza en la frontera francesa, pero no se le pudo sacar utilidad por falta de fondos. Tras breve visita a Bruselas, Carlos volvió al Rin, y en 31 de enero de 1544 llegó a Espira. En aquella Dieta se concedió por unanimidad la ayuda contra Francia y los turcos y se aprobó una resolución que prohibía las discusiones religiosas que estaban pendientes de decisión por el concilio.

En seguida comenzó Carlos a reunir sus tropas en Metz. El 13 de julio sitió Saint Dizier, que cayó el 16 de agosto. Avanzó rápidamente Marne abajo y tomó Chalons el 30 de agosto, y a continuación Château-Thierry y Soissons. Enrique VIII había invadido Francia por Calais, pero sitió Bolonia en vez de ejercitar el plan de dirigirse a París. Carlos negoció en seguida sin intervención de Enrique, y en siete días quedó ultimado el Tratado de Crépy-en-Lannois.

Comprendía un tratado público por el cual el Duque de Orleáns se casaría (a elección de Carlos) con María, hija del Emperador, que llevaría los Países Bajos, o con Ana, hija de Fernando, que aportaría Milán un año después del matrimonio, y Francisco se comprometía a suministrar ayuda contra los turcos.

Además, un tratado secreto por el cual Francisco se comprometía a ayudar contra los abusos de la Iglesia, organizar un concilio, acorralar a los luteranos, devolver Saboya a su Duque y, si lo reclamaba Carlos, ayudarle contra Enrique VIII.

Con el apoyo de la Dieta, Carlos actuó rápidamente en la guerra y en las negociaciones. De esta nueva victoria no quiso obtener más territorios, ni siquiera el Ducado de Borgoña, sino un arreglo que librara a Felipe del íncubo de la Italia septentrional. En febrero de 1545, Carlos optó por el matrimonio del Duque de Orleáns y la archiduquesa Ana, con la promesa de Milán. Protestó el Delfín (futuro Enrique II), y la muerte del Duque de Orleáns (septiembre de 1545) borró toda esperanza de ver aplicado el Tratado de Crépy. El contento no puede ser completo. Apenas sabedor Carlos de que María de Portugal le había dado un hijo, supo que la joven madre había muerto.

Con el fracaso del Tratado de Crépy, los tratos de Carlos y Francisco quedaron en el aire, y el Emperador tenía que resolver graves problemas en Alemania. Por lo pronto, Francia había sido debilitada por la campaña del Marne. Y después de haber pasado en guerra contra Carlos diez años de los treinta y dos que reinó, Francisco murió (31 de marzo de 1547) en paz con él. Pero la querella quedaba en pie. El espíritu con que miraba Carlos la nueva prueba y en que esperaba la coincidencia de Felipe se veía en un testamento político (18 de enero de 1548), escrito para guía de sus herederos. Recomendaba a Felipe que tratase amistosamente a los suizos, inclinarse a Austria y nunca renunciar al Ducado de Borgoña, "nuestra patria".

Habían muerto Francisco y Enrique VIII. Sólo Carlos quedaba de los tres reyes cuyas luchas habían sacudido el mundo. La salud del sobreviviente estaba gravemente perjudicada. En sus *Memorias* registra los ataques de gota sufridos en 1528 en España. Iban aumentando por causa de la intemperancia, y eran capaces de producir algún trastorno cerebral. El segundo ocurrió en diciembre de 1529, en Bolonia; el tercero, en Ratisbona (1532); el cuarto (1534), cuando planeaba la expedición contra Túnez. El sexto, tras el fracaso de Provenza, fue particularmente grave. El noveno se produjo tras el fracaso de Argel, y por vez primera afectó a casi todos sus miembros. El undécimo fue grave: se produjo a la vuelta de la campaña del Marne. Aquí pierde la cuenta Carlos. Sus sufrimientos continúan. Y ahora tiene que luchar con el sucesor de su antiguo enemigo, Enrique II.

El Papa y el Concilio General

En su primera Dieta, el confesor dijo a Carlos que Dios no lo perdonaría si no lograba una reforma de la Iglesia.

Al principio del siglo anterior, Juan XXIII había chocado con la cristiandad de Occidente, que le obligó a convocar el Concilio de Constanza. Éste, cierto es, depuso al Pontífice; pero es recordado principalmente por haber quemado a Juan Hus. No hizo nada por reformar la Iglesia, como tampoco el de Basilea. El proselitismo movió a los checos innovadores a esparcir ampliamente su semilla. Hay noticia de que un misionero husita visitó Constantinopla. Pronto la conducta de Alejandro VI hizo parecer otra vez urgente la necesidad de una reforma. Pero como Carlos VIII de Francia había usado el fantasma de un concilio para que el Papa le ayudase en sus designios sobre Nápoles, sus adversarios, capitaneados por Maximiliano y Venecia, se atrajeron a Alejandro librándolo de aquella amenaza. Los pontificados de Julio II y León X no arreglaron el problema; el Concilio Laterano nada hizo. Francia no tenía interés, porque se había asegurado cierto grado de autonomía mediante un concordato (1516). Claro que la reforma no se había de producir sin fuerte presión del Emperador; pero había tantos proyectos en el cerebro de Maximiliano, que éste no podía concentrarse en uno. Cuando se fijó en los males de la Iglesia fue para jugar con la idea de ser papa él. La relajación del clero no era el único problema. Wiclef y después Hus habían dejado un fermento que se desarrollaba sin cesar. La Biblia en lenguaje usual, suprema y suficiente regla de fe, la repudiación del clericalismo, el concepto de un sacerdocio universal de creyentes, fueron una fuerte llamada en la Europa central y la del Norte.

En aquella su primera visita a Alemania, de octubre de 1520 a noviembre de 1521, durante la cual fue reconocido Emperador electo y celebró su primera Dieta, Carlos se dio cuenta del reto de Lutero a la tradición. Él mismo, nacido y criado en el Norte, y cuya sangre meridional era del grave espíritu español, tomó las cuestiones religiosas con un candor que reconoció el mismo Lutero, que siempre esperó que Carlos rompiera con el Papa. Pero el joven Emperador, penetrado de la fe de sus antepasados, rechazó totalmente la idea de que un contemporáneo, invocando las Escrituras, pudiese barrer las creencias que llevaban mil años de piadosa observancia. Unas conclusiones hechas, según parece, por él, después de oír la célebre comunicación de Lutero de 18 de abril de 1521, que leyó él en alta voz en la sesión del día siguiente, fueron mantenidas por el resto de su vida. Estaba resuelto a hacerlo todo por que la Iglesia se viese libre de parásitos brotes que pudieran justificar ataques como el de Lutero. De aquí su insistencia en la reunión de un concilio con representación de toda la Iglesia, incluso los partidarios de Lutero, y su negativa a que la herejía se publicase primero, después de lo cual podría tranquilamente dejar a la Iglesia de Roma proyectar la reforma. La dificultad estaba en que ningún Papa consentía la reunión de un concilio no presidido por sus delegados, ni los luteranos se someterían a los acuerdos de una asamblea en la que ellos no se sintiesen libres. Lo sabía Carlos, pero no se creía por ello descargado de su deber de perseverar, por espinoso que fuera el camino, por ingrato que resultase el servicio a que él se había dedicado.

No parece que nunca concibiese el rompimiento. Podría haber dado suelta a su juvenil indignación por los actos de alguno de los siete papas contemporáneos.

Su devoción obtuvo el apoyo de muchos que preferían la tradición a los experimentos en materia de fe. El terreno estaba preparado para la Contrarreforma. Pasaba tiempo, y la interpretación de las Escrituras producía diferencias entre las filas de los mismos reformadores y movimientos sociales en algunos países que habían adoptado la nueva doctrina; esto, unido a las dificultades que se oponían a la reunión del concilio, llevó a Carlos a adoptar una forma de tolerancia que, aunque imperfecta, resultó como un esbozo de lo que podía ser un régimen de subsistencia de los dos credos. Ni un bando ni otro estaban dispuestos a la tolerancia. El mismo Carlos no hubiera consentido forma alguna de tolerancia en España, Italia ni Borgoña. La admitió en el Imperio como un expediente para no intentar la represión por la fuerza, que Roma pedía, sin consulta con concilio alguno. No era la primera ni la última vez que en los negocios de los hombres un arreglo transitorio ha resultado ser la mejor solución definitiva.

Justo es reconocer que, en su oposición a la idea de un concilio, los políticos de Roma iban movidos no sólo por el deseo de oponerse a la reforma. El enorme aumento de poder experimentado por Carlos había formado una nueva Europa, en la que el Vaticano andaba con explicable cautela. Los diplomáticos habían hecho su aprendizaje en época en que Inglaterra estaba en el fondo, y ellos maniobraban entre pocos soberanos y de igual fuerza, aparte el Emperador: Rey de España, Rey de Francia, Rey de Inglaterra, Duque de Borgoña, Reyes de Polonia, Bohemia y Hungría, República de Venecia y otros Estados menos importantes. Ahora Inglaterra se había perdido; dos de los soberanos continentales se habían fundido con el Emperador, cuyo hermano tomó posesión de lo no ocupado por los turcos al norte de Hungría, y de Bohemia. El heredero de Jagellon se hallaba acosado en Polonia y Lituania por prusianos, moscovitas y tártaros. El poder de Venecia había decaído desde la derrota de Agnadello (1509). El Emperador y el Rey de Francia quedaban frente a frente, mucho más altos que todos los demás potentados cristianos. Aún parecía que Francia no había de conservar su total independencia. De ser así, pocos caminos quedarían abiertos para Roma. El pasado no garantizaba a la Iglesia contra la posible opresión de quien aspiraba al dominio del mundo.

* * *

Sólo nos queda explicar cómo Carlos condujo a Roma hasta un concilio que permitiese cierta participación a los luteranos, aunque éstos no querían reunirse bajo la presidencia del Papa. El Concilio de Trento ha llegado a ser un lugar común, y los lectores se detienen poco a considerar cuán imposible parecía que se realizara la idea de Carlos. León X no respondió a Carlos en lo relativo a la reforma de la Iglesia en la primera Dieta. Adriano VI pensó afrontar el problema. Carlos hizo cuanto pudo por convencerlo; pero la discusión era puramente académica, por la guerra existente entre Carlos y Francisco, que no terminó hasta el Tratado de Madrid. Más adelante, Carlos escribió a su hermano: "Clemente VII debe apresurarse." En la Dieta de Espira (1526), los príncipes alemanes fueron autorizados para resolver los asuntos religiosos como mejor les pareciera, en espera del concilio que se había de celebrar un año después. Antes de que se llegara a éste, el Papa y Francia se habían aliado contra Carlos. Siguió el saqueo de Roma (mayo de 1527), y a principios de 1528 estalló de nuevo la guerra con Francia, ahora aliada con Inglaterra. Ya no pareció posible la celebración del concilio hasta el Tratado de Barcelona (1529) entre el Papa y el Emperador. Pero apareció otro peligro: si Carlos apretaba demasiado, Clemente podía invalidar el matrimonio de Enrique VIII con Catalina de Aragón. Mucho antes de la ruptura final de Inglaterra y Roma, la cuestión de tal nulidad era, pues, un serio obstáculo para la reforma de la Iglesia.

Cuando Carlos decidió pasar el invierno 1529-1530 en Bolonia en trato diario con el Papa, se proponía sondear a Clemente VII y llegar con él a un arreglo. Cuando se separaron, el ya coronado Emperador de apenas treinta años podía creer que había ganado la partida. Pero el Papa tenía veintidós años más que él. Tuvo que volver a conferenciar con Clemente (1532-1533). Prevaleció la armonía y se enviaron mensajeros a Francia y los Estados germanos para preparar el concilio. Francisco opinó que no era conveniente la celebración mientras no estuvieran conformes todos los príncipes cristianos. Poco después, Clemente visitó Marsella para el casamiento de su sobrina con el futuro Enrique II. En aquella ocasión, Erasmo, aunque no esperaba mucho del concilio, aconsejó al Emperador que lo convocase aunque fuera a espaldas del Papa, como habían hecho antiguos emperadores.

Paulo III sabía lo que necesitaba, y, por lo menos al principio, despertó amor y respeto. Nombró una comisión para reformar la Corte de Roma. En 1.º de junio de 1536, Paulo III publicó requerimientos para un concilio en Mantua el 23 de mayo de 1537. Los protestantes se negaron a asistir, alegando que en Italia no tendrían libertad. Se propuso el concilio para mayo de 1538 en Vicenza; pero fue suspendido hasta nuevo señalamiento. El interés por las discusiones teológicas entre católicos y protestantes, centrado en Alemania, culminó en la Dieta de Ratisbona (1541).

No acobardado por el fracaso de Ratisbona, Carlos atravesó Italia en el verano de 1541, camino de Argel, se reunió con Paulo III en Lucca y se formó el propósito de un nuevo señalamiento. El legado en el Imperio, cardenal Morone, propuso la celebración en Trento, y el Papa lo convocó así para el 2 de noviembre de 1542. Nueva guerra surgió entre Carlos y Francisco, con lo que pocos prelados se atrevieron a viajar. El Papa suspendió el concilio. Se citó nuevamente. Y al fin se celebró, en Trento, la primera sesión del Concilio Ecuménico el 13 de diciembre de 1545. El 11 de marzo de 1547 fue trasladado a Bolonia, después de ocho sesiones y varias reuniones secundarias. Como solamente los prelados italianos partieron para Bolonia, el Papa ordenó que no se tomara allí ningún acuerdo. El Emperador ordenó asimismo a sus prelados permanecer en Trento, pero sin celebrar sesiones. Y no se celebró ninguna hasta el siguiente pontificado.

Las relaciones entre el Papa y el Emperador se empeoraron en el invierno de 1546-1547. El Papa levantó tropas mandadas por Octavio Farnese para ayudar a Carlos y Fernando en una campaña inducida por él contra los príncipes protestantes. La cólera de Carlos se desató cuando un enviado del Papa, en la Candelaria del año 1547, anunció la retirada de aquellas tropas y aconsejó la reconciliación con Francia. Conocida es la carta del Emperador a don Diego de Mendoza, su embajador en Roma: si el Papa no quería ayudar, Carlos tomaría el partido más favorable para él: buscaría un acuerdo con los luteranos.

Fueron inútiles los esfuerzos del nuncio para arreglar la situación, especialmente cuando el concilio se trasladó a Bolonia. El Papa propuso después la constitución de una Liga contra Inglaterra, que fue rechazada. Después de otros acontecimientos, el anciano Papa llegó hasta reconocer el *Interim* poco antes de su muerte, que ocurrió el 10 de noviembre de 1549. Nada se adelantó.

* * *

Cuando Julio III fue elegido Papa (7 de febrero de 1550), el autor de una carta escrita en Trento, donde aún estaban los prelados españoles, decía que la elección no había podido ser más inoportuna; pero añadía que, según las últimas noticias de Roma, el Papa estaba resuelto a que el concilio se celebrase en Trento o donde el Emperador quisiera. Después llegaron noticias dudosas: parecía que el Papa no estaba muy entusiasmado. El embajador imperial en Francia tenía sospechas de que el Duque de Ferrara quería formar una Liga, con el Papa, Francia y Venecia, contra Carlos. El Papa intentó ser imparcial entre Francia y Carlos: papel muy difícil. El consuelo de Carlos era ver que el Papa seguía una política que también era inquietante para Francisco. Un nuncio requirió a Enrique II para que apoyase al concilio, que había de seguir y terminar en Trento. El Papa accedió a los deseos imperiales cediendo Parma a Octavio Farnese, yerno de Carlos. Parecía que esto anunciaba una colaboración muy deseable, porque Carlos, en sus constantes faltas de dinero, necesitaba una Bula de Cruzada y llegó a vender tierras de iglesias y abadías. El Papa convocó el concilio para 1.º de mayo de 1551. En abril llegó a proponer que fueran juntos a Trento él y el Emperador.

Lo mismo Parma que el concilio trajeron complicaciones a Carlos y demostraron cuán superficial era su acuerdo con el Papa. Aun antes de la elección de Julio III, la actitud de Octavio Farnese no era satisfactoria. Se había negado a aceptar la plaza por el Emperador, por lo que Carlos temía que la plaza terminara por caer en manos de Francia o Venecia. Tomada posesión, Octavio se propuso tomar otros territorios y formar un Estado importante, agregando Piacenza (herencia de su padre) y, en último término, pidiendo ayuda a Francia. El Emperador entendió que no había otro remedio contra Octavio que el empleo de la fuerza. Julio, aunque condenó la conducta de Enrique II, se arredró cuando llegó el momento de aportar tropas y municiones. Estas actuaciones volvieron a encender la guerra con Francia, y tan desgraciada fue que Carlos, advertido de la traición que preparaba el elector Mauricio, escribía a su hermana, Regente de los Países Bajos: "Si, por pura pillería, me atacan los alemanes, no podré hacer más que el mango detrás del hacha..., porque esta guerra de Parma (¡el demonio se la lleve!) me ha arruinado." En febrero de 1552 estaba tan apurado que con gusto habría hecho la paz. Y más adelante tuvo el disgusto de ver al Papa firmar con los franceses de Parma un acuerdo por separado.

Por otra parte, el concilio daba de sí menos de lo que Carlos esperó, a pesar de la imprevista llegada de un sacerdote griego, el arzobispo de Tesalónica. En diciembre de 1551, los tres Electores eclesiásticos requirieron al Emperador para que consintiera la suspensión, porque aquello sólo podía conducir a la unión de franceses y protestantes. Ya era un asunto hispanoalemán, porque allí no había más que seis prelados italianos, mientras el Papa retenía en Roma ciento veinte. No quería Carlos abandonar sus esperanzas, pero la suspensión era su única salida. Carlos amenazó con reunir a los prelados en Trento, a pesar de Roma. En abril de 1552 aún insistía en que se oyera a los teólogos protestantes que se hallaban en Trento.

El fracaso de los dos planes para cuya ejecución había contado Carlos con el Papa, y la indiferencia mostrada por éste para lo que no fuera de su interés, hizo adoptar al Emperador una actitud despreciativa, convertida en indignación cuando supo que una flota turca había sido abastecida desde los Estados de la Iglesia. Carlos no podía esperar que le aguardaba cosa peor en la persona de Paulo IV, el cual no se ocupó siquiera de convocar un concilio. Pío IV se encargó de ello en 1560, y lo llevó de modo satisfactorio, en cuanto lo permitían las circunstancias, en 1563. El sueño de Carlos de una asamblea, con representantes de todos los creyentes, que tomara decisiones, en doctrina y reforma, que fuesen universalmente aceptadas y devolvieran la paz a la cristiandad, no se había realizado. Pero sus incansables tentativas para ello convencieron a muchos hombres de aquel tiempo de que la constancia y sinceridad no eran exclusiva cualidad de los innovadores, y atrajo fuerzas que habían de dar nueva vida a la venerable institución por él tan verdaderamente amada.

Capítulo IV

PROTESTANTES Y POLÍTICA EN ALEMANIA

Hacia la paz religiosa de Nuremberg (1532)

Borgoñón por nacimiento y crianza, ibero por la sangre y camino de serlo por el ambiente, Carlos no tenía relación alguna con el puro teutón entre las cinco generaciones anteriores. Por extraño e irónico azar, este meridional individualista tuvo contacto por primera vez con los germanos cuando éstos, seducidos por Lutero, surgían en uno de esos choques de colectiva exaltación que habían sido su lote de experiencia. El espectáculo le disgustaba. Tal como lo veía él, Lutero tenía razón contra el escándalo de las indulgencias y la relajada vida del clero. El mismo Carlos había jurado conseguir la reforma de Roma. Pero el fraile, en cuanto encontró apoyo, atacó creencias que a los ojos de Carlos eran fundamentales en la Fe, lo cual hacía más difícil la reforma de los abusos. Lutero rechazaba ya la idea de un concilio general que él mismo había apoyado en 1518. El Emperador había dicho en la Dieta de Worms que lamentaba haber vacilado tanto; nunca más había de escuchar a Lutero. Tenía éste su salvoconducto, y lo utilizó para alejarse de Worms; pero Carlos lo miraba como a un hereje y esperaba que todas las autoridades alemanas lo tratarían como a tal. En realidad, Lutero fue declarado fuera de la ley por el edicto de Worms. Pero este edicto no fue aprobado por la mayoría de los príncipes; el Alto Canciller, arzobispo de Maguncia, se negó a sellarlo. No había muchas esperanzas de ejecución, sobre todo desde que Lutero se retiró bajo la protección del Elector de Sajonia, uno de los príncipes más respetados e influyentes. A éste, más que a ningún otro, debía Carlos su elección.

La situación era peligrosa. El edicto no podía ser aplicado sino por orden del Elector de Sajonia, porque Lutero era súbdito suyo y en sus Estados vivía. Después de asegurarse de que en sus propios Estados no había raíces heréticas, Carlos no podía hacer más que esperar y ver cómo respondía Alemania a la acción iniciada en Worms. Además, tenía que salir para España, de donde no había de volver hasta 1530. Entre tanto, lo que ambos bandos apreciaron al principio como un extrañamiento, para terminar al restablecerse la unidad, se convirtió en una duradera separación cuyas ventajas políticas fueron aprovechadas por los innovadores. La responsabilidad aneja a estos tratos recaía sobre Fernando, que, nacido y criado en España, empezaba entonces a conocer las hereditarias tierras de Habsburgo. Era activo y capaz. Pronto se hizo cargo. Pero no tenía el apasionado interés de Carlos por la religión. El *centum gravamina* (los cien agravios) presentado por los reformadores en la Dieta de 1522 fueron reconocidos aun por los católicos. Pero nada se hizo, a pesar de las promesas. La caída de Hungría, los esfuerzos necesarios para sostener los restos y evitar la caída de Bohemia pronto absorbieron toda la atención de Fernando. En agosto de 1526, al terminar la batalla de Mohacs, una Dieta reunida en Speyer decidió que, mientras estuviera pendiente un concilio general, cada Estado y cada ciudad del Imperio había de actuar, en relación con el edicto de Worms, como sus autoridades creyeran más conveniente en vista de sus deberes para con Dios y el Emperador. No sin razón, esta fórmula fue estimada obligatoria por los católicos para mantener la antigua religión, y por los luteranos como permisiva para obrar en lo espiritual de acuerdo con sus ideas. La religión se organizó en unos Estados por el sistema de Lutero, mientras en otros reinaba la confusión, y los excesos anabaptistas demostraban que era excesiva la libertad concedida en el nuevo credo. Las diferencias entre los reformadores fueron tales que sólo eran aceptadas por la generalidad de las grandes fórmulas, como "conforme a la palabra de Dios", y un intento de unificación realizado en Esmalcalda acabó en amargas recriminaciones. El espíritu conservador de Lutero, en lo social y económico, general en el Norte, chocaba con las ideas democráticas proclamadas en el Sur por Zwinglio. Pero un arrollador interés político ligaba ya a todos los protestantes.

Fernando tenía más interés en obtener ayuda contra los turcos, que amenazaban a Viena, que en juzgar religiosos agravios. La atmósfera estaba pesada, con la acusación de que los católicos preparaban un ataque armado contra los protestantes. La indignación de Fernando le hizo adoptar una conducta rígida, lo que había borrado la posibilidad de tender un puente, si es que alguna vez la hubo. Carlos escribió en más conciliadores términos. Y los dos bandos quedaron observándose mutuamente, esperando la llegada del Emperador para la Dieta de Augsburgo, que comenzó en mayo de 1530 y duró medio año, con la presencia de Carlos, que desde el primer día procuró la conciliación. La influencia de Erasmo se infiltró en la Corte de Carlos. Había en España tal entusiasmo por el filósofo de Rotterdam, que leer a Erasmo confería cierta categoría intelectual y no acarreaba peligro de censura eclesiástica, pues, por aquel tiempo, la Inquisición prohibía que se atacase a Erasmo. La regente Margarita y Gattinara habían sido fervientes erasmianos. El brillante primer secretario de Carlos, Alfonso de Valdés, presente en Augsburgo, escribió unas sátiras que podían pasar como obra de su señor. No consta hasta qué punto admiraba Carlos a Erasmo: se sabe que no invitó a éste para que asistiera. La reconciliación religiosa defendida en *De Sarcienda Ecclesiae Concordia* era ciertamente propósito de él y sus consejeros, sin reparar en lo que pudiera decirse, durante el pontificado de Clemente VII, por el legado Alejandro y otros prelados romanos que miraban a Erasmo con mucho cuidado. El legado Campeggi mantuvo amistosa correspondencia con Erasmo durante la Dieta de Augsburgo, y el consejero de más confianza de Carlos, Granvela, erasmiano también, tomó gran parte en los intentos de conciliación.

Pero en Augsburgo, los católicos alemanes, guiados por el Elector de Brandeburgo, no estaban dispuestos a ceder, y su actitud impidió la transacción con los seguidores de Juan de Sajonia. En este ambiente, la *Confession,* que contenía las más importantes afirmaciones de Lutero, se encontró con la *Confutation* de los antiguos creyentes, y no resultaron los bandos ni una pizca más próximos que el año anterior en Espira, a pesar de todos los buenos deseos y la paciencia derrochados por Carlos (como el mismo Lutero reconoció) en la asamblea, que terminó por ser Concilio Nacional en el nombre tan sólo. Carlos, desengañado, adoptó nueva posición: el ofrecimiento de un concilio general, durante el cual los reformadores prescindirían de innovaciones. Con este reducido propósito escribió al Papa (14 de julio de 1530) pidiendo la reunión del concilio, lo único que podría conjurar los peligros que amenazaban a Alemania, y rogando a Clemente que preparase el terreno mediante una enérgica reforma de los abusos eclesiásticos. La respuesta fue evasiva. Según el Papa, ante todo era necesario desarraigar la herejía. Roma no conocía claramente las fuerzas que luchaban en el Imperio. El historiador Guicciardini dice que si, antes de Worms, Tomasso Cajetani no hubiese desesperado a Lutero con sus ataques y amenazas, el fraile quizá se habría contentado con un beneficio importante o ingreso análogo.

La Dieta fracasó cuando los protestantes se negaron a suscribir ni siquiera una resolución en favor de un concilio general, que, decían, era contrario al Evangelio y a sus conciencias. A esto, Carlos preguntó si lo consideraban a él como enemigo del Evangelio. No le quedaba más recurso que la fuerza; pero no dio muestras de creerlo así. No confiaba en los consejos de Clemente VII. Su confesor anterior, el juicioso e imparcial Loaysa, le escribió que era indispensable aplastar la herejía; pero la dificultad era insuperable. El verdadero remedio habría sido un concilio; pero el Papa y los cardenales habían desechado la idea; los católicos estaban temerosos; no era posible la paz con Francia; Enrique VIII era capaz de aliarse con el mismo infierno contra Carlos. Loaysa terminaba diciendo que el único partido de Carlos era aquietarse con los herejes y dejárselos a Fernando, como estaban ya los bohemios: una excelente insinuación para todas las concesiones que se estimasen necesarias.

Fernando, entre tanto, procuraba asegurarse Polonia. Cuando fue elegido Rey de Romanos, ya mostraba especial consideración al embajador de Polonia y lo apremiaba para conseguir la conformidad de Segismundo con el casamiento de Isabel, hija de Fernando, y el hijo de Segismundo.

Meses después de terminar la Dieta, Carlos encargó a uno de sus más inteligentes auxiliares, Cornelius Schepper, erasmiano, de sondear Alemania y ver cómo se podría vencer el punto muerto. Según su informe, los luteranos iban ganando terreno día por día, gracias a los escándalos del clero. Había que buscar nuevos remedios. Era ya un poco tarde, pero quizá podría hacerse algo. El Elector palatino contaba con la confianza de ambas partes y era el hombre indicado. Por desgracia, no era muy activo. Había que considerar cinco puntos, según la opinión del obispo de Augsburgo, que aconsejaba a Schepper:

1.º *La misa.* — Se debía permitir a los luteranos celebrarla a su modo, mientras el concilio decidía. El canon no era de origen divino: se había formado por sucesivas agregaciones hechas por los papas.

2.º *Celibato sacerdotal.* — La Escritura no prohíbe a los sacerdotes casarse: deben tomar mujer en vez de tener concubinas o tratar prostitutas. Si esto parece demasiado, permitir a los que ya tienen mujer conservarla hasta el concilio. Sería lástima poner en peligro la paz confesional en esta materia.

3.º *Ayunos.* — Indudablemente son saludables. Pero la cuestión debe regirse por la ley civil, sin envolver pecado mortal. Todos saben que es fácil cumplir con la letra de la ley y disfrutar como si se comiera carne o más.

4.º *Comunión con ambas especies para legos.* — No es contrario a la Fe. Se debía permitir hasta que el concilio decidiera.

5.º *Vida monástica.* — En teoría no es ni buena ni mala. Lo mismo en la práctica. La cuestión correspondía al concilio. Mientras, no se debía requerir a los frailes y monjas evadidos a que volvieran al claustro.

En cuanto a la opinión pública, caldeada por estas cuestiones, debía ser aquietada por tres concesiones mantenibles hasta el concilio:

1.ª No obligar a ninguno a dar nada a los sacerdotes ni hacer ofrecimientos.

2.ª Debía continuar el pago del diezmo de las cosechas; pero suprimir el del ganado y el huerto.

3.ª Nadie tenga que pagar por los sacramentos: confesión, bautismo y matrimonio, ni por las misas. Los pagos por las ceremonias fúnebres serían regulados por las autoridades civiles.

Sería vano todo intento de ordenar por fuerza estas materias. Los luteranos, que en otro caso serían leales súbditos, sabían que, aunque el Papa y el Rey de Francia hubiesen prometido al Emperador su ayuda, lo abandonarían en cuanto estallase una guerra en Alemania y aún se alegrarían de ello. Carlos debe recordar lo que ocurrió a Segismundo cuando empleó la fuerza contra los husitas. En cambio, si se llega a un acuerdo con los luteranos, los secuaces de Zwinglio no darían quehacer.[1] El Papa nada podría objetar a estas concesiones; el Emperador no aprobaría a Lutero: se limitaría a tolerar lo inevitable. Carlos sería molestado sólo por los Duques de Baviera, aunque eran católicos.

El consejo de Loaysa, inspirado parcialmente por el deseo de

---

1. Zwinglio cayó poco después en la batalla de Cappel, donde los suizos católicos infligieron una grave derrota a sus confederados protestantes.

ver al Rey de España libre de su misión en Alemania, había sido demasiado radical para Carlos, que se aferró a la idea del concilio, porque su política era muy parecida a la de Stadion, el obispo de Augsburgo: *cujus regio, ejus religio* era la máxima de Clemente VII; pero Carlos no aceptaría contradicción: sostuvo su demanda ante el Papa. En cuanto fue posible, marchó a Italia y pasó otro invierno en Bolonia con el Papa. Se llegó al acuerdo de enviar embajadores a Francia y al Imperio para preparar el concilio, unirse contra los turcos y aliar a los Estados italianos. Pero cuando Carlos emprendió la vuelta hacia España sabía que nada se iba a conseguir. La única esperanza era aprovechar la resistencia del Papa, ya aprovechada por Carlos contra los protestantes. El elector Federico de Sajonia no se negó a prestar ayuda contra los turcos. Había paz en Alemania. Aunque Carlos escribió a Fernando que no veía posibilidad de acuerdo con los protestantes, y aun sabiendo que Estrasburgo y Constanza trataban de unirse a la confederación suiza, la invasión de Austria por Solimán en 1534 salvó el punto muerto. Carlos se puso en relación con los protestantes, y con su ayuda levantó un poderoso ejército, a cuya vista los turcos desistieron de sus propósitos. Al mismo tiempo se firmó la paz religiosa, que debía durar hasta la celebración del concilio. Los príncipes luteranos y las ciudades quedaron libres para ordenar sus asuntos religiosos.

De Nuremberg (1532) a Ratisbona (1541)

Con el infiel a las puertas no era difícil un acuerdo. Además, había paz entre Carlos y Francisco I. Durante nueve años después de 1532, los turcos no molestaron a Fernando. En 1534, Carlos preparaba una expedición por mar a pesar de la franca oposición de los españoles, capitaneados por el cardenal Tavera, arzobispo de Toledo. Los protestantes alemanes no habían de ser más sumisos a la voluntad de Carlos que los mismos españoles, especialmente cuando la paz de Nuremberg produjo quejas en el sentido de que las autoridades imperiales interpretaban aquélla como una suspensión, lo cual se traducía en nuevas conversiones al protestantismo. Los príncipes luteranos buscaron nuevamente el apoyo de Francia. En 1533, Fernando encontró oposición para renovar la alianza suavia, que había durado cincuenta años. A principios de 1534, Felipe de Hesse hizo una discreta visita a Francisco I en Bar-le-Duc y obtuvo subsidios que empleó para ocupar Württemberg, que retenía

Habsburgo desde 1520. El duque Ulricht resultó un útil aliado para los reformistas, y una espina en la carne de Fernando, por su proximidad al Franco Condado y las antiguas tierras de Habsburgo y de Alsacia. Parece que Alemania estaba llena de agentes franceses, y Fernando, mal aconsejado.

Carlos, viendo que los asuntos se torcían, envió al conde Federico del Rin a Francia y Alemania para informarse. Pero Francisco no decía nada, y se hablaba mucho de los príncipes alemanes. Algunos príncipes católicos se oponían a Carlos. Se veía muy mal la causa de la paz. La muerte de Erasmo (11 de julio de 1536) tuvo una profunda significación.

Paulo III no había simplificado el problema para Carlos. El nuevo Papa, a los quince años de reinar, se interesó por el concilio. De aquí nacieron nuevos problemas. Ahora que el Papa tenía este interés, ¿acudirían los protestantes a someterse a los legados papales? ¿Se pondrían de acuerdo siquiera sobre el lugar de la reunión? ¿Qué se entendería por un concilio *libre*? Puesto que el Papa condenaba las afirmaciones de Lutero, ¿podría ser árbitro en el debate? Carlos siguió infatigablemente en busca de adhesiones, especialmente del lado luterano. La urgencia del caso era mayor, porque otra vez había guerra con Francia (1536), y Melanchton había recibido invitación oficial de Francisco. Antes de embarcar de nuevo para España, Carlos dio instrucciones al doctor Matías Held, vicecanciller imperial, para sondear a Alemania. No tuvo suerte. Oficialmente iba para mantener la paz de Nuremberg y la autoridad del gabinete imperial, propugnar el concilio y buscar ayuda contra los turcos. Pero llevaba instrucciones secretas. Dada la enemistad de Francia y la indiferencia del Papa y Venecia, había que conocer bien el propósito de los príncipes alemanes. Carlos nunca actuaría contra el Papa; pero si éste le faltaba, aquél necesitaba ordenar los asuntos de España y prevenirse contra los asaltos de los turcos, a los que Francisco excitaba. En el peor de los casos, ¿podría celebrarse el concilio sin intervención del Papa ni de Francia? ¿Podría la tregua de Nuremberg ser mantenida indefinidamente? ¿Se podría celebrar un concilio nacional en el Imperio sin tocar las doctrinas fundamentales? ¿Sería preferible dejar a Dios la resolución de todas las cuestiones y dedicarse solamente a reforzar la autoridad del Emperador y del Rey de Romanos? En presencia del ataque francés, Fernando debía comprender que otros problemas, incluso el de Hungría, tenían que esperar.

Held perdió la cabeza. Cuando llegó a Alemania se produjo un tumulto, aun entre los católicos, por su tono amenazador. Constituyó una Liga Católica, de acuerdo con Fernando (Carlos estaba en España), lo que hizo temer que Carlos se proponía luchar contra los protestantes, y aumentó las fuerzas de la Liga de Esmalcalda.

Por fortuna para Carlos, sus diplomáticos en Italia negociaron una alianza con el Papa y Venecia, y entonces Francisco aceptó la invitación del Pontífice para una conferencia en Niza. Se ajustó una tregua de diez años con Francia. Al fin resultó que el Emperador y Francia se habían entendido a espaldas de los protestantes. María de Hungría, siempre amiga de la paz, contestó con ánimo conciliatorio, quizá con una sonrisa; pero advirtió a Carlos que Held había hablado con exceso en Alemania. Felipe de Hesse, que era el miembro más importante de la Liga de Esmalcalda, indicó que él y sus amigos estaban dispuestos a reanudar las negociaciones, advertencia que no cayó en el vacío. En Génova, adonde el Emperador había acompañado al Papa después de la conferencia de Niza, Carlos supo (23 de junio de 1538) el plan del Elector de Brandeburgo para mediar en la cuestión religiosa. Si esta proposición prosperaba, Carlos y el Pontífice tendrían que desistir de convocar el concilio (que, por otra parte y por la actuación de Held, era una manzana de discordia en vez de una esperanza de paz) y dedicar todos sus esfuerzos a organizar la cristiandad contra los turcos. Carlos había contado con el apoyo del Papa, que no llegó a la realidad. Fueron difíciles las negociaciones. Los protestantes pedían cosas imposibles. Sin embargo, gracias a la habilidad del enviado del Emperador, Johann Weeze, se llegó a un acuerdo, llamado Tregua de Francfort (19 de abril de 1539). Se convino en que el 1.º de agosto de este año, en Nuremberg, comenzarían las discusiones entre los teólogos católicos y los protestantes. En aquellas circunstancias, este acuerdo fue un triunfo para la conciliación, y su magnitud se reflejó en el hecho de que Held acusó a Weeze de haber aceptado dádivas de los protestantes: última cosa que se supo de Held en conexión con los asuntos religiosos.

No empezaron las deliberaciones tan pronto como se proyectaba. Mas primero en Espira, después en Hagenau y finalmente en Worms, continuaron durante 1540. El ambiente era bueno. Granvela, que asistía sin intervenir, causó muy buena impresión a los reformistas. "Hombre de profunda comprensión y rica experiencia — le llamaba Jacobo Sturm —; caballero amante de la paz y movido tan sólo por el deseo de paz y reforma." Al mismo tiempo había en Worms once deliberantes de cada bando y predominaba un conveniente espíritu de lucha. Pero como el proceso era lento,

Granvela acudió a otro método, y se establecieron deliberaciones confidenciales entre Bucer y Capito, por los reformistas, y Gropper y Veltwyck por los católicos. A fines de diciembre se había aprobado un texto sobre todas las soluciones propuestas, a satisfacción de los cuatro conferenciantes.

Quedaba el camino abierto para una reunión decisiva en Ratisbona. Aquí se reunió la Dieta, que duró de abril a julio de 1541, presidida por Carlos con alto espíritu de conciliación. Estuvieron presentes Melanchton y Calvino. Ya entonces intervino Granvela. Él mismo redactó un artículo sobre justificación al que nada objetó Calvino. El 2 de mayo de 1541 se llegó a un acuerdo en un documento que se llamó *Libro de Ratisbona,* con veintitrés artículos suscritos por los teólogos. Pero no se había hecho más que presentarlo a la Dieta cuando protestantes y católicos clamaron desconfianza. Lutero (a quien había sido enviado el texto de Granvela sobre justificación) lo condenó inmediatamente, y lo mismo hizo Roma con los informes del cardenal Contarini.

Terminó la Dieta, finalizando así lo que con razón se había llamado humano intento de arreglar las grietas de la cristiandad. Para Carlos y sus consejeros, los preceptos erasmianos *moderatio, mansuetudo, caritas* eran más importantes que las precisiones teológicas. No había mal en que un texto significara una cosa en cada escuela si ello daba paz al mundo. Pero Lutero no lo admitía. Para él, el *Libro de Ratisbona* era "hiena y Talmud". El Papa debía retirarse: la Verdad estaba en todo; pero sólo Lutero la poseía. Roma también se presentaba impenetrable, por temor a los extremos que podía alcanzar Carlos en sus propósitos de paz.

Sólo un raro concurso de circunstancias podía permitir que siquiera pudieran celebrarse aquellos debates entre los más notables teólogos de la época, con excepción de Lutero, bajo la experta guía de Granvela. El Papa no se opuso abiertamente a la celebración de aquella asamblea (aunque prohibió a sus legados que interviniesen en la discusión con los maestros protestantes), y ello se debió a que, habiendo surgido diferencias entre el Papa y Francisco, aquél esperaba obtener de Carlos el señorío de Camerino para los Farnesio. Entre los protestantes, Felipe de Hesse había incurrido en bigamia. Sus teólogos, horrorizados, nada habían conseguido, porque Felipe no encontraba en las Escrituras nada contra la bigamia. Pero éste tenía la repulsa de sus pares y parientes y el consiguiente aislamiento. Lutero lo toleraba con la condición de que se guardara secreto. Pero Felipe se puso en comunicación con Carlos y sus teólogos, ofreciéndoles apoyo en la Dieta a cambio del perdón del Emperador por sus pasadas ofensas y del apoyo futuro. Especialmente proponía oponerse a las maniobras contra Carlos por los franceses y el Elector de Sajonia. En Ratisbona, Felipe mantuvo su palabra, trabajando enérgicamente por el acuerdo de los teólogos. No fue culpa suya si Lutero se mantuvo en su obstinación.

Fuera del Imperio, entre Carlos y Francisco se había producido la calma tras la conferencia de Niza, lo que permitió al Emperador aceptar la invitación de atravesar Francia camino de los Países Bajos. Pero este progreso duró poco. A últimos de septiembre de 1539, Solimán había enviado un mensaje urgente a Francisco, y en agosto de 1540 el embajador veneciano en Francia escribía a la Señoría que el Rey no firmaría la paz mientras Carlos no le diese Milán. La posición internacional de Carlos perdió tanto, tanto, que se debilitó el deseo de transigir de los protestantes. Dispuesto a marchar contra los turcos que amenazaban Germania, no podían menos de poner dificultades si veían al Emperador metido en complicaciones, aunque éstas fuesen provocadas por el infiel.

En cuanto a la Dieta, la cuestión era terminarla sin perjudicar la paz del Imperio. Carlos la cerró como pudo el 29 de julio de 1541, con declaración imperial de garantía a los adheridos y oradores de la Confesión augsburguesa, aun en los Estados católicos, y permitiendo, condicionalmente, los acuerdos locales referentes a las fundaciones monásticas. Tanto se apartaba esto de la paz de Nuremberg, que Carlos tuvo que dar secretas garantías a los católicos para evitar una división de éstos. Resultó que en la confusión febril de la última noche de la Dieta, el texto del acta de clausura no fue el que Carlos creía: estaba demasiado rendido para apreciar lo que leía. Sólo obtuvo el ofrecimiento de 10.000 infantes y 2.000 caballos para combatir a los turcos. Malo fue para los Habsburgo el año 1541: fracaso de la conciliación, con el paso al partido luterano de Albertina y Ernestino Sajonia, y la adopción por el nuevo Elector de Brandeburgo de actitud similar hacia Enrique VIII; fracaso de la expedición contra Argelia; incorporación de la llanura húngara con el Imperio otomano, y la certeza de nueva guerra con Francia.

De Ratisbona (1541) a Mühlberg (1547)

Con el resultado de la Dieta, Carlos comenzó a considerar el empleo de la fuerza contra los príncipes. Pero se había propuesto otras tareas previas, sin dejar la preparación necesaria para caso de guerra. La rueda de la fortuna dio una vuelta en favor de él. La elección por Francisco I del asesinato de Antonio Rincón, su embajador en la Sublime Puerta, como pretexto para una guerra que aquél llevaba preparando contra el Emperador meses antes de que ocurriera, llamó la atención sobre su alianza con Solimán. La invasión por Francia del Luxemburgo, feudo del Imperio, y sin duda las atrocidades cometidas por las bandas de Martin van Rossem en los Países Bajos mientras Fernando estaba ausente guerreando con los turcos en la frontera de Austria, dio mayor publicidad al escándalo de aquella alianza y provocó una revulsión del sentimiento alemán.

Pensando en la ofensiva francesa, Carlos acortó cuanto pudo su próxima visita a España: noviembre de 1541-abril de 1543. Durante su ausencia, María de Hungría cometió el error de nombrar jefe de su ejército a Felipe de Hesse. Pero ya volvía Carlos. Entre tanto se firmó un tratado secreto con Enrique VIII para la vuelta al comercio y mutua ayuda, limitado a los Países Bajos; se ejerció presión sobre Francisco para separarlo de su alianza con los turcos, y se forzó la reclamación territorial contra Francia. Apresurándose a volver al sector activo, Carlos recibió noticias de Granvela en Pavía, pasó unos días en Busseto con el Papa, sometió a Clèves, Guelders y Zutphen durante el verano, a fin de septiembre reunió a las representaciones de los Países Bajos en Lovaina y presentó batalla a los franceses (que se retiraron) en la frontera del Artois.

El 31 de enero de 1544 llegó a Espira para preparar una importante Dieta. Continuaba su buena suerte. En marzo murió el Elector Palatino, a quien sucedió su hermano, el conde Federico del Rin, casado con una sobrina de Carlos. Felipe de Hesse dejó atónitos a los oyentes por la elocuencia de su denuncia contra Francia. El vicecanciller Naves causó gran impresión en los protestantes con la presentación de cartas en que Francisco prometía ayudar a Carlos contra ellos a cambio de Milán. Antes de que se abriese la Dieta, los legados del Papa, conducidos por el cardenal Farnesio, mostraron tal inclinación a Francia, que Lutero denunció que aquello equivalía a una alianza entre el Papa, el francés y el turco contra el Emperador. A fines de febrero comenzaron las sesiones y continuaron hasta el 10 de junio de 1544. Las dificultades eran enormes. Los protestantes, que sentían henchidas sus velas, tenían más aspiraciones que en anteriores asambleas, y muchos católicos estaban dispuestos a romper antes que transigir. Al fin, Carlos, en una disposición, avanzó más que nunca, llegó a hablar de las "dos religiones", que debían guardarse consideraciones mutuas, prometió una reforma cristiana para la próxima Dieta y confirmó lo concedido ya. Obtuvo ayuda contra Francia por seis meses y lo que hiciera falta para contener a los turcos. El Papa (24 de agosto de 1544) contestó con un breve, que Carlos no tuvo en cuenta, en que condenaba la declaración imperial. Lutero y Calvino escribieron en defensa de Carlos. La Dieta de Espira (1544) era la mejor que había tenido y tendría. De tal manera que, al parecer, Francisco I buscaba un arreglo amistoso. Pero en 14 de abril de 1544, las fuerzas de España en Italia sufrieron una gran derrota en Ceresole y la guerra renació.

Una semana después de terminar la Dieta, Carlos se hallaba en Metz reuniendo el ejército. Siguió la campaña del Marne y un colapso de las tropas francesas, y en 19 de septiembre se firmó el Tratado de Crépy. Habían transcurrido cerca de veinte años desde Pavía. La ejecución del tratado dependía del Duque de Orleáns, que había esperado a entrar en la Liga de Esmalcalda y quería hacer luterano al Luxemburgo. El propósito de Orleáns de mantener el Tratado de Crépy no pudo ser puesto a prueba, porque aquél murió el 9 de septiembre de 1545. Pero la victoria exigió una nueva elección de Carlos: ¿qué política adoptaría con relación a los protestantes germanos? Había que reunir una Dieta en Worms el 15 de diciembre de 1544; y Carlos, en la de Espira, había prometido un arreglo para la próxima Dieta sobre la reforma cristiana, vaga manera de prometer. Ahora, con un fuerte ataque de gota, el Emperador pensó llamar a su hermana María de Hungría para que lo representase en Worms, lo cual significaría una más avanzada intención de coalición con los protestantes. Carlos abandonó este plan por deferencia a Fernando. Granvela y su hijo Antonio, obispo de Arras, suspendieron su reunión, hasta que Carlos se pusiera bien, el 16 de mayo de 1545. Se había enredado más el asunto desde que el Papa convocó un concilio para Trento el 15 de marzo del mismo año. ¿Cómo podría una Dieta tomar acuerdo sobre reforma cristiana pendiente la celebración de un concilio sobre lo mismo?

Con esta convocatoria, el Papa dio un gran paso para malograr el acuerdo de Carlos con los protestantes. El acto aumentó la desconfianza que entre los príncipes alemanes habían producido los triunfos militares de Carlos sobre Francia. Los alemanes pudieron conformarse con un Emperador acosado por Francia y en querella con el Pontífice. Pero, en paz con el resto del mundo, resultaba incómodo. Creyendo que era la ocasión, el Papa se lanzó sin reparar en gastos. Su legado en la Dieta, el cardenal Farnesio, llegó a Worms poco después que Carlos e informó a éste que había depositado 100.000 ducados en Augsburgo como contribución del Papa contra los turcos, e insinuó que seguirían otras cantidades. Carlos, conocedor de las intenciones del Papa al convocar el concilio, había dado encargo a sus enviados a Trento que buscasen dilaciones. Pero después de respirar una atmósfera pesada en la Dieta, encontró a Farnesio tan dispuesto a cooperar, que se dedicó a explorar la posición general mediante entrevistas confidenciales. El 27 de mayo, el cardenal salió para Roma, disfrazado, y llegó en doce días, tiempo cortísimo para un viaje de un príncipe de la Iglesia. Una semana después, el Papa resolvió ofrecer como contribución para guerrear contra los protestantes otros 100.000 ducados, 12.000 infantes y 500 caballos durante cuatro meses, con autorización para vender tierras de la Iglesia española por valor de 500.000 ducados y apropiarse casi otro tanto de las rentas eclesiásticas en aquel país. Una gran cantidad de dinero en aquella época.

Carlos había convencido al cardenal Farnesio de que sus previas deliberaciones sobre acción armada contra los protestantes debían ser estrictamente confidenciales. El Papa, ansioso de ayudar en la empresa, habló pronto. Carlos envió a Roma una recomendación de silencio, y trató de ello en la Dieta como mejor pudo, y en agosto prometió que la deliberación religiosa comenzaría en Ratisbona el 30 de noviembre, y confirmó las concesiones hechas a los reformistas, sin referirse al Papa ni al concilio, aunque después ordenó a sus embajadores que retrasasen la apertura de éste.

Sandoval, cuarenta años después de la muerte de Carlos, llamaba a 1545 el año más tranquilo del reinado. Pero en cuanto a obtener la decisión de luchar contra los protestantes no debió de salir muy satisfecho. María de Hungría le recordó lo perjudicial que había sido para Segismundo su coacción sobre los husitas. Él mismo dudaba si el Papa lo dejaría en el terreno después de envolverlo en la guerra con los príncipes. En Alemania, la Liga Católica había bajado. Todas las concesiones fueron inútiles. Los protestantes estaban decididos a pedir cada vez más, con lo que demostraban su oposición a toda salvaguardia de la unidad cristiana, por la que él había luchado desde que Lutero denunció el orden tradicional en 1521. Pero Carlos seguía esperando una ocasión de conservar la paz. Pasó tres meses de invierno en los Países Bajos, y al despedirse de la Regente le aseguró que haría cuanto pudiese para evitar el empleo de la fuerza. No hay motivos para dudar de su sinceridad. Todavía no estaba ligado con el Papa.

Días después estaba en Espira, donde se reunió con Felipe de Hesse, arrogante ahora, que aconsejaba a su señor feudal que estudiase el Evangelio. El 10 de abril llegó Carlos a Ratisbona para preparar una Dieta. Los jefes protestantes ni siquiera concurrieron. Cuando se celebró la primera sesión, la cuestión se había encerrado en dos peticiones incompatibles: los católicos exigían que los protestantes acudieran al concilio en los términos señalados por el Papa; los protestantes insistían en la ejecución de lo prometido en Espira. Los dos bandos se preparaban para la guerra.

Entre tanto, lograban buenos resultados las tentativas de Carlos para descomponer las filas protestantes. Por una disputa sobre las tierras secularizadas de las abadías, el protestante Mauricio de Sajonia se unió a Carlos, con objeto de obtener el electorado. Fue seguido por otros. El elector Federico se sometió al Emperador. Después de años de ansiosos cálculos, Carlos sintió el descanso de conocer sus recursos. En Ratisbona se permitió darse con sus amigos a la vida soldadesca y disfrutar de lo bueno que la ciudad podía ofrecerle. Una atrevida "hija de burgués" llamada Bárbara Plumberger o Blomberg, el 24 de febrero de 1547 dio a luz al futuro vencedor de Lepanto, don Juan de Austria.[1]

El Emperador, tras haberse asegurado los ingresos eclesiásticos de un año de los Países Bajos, firmó una alianza con el Papa contra los protestantes. Cuando se levantó la Dieta, la campaña del Danubio había prácticamente empezado.

Once o doce años después dijo Carlos a los monjes de Yuste, según Sandoval, que cuando se preparaba con el Duque de Alba contra Juan Federico de Sajonia y Felipe de Hesse, cuatro príncipes luteranos se habían llegado a él y, en nombre de los demás, le habían dicho que le hacían oposición solamente porque les llamaba herejes, cosa que ellos creían no ser; que si él permitiera a sus teólogos discutir con los católicos en presencia de él, podría formar juicio. Carlos no aceptó. Dijo que él sabía poco de retórica, porque se había retirado muy pronto de los libros para trabajar, y que los herejes tenían argumentos muy sutiles que podían confundir a los no versados en tales materias.

---

1. Bárbara era ciertamente madre de don Juan, y Carlos creía ser padre del mismo. Sin embargo, se afirma de Bárbara Blomberg que en el curso de una tormentosa discusión, en noviembre de 1576, dijo a don Juan que éste no era hijo de Carlos, que su padre era verdaderamente un mozo de cuadra con el que ella había tenido también íntimas relaciones.

Después de recibir el contingente del Papa, sus fuerzas aparecían aproximadamente iguales a las de sus adversarios: unos 30.000 infantes y 5.000 jinetes en cada bando. A fines de agosto, cerca de Ingoldstadt, los protestantes alcanzaron una pasajera ventaja llevando a los imperiales a una posición donde tenían que escoger entre lanzar un ataque o resistir un intenso bombardeo. El Emperador, sabiendo que venía un poderoso auxilio de los Países Bajos, optó por el bombardeo. Poco después llegó el auxilio, mandado por Van Buren, que dio a Carlos una superioridad que varios generales estaban ansiosos de ver empleada en un gran combate. Su exaltación llegó al colmo en octubre, cuando Carlos rechazó lo que a ellos les parecía una magnífica ocasión.

Los consejeros de Carlos exigían el establecimiento de cuarteles de invierno; pero él no aceptó, a pesar de que sufría un ataque de gota que le obligaba a montar con una pierna en cabestrillo y no en el estribo. Supo que Fernando, con Mauricio de Sajonia, estaba a punto de invadir el territorio de Juan Federico. Cuando esto se realizó, en noviembre, éste interrumpió la campaña y se dedicó a defender su Ducado. Felipe de Hesse se ofreció a negociar; pero Carlos rehusó, a pesar de que Mauricio, yerno de Felipe, pidió clemencia. Entonces, Felipe abandonó también el campo y dejó a Carlos dueño del sur de Alemania a costa de unos pocos muertos y heridos, sin contar varios millares de italianos que desertaron para no luchar con el frío y la humedad del fin de otoño en los Alpes.

Entonces pudo Carlos retirarse a cuarteles de invierno, en Ulm, y dejar que descansaran sus tropas, en preparación para la campaña próxima. El 22 de enero, el Papa hizo lo que venía temiendo Carlos. Irritado por el nombramiento de Ferrante Gonzaga para el gobierno de Milán, puesto codiciado por Pierluigi Farnesio, Pablo firmó un breve para la retirada de su contingente, lo que provocó una de las más violentas explosiones del Emperador. Era el sino de Carlos: ver que le abandonaban sus aliados cuando se alarmaban por sus triunfos. Durante el invierno, Juan Federico reconquistó la mayor parte de su Ducado y cogió prisionero a uno de los recién confederados de Carlos: el frenético e independiente Alberto Alcibíades. Cuando llegaba la primavera, el Emperador se dirigió a Nuremberg, y de allí, reuniendo sus fuerzas con las de Fernando y Mauricio, a Eger. Después bajó por el río Mulde hacia el cuartel general de Federico en Meissen, junto al Elba.

La campaña que culminó en Mühlberg (24 de abril de 1547) fue llevada por Carlos con el mismo espíritu: ganar sus objetivos y ahorrar sangre. Hubo marchas y contramarchas. Cuando vio la ocasión del jaque mate, no dudó en exponer su propia persona. En la mañana de Mühlberg, el descubrimiento de un vado en el Elba y el valor de once españoles que cruzaron el río bajo un intenso fuego, con la espada entre los dientes, y recobraron unas barcas que los de Federico querían quemar, le permitieron caer súbitamente sobre el flanco de éste. Los húsares de Fernando, húngaros, cargaron al grito de "¡España!", porque no les gustaba el de "¡Imperio!", y el propio Carlos llevó la bandera roja y oro de Borgoña en la pelea, como poco después lo pintaba el Tiziano. Pronto acabó el combate. Las bajas de Carlos, según escribió don Diego de Mendoza, fueron menos de diez hombres, muertos y heridos juntamente. Juan Federico compareció ante Carlos y comenzó: "Poderosísimo y gracioso Emperador, soy vuestro cautivo." "¡Ah! — replicó Carlos —, me llamáis Emperador ahora, ¿eh? Hace poco me tratabais de otro modo", palabras con que se refería a las hojas que los protestantes habían difundido llamándole: "Carlos de Gante, que se cree Emperador." Desde Mühlberg, Carlos se dirigió a Wittemberg, donde permitió a Federico que arreglara sus asuntos antes de seguir como prisionero de guerra, y recibió a la Duquesa con toda cortesía: como Alejandro visitó a la mujer y a la madre de Darío, dice Sandoval.

Desde Mühlberg (1547) hasta Augsburgo (1555)

La distribución de las fuerzas a consecuencia del abandono de Esmalcalda no duró mucho. Mauricio, muy crecido por su categoría de Elector recién ganada, exigió la inmediata libertad de su padre político, Felipe de Hesse. Carlos se negó: el archirrebelde había procedido con ligereza en la seguridad de que no lo internarían para siempre. Fueron inútiles las alegaciones de Mauricio.

Los asuntos religiosos exigían inmediata atención. La nube negra, la acción de Paulo III de trasladar el Concilio de Trento a Bolonia, tenía una línea de plata: ningún acto del Pontífice contra Carlos tendió a entregar al Emperador a los protestantes. Antes de abrir la Dieta de Augsburgo (1.º de septiembre de 1547), Carlos escribió a Fernando que si el Papa no cambiaba de actitud, él mismo convocaría un concilio, sin intervención de aquél, y reformaría seriamente la Iglesia. Informó a la Dieta de que, resuelto a llevar el concilio a Trento, esperaba que los adheridos a la confesión de

Augsburgo acudiesen, y esperaba que, entre tanto, católicos y protestantes vivirían en paz. Los príncipes asintieron, los representantes de las ciudades manifestaron sospechas, que el Emperador no escuchó. Durante la sesión se empeoraron las relaciones como consecuencia del asesinato del hijo de Paulo III, Pierluigi Farnesio. Al mismo tiempo se deshizo la armonía de la familia Habsburgo por el propósito de Carlos de asegurar la sucesión imperial (después de Fernando) a favor de Felipe, con el fundamento de que la rama austríaca no sería rica siempre para sostener la carga.

A principios de 1548 formuló solemne protesta en Bolonia, ante los Padres que habían obedecido a Paulo III, presentándose allí. Poco después, Diego Hurtado de Mendoza, embajador ante el Papa, repitió la protesta en Roma. Para evitar la confusión general, Carlos dio una ordenanza (30 de junio de 1548), conocida por *Interim* de Augsburgo, para conservar la posibilidad de conciliación y codificar las concesiones hechas ya a los reformistas y las materias sobre las cuales nada se había concedido. La intención fundamental era que un día se celebrase un concilio y se aprobase un acuerdo ya aceptado en principio. El *Interim* no fue bien visto. En realidad, su espíritu era *cujus regio, ejus religio*, o sea, los súbditos deben seguir la fe de su soberano o de su ciudad. El Papa, después de muchas dudas, asintió de mala gana poco antes de morir. Los dos Granvela lucharon en vano por convencer a Federico. Pero el ansia general se mantuvo a flote en cierto modo ondeando la desgarrada bandera de la unidad cristiana, bajo el Papa siguiente, y fue posible recomenzar con el proyecto de un concilio celebrado en territorio imperial al que los protestantes pudieran asistir.

Carlos había tenido fiebres durante la Dieta de Augsburgo. En 1548 se sintió tan débil que, temiendo morir antes que pudiera llegar Felipe, formó un memorándum, el mejor conocido de sus testamentos políticos, para guía del Príncipe. En otoño fue a Bruselas, donde Felipe llegó por fin (1.º de abril de 1549). El 2 de abril de 1550, Felipe fue reconocido por los Estados como heredero de los Países Bajos. Se preparaba una Dieta en Augsburgo, y, mientras, se procuraba arreglar a Fernando con Felipe como Rey de Romanos para cuando Fernando fuese Emperador. No se presentía acuerdo alguno cuando Carlos y Felipe llegaron a Augsburgo. Las discusiones religiosas habían sido suspendidas bajo el signo del *Interim,* y el principal tema de la Dieta había de ser la sucesión del Imperio. Fernando apareció, huyendo ostensiblemente de Felipe, y hubo dolorosas escenas entre Carlos y su hermano. El 16 de diciembre de 1550, el Emperador, desesperado, escribió a María rogándole que viniese. Ésta llegó en enero de 1551. El 9 de marzo había encargado un acuerdo: un arreglo transitorio, pero preferible a la brecha abierta entre los hermanos. Fernando, en cuanto llegara a Emperador, se dedicaría a convencer a los Electores para que nombrasen a Felipe Rey de Romanos, mientras Felipe prometía favorecer la sucesión de Maximiliano. Y entonces Felipe pudo volver a España.

Parecía que la cosa iba mejor. Julio III resultó más flexible que Paulo III. El 1.º de mayo de 1551, el concilio había vuelto a sus labores en Trento, con asistencia de algunos protestantes. Pero una terrible ley de compensación hace que Francia vuelva a intervenir, esta vez con motivo de la querella de Mauricio de Sajonia y el Emperador sobre Felipe de Hesse. Enrique II declaró la guerra al Emperador en septiembre de 1551. Jean de Fresse, obispo de Bayona, negoció con los jefes protestantes, uno de los cuales era, por entonces, Mauricio, un convenio por el cual Enrique prometía a los germanos un subsidio inicial de 240.000 coronas en los primeros tres meses, y seguir con 70.000 coronas mensuales, y los príncipes reconocían a Enrique como Vicario en el Imperio y consentían la ocupación de Metz, Toul y Verdún, así como Cambrai y otras ciudades imperiales que no hablaban alemán. Así se estableció por primera vez la existencia de un idioma fronterizo entre Francia y Alemania.

María de Hungría aconsejó a su hermano que siguiera en el Imperio; pero no en Innsbruck, sino en Worms o Espira. Carlos no aceptó, porque no tenía dinero. En abril, Carlos escribió a Fernando que lo mejor sería hacer una incursión en los Países Bajos y que él comenzaría aquella misma noche. Prefería parecer un viejo loco por tal empresa a quedarse quieto o intentar la vuelta a España por Italia, a riesgo de ser cogido por los turcos o los franceses. Pero esta carta no fue expedida. A poco de haberla dictado recibió Carlos noticias de María previniéndole enérgicamente que no debía ir a los Países Bajos, donde no había dinero ni modo de adquirirlo. Por fortuna para él, esta vez fue escuchada por el Emperador.

El 19 de abril empezaron a negociar Fernando y Mauricio. Éste, con el pretexto de un armisticio, preparaba la expedición contra Carlos que llevó a éste a Innsbruck; pero se encontró con que el Emperador, más viejo zorro que viejo loco, le había dado el quiebro en el Brennero y había corrido por el valle del Drave hasta Villach de Carintia. Carlos dijo después que, cuando iba huyendo de Mauricio, con sólo ocho jinetes, le salieron al paso dos emisarios luteranos y le hicieron este ofrecimiento: si quería escu-

CARLOS V
por Jan Cornelisz Vermeyen

ISABEL DE PORTUGAL. ESPOSA DE CARLOS V
por Seisenegger

char sus razones, los luteranos no sólo lo habían de seguir hasta Hungría, sino que irían con él contra los turcos y no regresarían hasta haberlo sentado en el trono de Constantinopla. Carlos contestó que no quería ya reinos, sino sólo a Cristo Crucificado. Espoleó al caballo y se alejó.

En este tiempo todo parecía derrumbarse alrededor de Carlos. La guerra había estallado de nuevo en Italia el otoño anterior; los franceses iban a ocupar los tres episcopados (Metz, Toul y Verdún) y el Ducado de Lorena; el Concilio de Trento se disolvía amedrentado al acercarse Mauricio; los turcos amenazaban Austria; no había dinero ni crédito. Mauricio reanudó las negociaciones con Fernando, que tuvo que admitir al obispo de Bayona en la conferencia. La altiva retirada de éste facilitó las deliberaciones, de las que salió el molde del convenio religioso que tres años después había de tomar definitiva forma. Mauricio logró la aceptación para el reconocimiento del protestantismo, al igual que la tradicional religión, dentro de la fórmula *cujus regio, ejus religio*. También logró la promesa de libertad de Felipe de Hesse.

Se consiguió la aceptación por los príncipes protestantes. El mismo Carlos aceptó el convenio (15 de agosto de 1552). En el transcurso de treinta años había llegado a convencerse de que no había ya reunión posible. Políticamente, el resultado era tolerable, especialmente porque ahora Mauricio se había unido a Fernando contra los turcos. Aquél murió el 11 de julio de 1553 de las heridas que recibió en Sievershausen.

Carlos no tenía dinero, pero sus adversarios tampoco. En junio llegaron noticias de que había bastante para pagar las tropas locales. Antonio Fugger garantizó letras de Carlos por 400.000 ducados y gestionó la prórroga del vencimiento de otras. Entre tanto había cesado la guerra en Italia. Julio III estaba aún bien dispuesto. Uno de los aliados de Mauricio mostró deseos de un convenio con el Emperador, cuya serenidad y entereza en ocasión tan difícil había impresionado a amigos y enemigos. Su prestigio era grande y sus virtuales recursos incalculables. No quiso reproducir su querella con Mauricio; pero la ocupación francesa de los tres episcopados y Lorena era intolerable. En septiembre fue a informar a María de que pensaba recobrar Metz, que era posición muy peligrosa. María no lo aprobó. Pero Alba, ave de mal agüero, arguyó en favor de la empresa, porque era fácil atraerse a Alberto Alcibíades. Éste, en efecto, después de asegurarse grandes beneficios, llevó al campamento del Emperador 15.000 hombres. Carlos, aunque no se hallaba bien, acudió ante Metz, y comenzó el asedio. El Duque de

Guisa, que había fortificado la ciudad en el poco tiempo que la tenía, se portó en la defensa como un maestro. Bombardeos, minas y asaltos, todo fracasaba. El mal tiempo favorecía al francés. Los soldados meridionales murmuraban. A principios de enero, Carlos decidió levantar el sitio y se volvió a Bruselas.

Desde entonces, Fernando quedó como único encargado de los negocios imperiales. Carlos no quiso asistir a la Dieta de Augsburgo, donde se dio forma constitucional a las concesiones hechas a Mauricio, y el protestantismo, legal y definitivamente, se hizo igual al catolicismo en el Imperio. Si Carlos no abdicó la dignidad imperial cuando renunció a sus otras coronas fue por petición de Fernando, para conservar en apariencia una autoridad por encima de la suya que pudiera revocar sus acuerdos. Sólo la apariencia, porque Carlos prohibía a su hermano consultarle sobre los asuntos del Imperio. El 12 de septiembre de 1556 firmó Carlos un documento en que se alejaba del Imperio para todos los fines prácticos; pero sólo en abril de 1558 supo que los Electores habían aceptado la abdicación y escogido a Fernando para sucederle.

Cuando levantó el sitio de Metz, Carlos se encontró postrado como nunca. Tan mal se hallaba y tan difícil era llegar a él, que corrieron rumores de que había muerto. La comunicación con su prima María lo volvió a la vida. Ya era posible asegurar la herencia de Borgoña y también reservar a Inglaterra para la unidad cristiana. En cierto modo, la tentativa valía la pena. Carlos volvía a ser él mismo.

Capítulo V

LA HEREJÍA SE ACERCA

Carlos se consideró siempre un sumiso hijo de la Iglesia. Tenía excelente motivo para ello. El Papa Paulo IV incoó causa contra él y Felipe, en la Inquisición romana, porque, decía, los decretos de Augsburgo demostraban que el Emperador era cismático y provocador de la herejía; pero aquella causa se fundaba en motivos políticos, porque el Papado y España se hallaban en guerra. Es errónea la afirmación que hacen algunos escritores de que Carlos fuera, en momento alguno, excomulgado. Igualmente carece de base la afirmación de que tenía tendencias luteranas.

Esto no significa que Carlos se creyese obligado a someterse al Papa fuera del dogma: sostenía que, en cuanto a la Reforma, varios Papas sucesivos estaban equivocados y él tenía la razón. No toleraba ingerencia del clero en la política. Además, como aspiraba sobre todo a la unidad cristiana aceptada libremente, tenía ideas propias en cuanto al papel que podía representar el concilio ecuménico, no sólo en la reforma de la disciplina, sino también en materias de observancia y rito, incluso, por ejemplo, el matrimonio de los clérigos y la comunión de los legos bajo las dos especies. No se sabe hasta dónde habría llegado Carlos si Roma y los demás hubiesen coincidido. Él deseaba la unidad, no una determinada doctrina. Pero nunca admitió que Roma pudiera legítimamente negarse a la reforma mientras no hubiese estallado la herejía, ni que la obstinación del Papa justificase la secesión. En lo más cálido de su querella con Paulo IV meditó sobre si haría a los tribunales eclesiásticos españoles independientes de Roma. Pero sus planes se dirigían a encontrar una ocasión producida por un rencoroso viejo odiado y nunca como primer paso para el Rey de España, cabeza de una Iglesia nacional al estilo de Enrique VIII. El hado irónico hizo que un soberano que tal concepto tenía de la religión se pasara la vida tratando con los herejes, con la esperanza de evitar mayores males, y viviendo en contacto con la herejía y en peligro de contagio a los que le rodeaban, incluso familiares suyos. Su madre se negó a oír misa hasta muy poco antes de morir; pero ello no obedecía a convicciones protestantes. La desgraciada tenía tan disparatadas ideas, que no se puede tomar en serio nada que ella creyese después de muerto su marido, y hasta entonces había dado muestras de ortodoxa devoción. Además, ella salió de los Países Bajos doce años antes de que Lutero lanzase su tesis en Wittemberg, y cerca de cincuenta antes de que en España se descubriera el primer conventículo protestante. Y, encerrada en Tordesillas, mal pudo conocer la doctrina protestante. Pero fuera de España las condiciones eran diferentes. Después de conocer la labor de Carlos con los germanos protestantes, produce admiración el ver cómo éste adaptó en cada caso su política al carácter del pueblo y a sus instituciones políticas, con la herejía infiltrada en sus reinos.

Los dominios de la herencia borgoñona

Había que reconocer a los Países Bajos una larga frontera con Alemania, una industria y un comercio florecientes, una población urbana inteligente y acostumbrada a obrar con independencia. Eran un terreno ideal para la innovación. Antes de Lutero, Wessel Gansfort (muerto en 1486) había predicado allí una doctrina de justificación por la fe que los sajones reformistas han reconocido como antecedente de la suya.

Existía también allí la influencia de Erasmo, peligrosa para la fe en la autoridad establecida, fuerte en escépticos cultos que se burlaban de la ignorancia y flaquezas de los monjes. No sería exagerada su comparación con Voltaire. Pero Erasmo, como Voltaire y otras lumbreras intelectuales que han deslumbrado de entonces acá a las polillas, cautivaba a las gentes de mundo que no querían calentarse los cascos con problemas religiosos y gustaban de aquel modo nuevo y entretenido de escribir. Su pronta simpatía por Lutero se desvaneció en cuanto se dieron cuenta de lo que arriesgaban, y se hicieron bastante ortodoxos para ofrecer la púrpura a Paulo III, que fue elegido dos años antes de morir Erasmo. Pero cuando el luteranismo empezó a fermentar en los Países Bajos (1518), el irónico recreo con que la regente Margarita y sus principales consejeros oyeron las horrorizadas protestas de las Órdenes religiosas se volvió al *Elogio de la locura*. Se creó un ambiente que permitió respirar a los reformistas. Pronto aparecieron libros luteranos en holandés, y Gansfort fue reimpreso.

Carlos volvió de España en junio de 1520 y encontró paralizadas las negociaciones. Por una parte, su embajador en Roma le escribió que si el Papa se sentía conturbado, podía serenarse con la ayuda de un monje alemán llamado Lutero, cuyas actividades estaban molestando gravemente al Pontífice. Por otra, los progresos del luteranismo entre holandeses y flamencos eran tales, y tal la diferencia ante sus peligros, que el obispo de Utrecht permitía a su secretario mostrar acuerdo con los propagandistas de la herejía que se predicaba en Dordrecht y Amberes, donde Jacobus Praepositus, Nicolás de Bois-le-Duc y Cornelius Graphus dirigían un partido reformista. Pero en septiembre de 1520 el legado Alejandro llegó a Bruselas, e inmediatamente comenzaron a aparecer pasquines contra la herejía. Fueron quemados los libros sospechosos. Empezó una campaña contra Erasmo, considerado peor que Lutero. En los tribunales de los obispos se siguieron procesos contra algunos reformistas locales. Unos volvieron atrás, otros se mantuvieron firmes.

Carlos pensó establecer una Inquisición como la española; pero sus consejeros flamencos le hicieron desistir. Se dedicó entonces a otro problema. Van der Hulst, miembro del Consejo de Brabante, fue encargado de castigar a los herejes en nombre del soberano, por lo cual quedaba la materia entregada a manos laicas. Pero Adriano IV, sin consultar a la Regente, nombró a Van der Hulst inquisidor pontificio. Margarita destituyó a Van der Hulst, cuya arrogancia y brutalidad se iban haciendo peligrosas; pero ya él había quemado a los dos primeros luteranos mártires: Henry Voes y John van Essen (1.º de julio de 1523). Entonces Carlos empezó a nombrar inquisidores aprobados por el Papa, pero que quedaban a las órdenes del poder civil. Clemente VII aceptó este sistema, que no hubiera tolerado Adriano VI, ex tutor y amigo de Carlos, pero intransigente en cuanto a las prerrogativas papales.

Las quemas de Bruselas, según Erasmo, convirtieron a muchos al luteranismo. Pero no convirtieron a Erasmo ni a ninguno de su rebaño de humanistas. El luteranismo de los Países Bajos era un movimiento popular que reclutaba sus adeptos en la muchedumbre de las ciudades, no como en Alemania, donde desde el principio tenían los reformistas protectores entre los príncipes. Dado el gran desarrollo de la Administración municipal, no era fácil la ejecución de las penas anunciadas en los carteles. Pero los inquisidores formaron gradualmente el estado mayor que necesitaban. Hacia 1530, el luteranismo había desaparecido o actuaba en la clandestinidad, menos en Amberes, donde su supresión había desalentado al comercio exterior, del que dependía la vida de la ciudad. Pero no hubo reconocimiento legal del protestantismo en los Países Bajos como Carlos había tenido que hacer en el Imperio.

Carlos había salido para España en 1517, antes que se supiese nada de Lutero fuera de Sajonia, y desde entonces no estuvo en los Países Bajos más que unos meses en 1530. Siempre contó con la lealtad e inteligencia de Margarita; pero ésta murió el 30 de noviembre de 1530. La persona indicada para sustituirla era la hermana de Carlos, María de Hungría. Era la mejor mentalidad de la familia, hombres inclusive. Cierto que prefería la caza a los negocios de Estado, pero cuando consideraba un problema, fácilmente lo dominaba. Carlos le escribió poco después de morir Margarita. El resultado de la elección ahogó los escrúpulos de Loaysa, confesor de María, que temía las murmuraciones, porque María era joven y atrayente. Pero sí existía otro obstáculo. Entendía Carlos que el maestresala, el chambelán, el predicador, el capellán, la doncella de honor y quizás otros miembros de la Casa eran sospechosos en materia de religión. Todos tenían que quedarse en Austria. Fernando le suministraría servidores para el viaje, y en Bruselas ella formaría una nueva servidumbre, compuesta de naturales de los Países Bajos. Algunas cosas permitidas en Alemania habrían de ser suprimidas ahora. Y ya no se presentarían más problemas en materia de religión. Nunca anduvo María con reservas. Cierto que había sentido inclinación al luteranismo, pero ello había sido en los primeros años de su matrimonio. El margrave Jorge de Brandeburgo, mentor de su marido, la había puesto en contacto con el hermano de aquél, Alberto, Gran Maestre de la Orden Teutónica, y Alberto había pasado tres meses en la Corte de ella en Praga en la primavera de 1522. Después se escribieron. Pocos meses después, Alberto abrazó el luteranismo. María le pidió libros luteranos. Y aquella aparentemente frívola mujer empezó a hallar gusto en los asuntos religiosos y políticos, lo que resultaba más sorprendente porque su marido no sentía interés por ninguno de ellos. Alberto de Brandeburgo la visitó dos veces en Buda, y fue recibido con la atención de siempre, aun en presencia del legado, cardenal Campeggi. Consta que María declaró, al oír hablar de un acuerdo entre el Papa y Francisco I, que si aquél se unía a éste contra el Emperador, ella, y con ella su pueblo, se harían luteranos. Un importante cambio se produjo al entrar en su servicio (1525) el doctor Johannes Henckel, ardiente erasmiano, cuyas ideas eclipsaron pronto a Lutero en la mente de María. Sin embargo, conservó sus criados protestantes hasta que Carlos le ordenó que los despidiera. En 1527, Lutero le había dedicado un libro y, según parecía, ella leía sus escritos en ediciones de Amberes. Fernando le hizo una advertencia. Después se cruzaron cartas ásperas. Según María, ella no había pedido a Lutero la dedicatoria ni pudo impedirla. Cuando se estableció en Bruselas, encontró solaz en la correspondencia con Erasmo, que al parecer había modelado conforme a ella su *Viuda cristiana* y se estaba preparando para residir en su Corte, por invitación de ella, poco antes de morir.

Cuando María asumió el gobierno (julio de 1531), ya el luteranismo no era problema en Flandes. Pero algo peor había surgido con los anabaptistas, que predicaban una forma de comunismo que ella no tuvo reparo en suprimir. El evangelismo extremado se hallaba en su exaltación entre los rebeldes de Gante de 1539. El nombre de Calvino aparece en los pasquines en 1550; pero su doctrina se iba extendiendo por la región alrededor de Lilla y Tournai desde 1533 en adelante. Encontró un mártir en Pierre Brully (1544). Cuando el Parlamento inglés aprobó una ley para el castigo de los herejes (diciembre de 1554), se acusó a unos refugiados ingleses de hacer propaganda en los alrededores de Armentières. Unos fueron arrestados, otros huyeron. Mientras María permaneció en su puesto, la política impuesta por ella y Carlos, o impuesta a ellos por las circunstancias, tuvo completo éxito: el pueblo siguió católico. Pero (20 de agosto de 1556) cuando Carlos y su hijo acababan de partir por última vez, Felipe, contra el consejo de hombres como Viglius de Zwichem, presidente del Gran Consejo, autorizó el establecimiento de los jesuitas en los Países Bajos. Comenzaba una era. El calvinismo se asoció con la oposición a la hispanofilia de Granvela el joven, y pronto empezó a atraer a los nobles, que hasta entonces se habían abstenido. La *Ligue anticardinaliste,* fundada contra Granvela, se fue convirtiendo en *Ligue des Flêches, Ligue de Religion* y *Conféderation des Gueux.* Guillermo de Nassau adoptó el calvinismo por razones políticas: se había hecho símbolo de la resistencia contra Felipe y Alba: los Países Bajos se dividieron en un Norte protestante, que consiguió la independencia, y un Sur que siguió católico pero cuya gobernación dejaban con mucho gusto los Habsburgo españoles a sus primos austríacos, menos duros de manos.

* * *

El Franco Condado ocupaba una posición peculiar, separado de los Países Bajos por la Lorena y no fronterizo ni siquiera con las próximas tierras ancestrales de Habsburgo junto al Rin. En vista de la dificultad de su defensa, se firmó un tratado de neutralidad entre aquél y Francia (1512). El Condado estaba también unido a los cantones suizos por una alianza que Carlos quería conservar, aunque un pacto de ciudadanía común concluido en Besançon con Berna, ciudad ésta que se hizo protestante (1528), fue denunciado en 1534 por Carlos. Pero Besançon siguió en buenos términos de vecindad con los cantones, principalmente el de Neuchâtel. Después estaba Montbéliard, que actuaba en ciertos negocios como parte del Franco Condado, pero pertenecía legalmente al Ducado de Württemberg. En conjunto, una delicada situación, que aprovechó Carlos para tomar en sus manos las cuestiones religiosas de aquel territorio, puerta abierta entre Borgoña y el Imperio y Suiza.

En 1520, un carmelita llamado Laurent de la Planche, que había sido encarcelado por decir que los canónigos de Besançon llevaban una vida escandalosa, fue puesto en libertad gracias a las autoridades comunales. En 1524 surgió un problema más grave al comenzar Guillermo Farel a predicar la reforma en Montbéliard. Erasmo escribió a la comunidad advirtiendo a los padres de la ciudad que Farel era el mayor impostor y el más turbulento rufián que él había conocido. La comunidad se acercó a los cantones suizos para prevenir al duque Ulrich de Württemberg, como señor de Montbéliard, que debía sacar de allí a Farel, lo cual hizo el Duque. No está demostrado que Farel visitara Besançon, pero sí que llegaron otros reformistas. Al menos uno de ellos, un fraile de Reims llamado Pedro Coquillard, fue ejecutado allí en 1528. Carlos tuvo escaso conocimiento de tales hechos hasta que, en 1534, el secretario de la comunidad, Juan Lambelin, fue acusado no sólo de luteranismo, sino de querer entregar Besançon a los cantones: caso que en seguida atrajo la atención de Carlos. Asistió al juicio un representante del Imperio, que pidió un ejemplar castigo. Tras la ejecución de Lambelin disminuyó la agitación luterana hasta el punto de que, en 1548, Carlos escribió a la comunidad preguntando si ésta aceptaría el *Interim*. La respuesta fue terminante: Besançon quería continuar en su antigua fe.

En la misma Borgoña, que era a veces condado y ducado, la Reforma acudió a nómadas mercaderes y artesanos mejor que a la sedentaria nobleza, clero y ciudadanos. Saux-Tavannes, en sus *Memorias* observa que los borgoñones no habían olvidado que eran cristianos más antiguos que sus vecinos y que el vecino francés se había convertido gracias al casamiento del pagano Clodoveo con la borgoñona y católica Clotilde. Ningún borgoñón, agrega, necesitaba consejos en religión de neófitos como los franceses.

España

España había vivido últimamente una tragedia en el terreno religioso superior a todas las ocurridas en los Estados de Carlos en Borgoña e Italia. Durante quince siglos había habido comunidades judías en las ciudades españolas; allí habían vivido bajo visigodos y árabes, y estaban aún allí cuando las olas de la Reconquista llevaban detrás la Cruz. En el siglo XV, un amplio movimiento de conversión al cristianismo se produjo entre ellos. Algunos ocuparon altos puestos en la Iglesia y el Estado, como Pablo y Alfonso de Santa María, padre e hijo y obispos de Burgos sucesivamente (1415 a 1456).

El hecho inquietó a los cristianos viejos, expuestos a competencia en terrenos por ellos dominados siempre, y aun a los mismos judíos dudosos entre la lealtad a su ancestral religión y al deseo de ser bautizados, mientras algunos de éstos temían ver comprometida su posición por el exceso de conversiones. Se agravó la situación porque se dijo que algunos de los conversos seguían practicando su religión primitiva en secreto. Claro que no hay prueba documental de la parte que cada una de estas causas tuvo en la expulsión de los judíos decretada en 1492 y en la agravación de los procedimientos de la Inquisición contra los relapsos. Pero los escritores de la época muestran gran desmayo en los cristianos viejos al ver su modo tradicional de vida amenazado por un elemento extraño. La Inquisición española ha sido muy censurada. Los que lo denuncian pueden comprobar que en las circunstancias españolas del siglo XVI quizá se obró mejor en España que se habría obrado en las tierras de aquéllos.[1] Nuestra época no puede estar orgullosa del trato que ciertos poderes han dado a las comunidades cuando deseaban verse

---

1. Frecuentemente se olvida que el elector Juan Federico de Sajonia expulsó de sus dominios a los judíos, por consejo de Lutero, en 1536, y que éste, en el último sermón que predicó, poco antes de morir, pidió a todos los demás príncipes cristianos que hicieran lo mismo.

libres de ellas. Recuérdese que los judíos que se negaban a recibir el bautismo eran expulsados de España, pero sin confiscación, la que se acordaba únicamente contra los judíos que habían profesado la fe cristiana. Los embajadores de Carlos en Turquía se quejaban de que los judíos vivían holgadamente gracias a los enviados del Emperador y constantemente en subrepticia inteligencia con ellos.

El cardenal Jiménez de Cisneros, que se había esforzado por lograr la expulsión de los judíos conversos, no estaba satisfecho del resultado. Apoyado por la reina Isabel, emprendió la reforma del clero. No poco logró de las Órdenes religiosas, aunque muchos frailes se fueron a vivir a Marruecos por no someterse a la disciplina impuesta por el cardenal. Mejoró también el nivel de la alta clerecía. En el Concilio de Trento, el clero español resultaba mejor que sus colegas extranjeros en punto a ciencia y a dignidad de vida; resultaba digno del hombre a quien se debió la Biblia Poliglota. Su trabajo, proseguido por San Pedro de Alcántara, Santa Teresa y otros, revolucionó los monasterios españoles. Las bajas categorías del clero secular presentaban un problema más difícil, que duró mucho. Al término del reinado de Carlos, por ejemplo, los derechos cobrados por legitimación de hijos de clérigos era una importante fuente de ingresos, que Felipe no quiso abandonar. Pero las mejoras conseguidas en el medio siglo anterior cortaron el camino a los evangelistas, que obtenían grandes éxitos en el norte y centro de Europa denunciando la laxitud de los claustros, y contribuyeron a hacer a España menos accesible que otras tierras a la propaganda protestante, mientras la firme política de Isabel con la Corte de Roma conservó la presentación para importantes beneficios en manos del Rey. El fermento religioso que alcanzó a España tenía carácter intelectual y se reducía al clero alto y culto.

En España, la tormenta innovadora fue contenida: en cuanto a cultura y disciplina, por los propios reformadores eclesiásticos, y en el campo doctrinal por Erasmo. Las correcciones impuestas por Cisneros fueron como una sanción de los ataques contra los frailes. El *centum gravamina* presentado en la Dieta de Nuremberg en 1522 encontró eco en España. Fray Melchor Cano defendió a los alemanes que se rebelaban porque aquellos males no se habían corregido. Expulsados Erasmo y Lutero, se disolvieron las dudas relativas al escritor holandés: las objeciones de Roma contra él en los días de Clemente VII lo hicieron simpático a España. El propio Erasmo expresó su agradecimiento: "Debo más a España que a mi propia tierra y que a todas"; y escribió que España era una madre prolífica de grandes inteligencias, donde las letras florecían, mientras en Alemania no había nadie que asistiera a una conferencia pública. Y razones tenía para estar agradecido: Fonseca, arzobispo de Toledo, le concedió una pensión de doscientos ducados de oro mientras trabajaba en su edición de *San Agustín,* y don Alfonso Manrique, arzobispo de Sevilla e Inquisidor General, lo protegió cuando un enviado de Enrique VIII excitaba a los franciscanos a que lo atacaran como hereje. En 1527, Manrique convocó a treinta y dos teólogos en Valladolid para que examinaran una lista de proposiciones de Erasmo, y, tras dos meses de deliberación sin llegar a un acuerdo, prohibió que se atacase al escritor. Un breve del Papa aprobó el silencio impuesto a los adversarios, pero solamente para el caso de que Erasmo atacase a Lutero. A la muerte de Manrique (1538), sin embargo, los libros de Erasmo en lengua vulgar fueron prohibidos en España, y expurgados los que estaban en latín.

No hay pruebas de que Carlos participara del culto que su hermana María tributaba a Erasmo. Carlos no era soberbio: todo el deseo que sintió por argüir sobre religión estaba saciado por lo que oyó en las Dietas alemanas. Pero años enteros pasó rodeado de erasmianos, con Gattinara a la cabeza, que en una de sus últimas cartas a Erasmo observaba que el pueblo parecía todo él partidario del Papa, o todo por Lutero, dos absurdos, mientras que los defensores del honor de Dios y del bien general y admiradores de Erasmo no se libraron de la calumnia.

En 1522, un inteligente joven conquense, Alfonso de Valdés, entró al servicio de Gattinara, y pronto fue más partidario de Erasmo que este mismo. En 1526 fue nombrado secretario de latín del Emperador, en cuyo servicio siguió hasta la muerte (1532), después de haber llegado a secretario principal. Después del saco de Roma, Alfonso, quizá con ayuda de su hermano Juan, escribió un libelo dialogado titulado *Lactancio y el arcediano,* libro español clásico del género erasmista. Lactancio (desde luego, Alfonso) es un joven cortesano, y el arcediano un clérigo típico horrorizado por las profanaciones de Borbón en Roma, cuyos argumentos rechaza Lactancio elegantemente alegando que la catástrofe fue merecida por abandono del poder por parte de los papas y el clero. Por lo pronto, el diálogo circuló por la Corte manuscrito. El Nuncio, Baltasar Castiglione, autor de *El cortesano,* pidió que fueran recogidas y destruidas todas las copias. El Gran Inquisidor y los obispos se opusieron. Alfonso escribió a Castiglione quejándose de su hostilidad. Siguió un cambio de cartas, durante el cual aumentaba la ira de Castiglione, hasta el punto de que olvidó los cortesanos consejos que él daba a los demás y se lanzó a ofender a Alfonso llamándole descendiente de judíos y amenazándole con la Inquisición. Pone de manifiesto la atmósfera dominante entre Clemente VII y el Emperador el hecho de que Carlos llevó consigo a Alfonso cuando fue a reunirse con el Papa en Bolonia. En Augsburgo, en 1530, el polemista español estuvo en relación personal con Melanchton, a pesar de lo cual conservó siempre el favor de Carlos.

Parece que fue en 1525 cuando los mismos hermanos compusieron otro diálogo erasmista: *Mercurio y Carón,* considerado por los estilistas españoles como escasamente inferior a las mejores páginas de Cervantes, que nació veinte años después. Aparte una apasionada defensa del Emperador, el diálogo es una serie de ingeniosas observaciones hechas en las orillas de la laguna Estigia. La opinión ortodoxa en España es que Juan de Valdés era todavía católico cuando, con Alfonso, lo escribió, aunque hay un pasaje sospechoso en que un fraile (absuelto) dice que él siempre ha pedido la gracia y nunca rezaba a la Virgen, sino a Dios Padre. Bromas sobre los monjes, como la que se refería a uno (condenado) que negó a Carón sus derechos con la alegación de que el clero estaba exento, se reputaban permisibles. Después encontramos a Juan de Valdés en Italia, en donde jugó un papel importante.

Unos veinte años después de morir Erasmo, España no producía ansiedad por las doctrinas heréticas que se propagaban en los países del Norte. Consta que algunas personas acusadas de luteranismo fueron encarceladas por la Inquisición, y parece que todas se arrepintieron. No pocos españoles que estudiaban en París se hicieron, sin embargo, luteranos. Allí Jaime de Encinas (quemado en Roma en 1546), hermano del más conocido Francisco, convirtió a Juan Díaz, que, como los hermanos Valdés, venía de Cuenca. Juan Díaz entró al servicio del cardenal Bellay, conocido como protector de los luteranos franceses, y recibió remuneración por transmitirle noticias de las actividades protestantes. Juan fue también a Ginebra y alcanzó tal nombre, que fue enviado para acompañar a Bucer, en 1546, a Ratisbona, donde se planteaban discusiones entre católicos y protestantes, pero fue muerto por inducción de su hermano, teólogo católico, dramático hecho inmortalizado por el poeta suizo Conrado F. Meyer en *Die Spanischen Brüder.* Francisco de San Román, de Burgos, mercader, que intervino en las discusiones religiosas con todo el fervor de un fanático español, fue convertido por un sermón de Jacobo Spreng en una iglesia luterana de Amberes. Durante la Dieta de Ratisbona (1541) se las compuso por tres veces para presentarse ante el Emperador, y le dio una lección de doctrina, cosa que al principio recreó a Carlos; pero al intentarlo por cuarta vez, fue arrestado. Entregado a la Inquisición española, resultó inconmovible en su fe y murió en el cadalso. Se dice que un embajador inglés dio trescientas coronas por un fragmento de su cráneo. Hagamos también mención de Juan Núñez Vela, profesor de griego en Lausana (antes que Teodoro de Bède), y de Miguel Servet, hereje para los católicos (pero no castigado por éstos) como panteísta, que negaba la Trinidad,[1] y llevado por Calvino a Ginebra; fue quemado a fuego lento.

Carlos esperaba seguramente volver *ad patres* sin que sus últimos días fueran amargados por la ansiedad de los problemas religiosos de España. Pero ni de este dolor se libró. En Yuste, pocos meses antes de su muerte, supo que se había descubierto en Valladolid un nido luterano cuyo jefe era su propio capellán. Carlos fue asistido en su agonía por el arzobispo de Toledo, al que poco después encarceló la Inquisición y le retuvo durante diecisiete años mientras daba explicaciones de no menos de trescientas quince proposiciones no ortodoxas. El capellán aludido era el doctor Agustín de Cazalla, canónigo de Salamanca. Fue nombrado en 1542, estuvo nueve años en Alemania y Flandes, en la casa del Emperador, y volvió a España. En el juicio resultó que, aparte algunas ideas heterodoxas que podía haber aceptado en sus viajes, había estudiado (1554) la teoría de la justificación por la sola fe con don Carlos de Seso, marido de doña Catalina de Castilla y descendiente ilegítimo de don Pedro el Cruel. Cazalla era ambicioso. Quizá soñaría con ser el Lutero de España. En cierto modo, fue el alma de un grupo de hombres y mujeres, clérigos y aristócratas, que pensaban como él, y un notable miembro era fray Domingo de Rojas, O. S. D., hijo del Marqués de Poza. Fray Domingo fue quien acusó al arzobispo Carranza de sostener tesis heréticas en cuanto a la justificación, el Purgatorio y otras materias. Cazalla, célebre predicador, había sido lo bastante imprudente para reñir con la rabiosa dueña Catalina de Cardona, dama de la Princesa de Salerno, que dijo haber visto, mientras aquél predicaba, salir de su boca gases sulfurosos. Entonces lo acusó.

---

1. El sitio en que padeció Servet, en las pendientes de Champel (ahora Avénue du Beau-Séjour), está señalado con una piedra de granito, toscamente labrada, con la siguiente cautelosa inscripción: "*Fils respectueux et reconnaissants de Calvin, notre grand réformateur, mais condamnat une érreur qui fut celle de son siècle, et fermement attachés à la liberté de conscience selon les vrais principes de la réformation et de l'évangile, nous avons élevé ce monument expiatoire, le 27 octobre 1903.*"

En cuanto el Emperador supo el escándalo de Valladolid, escribió a su hija, la Regente, pidiendo urgente represión. Aparte la causa de Carranza, muy dilatada, que no comenzó hasta después de morir Carlos, todo se tramitó rápidamente, y se preparó un auto de fe para Valladolid (21 de mayo de 1559). Cazalla y otros catorce fueron entregados al brazo secular. Todos menos uno se arrepintieron y fueron ahorcados: sólo un diácono llamado Herrezuelo murió en la hoguera. Otros acusados salieron del paso con condenas desde confinamiento perpetuo a penas leves. Las prisiones estaban llenas de personas del grupo de Valladolid y sus ramas de Toro y Zamora. Sólo uno escapó, Juan Sánchez, que se fue por mar a Flandes en busca de Carranza; pero fue detenido al llegar. Si después de esta purga quedó algún luterano en Castilla, no fue habido.

La causa de Carranza es peculiar. En el Concilio de Trento se había distinguido quemando libros heréticos y arrojando las cenizas en el Adige. Llegó a Inglaterra como fraile dominico con Felipe en 1554 y residió allí tres años, predicando frecuentemente en la capilla real. Aunque había recomendado moderación en el trato con los ingleses no conformistas, después se disculpaba alegando que él había luchado contra la herejía con un celo que iba más allá de todo lo que era considerado prudente por el Emperador o por la mayoría de los clérigos consejeros de Felipe. Atribuía a su influencia que Crammer hubiese sido quemado. En Cambridge, él hizo que Bucer fuera quemado. Habiendo muerto Silíceo, arzobispo de Toledo, fue nombrado Carranza, honor que aceptó con dificultad. En 1557 fue con Felipe a Bruselas, y allí estuvo hasta que el Rey, al año siguiente, lo envió a España. Al parecer, el objeto de aquella misión era persuadir a María de Hungría para que volviera a los Países Bajos, para que Felipe pudiese aprovechar sus consejos sobre los problemas políticos. Carranza fracasó, aunque Carlos discutió después con su hermana, y no en balde. A la luz de los acontecimientos que siguieron, el envío de Carranza había sido maniobra del Inquisidor General, el arzobispo Valdés (que nada tenía que ver con los erasmistas Alfonso y Juan), que había sido mucho tiempo enemigo de Carranza y ahora quería asegurarlo. Como teólogo, Carranza era prolífico: más bien tierno que incisivo. Muchas frases suyas, orales o escritas, eran susceptibles de siniestra interpretación. Quizá las palabras que más le perjudicaron fueron unas que dirigió al moribundo Emperador cuando, alzando un crucifijo, exclamó: "¡Éste es el que pagó por todos nosotros!" Esto sonaba a justificación por la fe sola, no relacionándolo con otras afirmaciones suyas. Pero la duración de la causa contra él seguida es explicable en parte por el hecho de que el tesorero real, mientras aquél estaba preso, embolsaba las rentas de la sede toledana, que durante los diecisiete años ascendieron a dos millones de ducados en limpio, suma no despreciable para un rey que estaba en quiebra. Las protestas y amenazas del Papa no lograron que Felipe detuviera el huracán ni que Carranza fuera repuesto como arzobispo. En la causa de Carranza, los principales factores fueron la enemistad del Gran Inquisidor, la necesidad de Felipe y el temor a la herejía, que forzaba a la Iglesia española a hacer un escarmiento en su Primado, que se había expuesto a las sospechas. Cuál fue el más importante no se puede determinar. Como la sentencia fue de simple abjuración, no verían los jueces nada grave en la falta del Primado.

Otro sacerdote que servía junto a Carlos resultó un hereje de altura: el doctor Constantino Ponce de Lafuente, fundador de un conventículo luterano en Sevilla. Venía de Cuenca, como varios jefes heréticos. Cuando estudiaba en Alcalá era muy celebrado por su ingenio y simpatía. Como capellán de la Corte, pasó varios años con el Emperador en los territorios del Norte y acompañó a Felipe (1549-1551) en Alemania y Flandes. Rehusó una canonjía en Toledo alegando que no quería perturbar los huesos de sus antepasados (alusión a sus antepasados judíos que coincidía con la campaña de Silíceo por la pureza racial, que iba profanando los sepulcros). En 1556 fue nombrado canónigo de Sevilla, pero poco después fue acusado como luterano y descendiente de judíos y encarcelado. En la prisión murió, se dijo que suicidado. Carlos, a las primeras noticias, dijo: "Si Constantino es hereje, será un gran hereje." De fray Domingo de Guzmán, acusado al mismo tiempo, dijo Carlos: "A ése, por bobo, lo pueden prender." El fermento no se había extendido mucho en Sevilla. Un acaudalado señor, don Rodrigo Valor, que fue condenado a muerte por hereje, ejerció influjo, según parece, sobre un clérigo llamado Juan Gil. Éste había estudiado también con Constantino, y fue promovido por el Emperador al obispado de Tortosa, donde la Inquisición cayó sobre él. Fue acusado de haber escrito un libro herético; pero intervino Carlos en su favor, se retractó Juan Gil, y quedó en libertad.

Mas el principal escándalo estalló en Sevilla tras la muerte de Constantino. Surgió durante el proceso que terminó en un solemne auto de fe (22 de septiembre de 1559). Un mulero, llamado Julianillo porque era todo piel y huesos, llevó de Ginebra a Sevilla dos barriles llenos de libros heréticos, que fueron distribuidos entre la casa de don Juan Ponce de León, hijo del Conde de Bailén, y el monasterio de San Isidro del Campo, y los dos sitios se convirtieron pronto en centros de propaganda. Los anales de esta comunidad fueron escritos, bajo el título de *Las artes de la Inquisición*, por alguno que usaba el nombre de Reinaldo González Montano. De allí salieron dos reputados escritores protestantes: Antonio de Corro y Cipriano de Valera. El centro aquel fue demasiado activo para pasar inadvertido. Unos ochocientos miembros fueron juzgados por la Inquisición, varios de ellos mujeres de buena familia. Los arrepentimientos fueron más raros que en Valladolid y muchos protestantes fueron a la hoguera, entre ellos dos ingleses y el intrépido Julianillo.

Fuera de estos centros, pocos hubo en España. En Toledo (1506) fueron quemadas cuatro personas: dos de ellas, frailes, y otra, francesa. Otros, como un ex paje de Felipe llamado Charles Street, abjuraron y fueron perdonados. Pero la drástica acción a la que Carlos prestó apoyo, aunque ya había abdicado, puso fin en España al luteranismo organizado.

Italia

En los Países Bajos, el protestantismo fue un movimiento del pueblo mientras Carlos vivió. En España encontró apoyo principalmente en el alto clero y la nobleza. En Italia fueron alcanzados algunos sectores del clero; pero lo que dio al movimiento carácter fue una serie de mujeres de elevada posición y ardientes intereses intelectuales. Dos de ellas tuvieron al menos cierta relación con Carlos, que también conoció a algunos clérigos extraviados.

Savonarola (1498) puede ser considerado como precursor del protestantismo, por algunas afirmaciones sobre la salvación por la sola fe. Unos treinta años después, un carmelita llamado J. B. Pallavicino comenzó a predicar en Brescia una doctrina muy semejante a la de Lutero: salvación por la fe, supremacía de la Escritura sobre la tradición, negación del Purgatorio. Pallavicino fue encerrado en el castillo de Sant'Angelo (1539) y estuvo en la misma celda que Benvenuto Cellini, quien lo pinta como hábil predicador y buena persona, pero muy libre. Margarita, hija legitimada de Carlos y mujer de Octavio Farnesio, fue amiga del fraile, que predicó para ella una serie de sermones (1540); poco después fue arrestado de nuevo y torturado; es lo último que sabemos de él y de la simpatía de Margarita por los reformadores.

Pero una princesa que en la infancia había sido novia de Carlos se hizo la gran amiga de los protestantes en Italia. Renata de

La batalla de Pavía: 24 de febrero de 1525

Carlos V. En el fondo, un ángel y el sultán Solimán
Medalla de bronce, probablemente conmemorativa de la liberación de Viena

Coronación de Carlos V por Clemente VII
(Bolonia, 24 febrero 1530)

El Emperador cazando en Torgau (1544)
Atribuido a Cranach el Viejo

Francia, hija de Luis XII, había sido discípula de Lefèvre d'Etaples, autor de la primera versión francesa completa de la Biblia; cuando tenía dieciocho años casó con Hércules de Este, Duque de Ferrara. Pronto se mostró favorable a los reformistas, aunque procuraba seguir en buenas relaciones con la Iglesia, con lo que se vio a salvo durante varios años, gracias también, en parte, al temor de la Corte romana de indisponerse con Francia. Nombró secretario suyo a Clemente Marot, entonces desterrado por su fe, ayudó a Ochino y sus compañeros a ganar los Cantones y socorrió a muchos protestantes en la hora de la necesidad. Se escribía con Calvino, y éste la visitó en Ferrara en 1536. Su amiga Olimpia Morata, conocida como poetisa y humanista, se casó con un alemán protestante llamado Gunthler. A pesar de la diplomacia de Renata, se le siguió causa por herejía (1544). Han desaparecido las actas del juicio. Aislada durante unos días, pronto se vio libre, pero con el disgusto de ver quemar su biblioteca. En 1558, tras la muerte de su marido, se retiró a Francia y vivió en Montargis el resto de su vida, profesando abiertamente el protestantismo.

Bernardino Ochino fue quizás el más popular de los reformistas. Había llegado a ser general franciscano. Clemente VII le tenía mucha afición. Vittoria Colonna se sentaba a sus pies. Carlos supo de él en Nápoles (1536) y dijo que su devoción e inspiración harían llorar a las piedras. No se sabe qué influencias lo hicieron protestante. Decía que Cristo le había revelado tres grandes verdades: Él había pagado por todos en la Cruz; los votos religiosos eran invención humana, y la Iglesia católica, una abominación a los ojos de Dios. Ochino y otros frailes apóstatas se libraron de la prisión gracias a Renata. Después fue a Ginebra; pero le resultó pesado el yugo de Calvino; fue a Basilea y Augsburgo. De 1547 a 1553 estuvo en Inglaterra. A la llegada de María se retiró a Zurich, donde residió varios años, pero chocó con los teólogos de Zwinglio. Anduvo por Polonia, y allí murió en 1564.

Otro italiano, que había estado en íntima comunicación con los Habsburgo y después se pasó al otro bando, Pedro Pablo Vergerio, Nuncio en la Corte de Fernando con Paulo III, fue llamado por éste a consulta sobre los planes del Emperador para un concilio. Vergerio emprendió un viaje para ver si era posible conseguir la concurrencia de los protestantes. Con este motivo habló con Lutero en Wittenberg y parece que la primera impresión fue desfavorable. Sus esfuerzos tuvieron como recompensa el obispado de Capodistria. En 1536, Morone lo volvió a nombrar Nuncio, ahora en Viena. Con la confianza del Papa, estuvo en Worms en 1540 en defensa del Rey de Francia, y allí pronunció un discurso muy del gusto del Papa, con lo que se pensó nombrarle cardenal. Pero durante las discusiones de Worms pareció impresionado por los argumentos protestantes, y por entonces comenzó su correspondencia con Vittoria Colonna y Margarita de Navarra. A su vuelta a Italia predicó la doctrina protestante en el Véneto y Mantua, sin acobardarse por una denuncia que formularon los priores de los cinco principales monasterios de Capodistria ni por la formación de proceso contra él en Venecia. Asistió al Concilio de Trento en 1546. Sus poderosos amigos lo ampararon durante varios años; pero en 1549, formalmente condenado por la Inquisición, huyó a los Grisones y fue a Alemania, donde pasó el resto de sus días como teólogo luterano. Murió en 1565. Su hermano, obispo de Pola, permaneció en su diócesis, pero se dijo que en su lecho de muerte había rehusado los Sacramentos.

Dejamos a Juan de Valdés colaborando con su hermano Alfonso en la Corte de Carlos en España, y allí se pierde su pista por varios años. En 1535 reaparece Juan en Nápoles, después de haber adquirido conocimiento de la doctrina de Lutero sobre la salvación. En Nápoles se asoció con Ochino y su correligionario Pedro Mártir Vermiglio. Los tres formaron lo que fue llamado *triunvirato satánico* por los católicos. Durante los últimos cinco o seis años de su vida, Juan Valdés (muerto en 1541) adquirió ascendencia sobre mucha gente distinguida, gracias a su cultura, ingenio y dotes de persuasión. Pero Carnesecchi, que fue embajador de Ferrara en Roma, que había de ser decapitado por hereje, fue influido por él, como lo fueron Pedro Pablo Vergerio, algunos miembros del alto clero napolitano y mujeres brillantes como Vittoria Colonna, Julia Gonzaga, Catalina Cibó e Isabel Brissegno. Poco antes de morir completó su principal trabajo, escrito en castellano pero publicado antes en italiano (1556) con el título de *Le cento e dieci Divine Considerazioni*. El texto fue llevado a Basilea por Vergerio: encargo peligroso en aquel tiempo.

Juan de Valdés resultó fascinador en Nápoles por ser hereje desde los puntos de vista católico y calvinista. Desconocía, si no la negaba, la divinidad de Cristo. Su libro escandalizó de tal modo a los franceses protestantes, que, cuando apareció traducido en Lyón, el impresor pidió perdón a Calvino. A los ojos católicos, es luterano en cuanto a la justificación, unitario por sus opiniones sobre la Trinidad e *iluminado* para los demás: un precursor de George Fox y de los cuáqueros. Vittoria Colonna cayó bajo su influencia y poco después se reunió con Renata de Ferrara y Carnesecchi. No es seguro que Vittoria fuese protestante, pero sí lo es que, cuando murió, esta amiga de Miguel Ángel, Pole, Bembo y Morone se hallaba bajo grave sospecha. Pole le había predicado, en cuanto a la salvación, "creer que ésta era materia de fe y conducirse como si dependiera de las obras". Aunque no fuera más que por esto, Pole se habría reunido en las cárceles de la Inquisición con el cardenal Morone y Foscheriari si Paulo IV hubiera podido atraparlo. A la muerte de Vittoria vino a ser la Egeria del heterodoxo de Nápoles Julia Gonzaga, que después fue denunciada a la Inquisición local. Ya iba a iniciarse causa contra ella cuando murió Paulo IV (1559), y se encontró de nuevo en gran peligro a la hora de su muerte (1566). Había sido llamada la mujer más hermosa de Italia. Barbarroja, en una de sus expediciones por la costa de Nápoles, estuvo a punto de robarla para el harén de su señor. Vittoria Colonna había quedado, con treinta y tres años, viuda del Marqués de Pescara. Julia Gonzaga tenía dieciséis cuando Vespasiano Colonna murió. Ninguna de las dos volvió a casarse. Ya hemos visto que su consejero, Juan de Valdés, era hereje para católicos y protestantes. Su grupo estaba formado principalmente por eclesiásticos y mujeres. Galeazzo Caraciolo, sobrino de Paulo IV, era el único napolitano seglar de categoría allegado al protestantismo, y se marchó de Nápoles, en busca de ambiente más serio, a Ginebra, donde muchos patricios de Lucca se reunían también, y allí permanecen sus descendientes: Diodati, Turreteni y Micheli.

Una atmósfera clerical, rarificada por la indiferencia a los dictados de Wittenberg, Zurich y Ginebra, prestaba encanto y cierto matiz de seducción a los herejes que progresaban en Nápoles, y sin duda explica en parte la relativa indulgencia con que eran vigilados por las autoridades eclesiásticas. Ni una señora distinguida de Nápoles murió en la hoguera ni en el garrote. Aquello era muy diferente de lo que ocurría en Sevilla y aun en Valladolid. La pasión española afrontó la prueba del fuego, mientras en Nápoles aquellos *dilettanti,* no todos italianos, gozaban el escalofrío de acercarse demasiado al peligro. Fueron pocos los casos de lesiones graves.

En 1546, el Emperador dio instrucciones al Virrey de Nápoles para que estableciese una Inquisición sobre el modelo de España. Ello provocó graves desórdenes, aunque todo quedó sin efecto cuando el Papa proclamó que los asuntos religiosos de Nápoles correspondían a sus tribunales y que fuera de ellos no se podía seguir proceso alguno por herejía.

Recuérdese la tirantez existente entonces entre Carlos y Paulo III. Las tropas del Papa habían sido retiradas en vísperas de la campaña de Mühlberg; el concilio fue trasladado de Trento a Bolonia; Pedro Luis Farnesio fue asesinado. Carlos no se decidió a levantar otra enemistad con Roma, especialmente en el volcánico suelo de Nápoles. Gracias a esto, las señoras ilustradas continuaron sus travesuras sin molestias por lo pronto. Aun bajo Paulo IV, cuando teatinos y jesuitas iban desarraigando lo plantado por Juan de Valdés, el Papa odiado por los españoles aconsejó a Carlos que se mantuviese aparte. Y cuando cesó la presión aún no había sido desarraigada totalmente la influencia de Valdés. Nápoles siguió mucho tiempo produciendo librepensadores, como Bernardino Telesio, Giordano Bruno (quemado en Roma en 1600), Lucilio Vanini (quemado en Toulouse en 1619), Campanella (muerto en 1639), entre los últimos de los cuales aún respiraba el espíritu español con Benedetto Croce.

* * *

Carlos, aunque resuelto a expulsar la herejía, vigilaba para que los inquisidores romanos no oprimieran ni explotaran a sus súbditos italianos con pretexto de perseguir a los protestantes. Una carta de Fernando Gonzaga al Emperador (17 de diciembre de 1552) decía que los inquisidores trataban de estorbar su vigilancia. El Papa prohibía a las autoridades españolas el castigo de las herejías, y el Emperador limitaba la libertad de los inquisidores romanos en Milán. Con ellos, los reformistas lo pasaron mejor que los españoles y los súbditos borgoñones de Carlos.

Capítulo VI

PROBLEMAS ORIENTALES

Los turcos (1521-1538)

Las alianzas matrimoniales entre austríacos y húngaros concertadas en 1521 (Fernando - Ana de Hungría; Luis II de Hungría - María de Austria), juntamente con los halagos diplomáticos con que Gattinara envolvió a su señor en los negocios italianos, dieron la seguridad de que Carlos interpondría su oposición en cuanto los turcos intentasen avanzar por Europa. En el siglo anterior, Mohamed II había atacado Belgrado y asolado Transilvania. Al fin de su reinado (1480), Otranto cayó en poder de su armada, y Mohamed envió a Missih Bajá, un traidor Paleólogo, para intentar la conquista de Rodas. Bayaceto II, sucesor de Mohamed II, aunque en guerra con los mamelucos, había dado un asalto a Belgrado y aun invadido Friuli, cerca de Venecia. Cuando Selim I, que reinó de 1512 a 1520, fue absorbido por su lucha con Persia y la conquista de Egipto y Arabia, Europa suspiró, hasta el punto de que en 1518 Carlos envió a Garcijofre de Loaysa en una misión a Constantinopla, para anunciar su accesión a los tronos de Europa. Pero Solimán II, que sucedió a Selim en el momento en que Carlos era coronado en Aquisgrán, volvió hacia el Oeste. Aplastó rápidamente una rebelión en Siria y empezó los preparativos para ganar las posiciones que eran llave de Europa, que sus antecesores no habían podido conquistar. Desde entonces, Carlos, para contener a los turcos, gastó recursos, energía e influencia, que había destinado a recobrar su Ducado de Borgoña. Sus campañas y negociaciones en este sector merecen su estudio, aunque no sea más que por la luz que derraman sobre su política general.

Solimán II, conocedor de lo ocurrido en la cristiandad, vio su oportunidad cuando Francisco I declaró la guerra a Carlos (abril de 1521), acto que alejaba todo peligro de una cruzada inmediata para rechazar a los turcos en caso de invasión hacia el Danubio. En agosto de 1521, el Sultán tomó Belgrado, llave de la llanura húngara. Pero en vez de apoyarse en ella para otro avance, lanzó una poderosa expedición contra los Caballeros de San Juan en su fortaleza de Rodas. En ello le sirvieron nuevamente los acontecimientos del Oeste. A León X sucedió Adriano VI, holandés, poco interesado por el sudeste europeo, que alegó pobreza cuando los Caballeros pidieron auxilio. Rodas sucumbió (1522). El Mediterráneo quedaba abierto a las galeras turcas.

Se presentía el nuevo golpe. La guerra con Persia retuvo algún tiempo a Solimán. Pero su antiguo enemigo el shah Ismail fue sucedido por Tahmasp, aún niño. En marzo de 1524, Juan Hannert, representante de Carlos en la Dieta de Nuremberg, anunció una ofensiva turca, porque Hungría se había debilitado por luchas internas, y una embajada persa había sido recibida en Constantinopla espléndidamente. Se habló de una cruzada contra Constantinopla; pero Segismundo I de Polonia recordó el mal sino de las cruzadas repentinas, en Nicópolis y Varna. No pensaba exponer su reino al peligro de ser abandonado por sus aliados menos vulnerables que él. Además, no podía olvidar a Prusia (hasta entonces feudo de Polonia), donde Alberto de Brandeburgo, Gran Maestre de la Orden Teutónica, ya luterano, se declaraba independiente soberano laico (1525). Lo mismo el Voivod de Moldavia, y Moscovia, y Mengli Ghyray y sus tártaros de la Horda de Oro. Advirtió a Luis II que no se dejara llevar por las promesas de Occidente si adoptaba una actitud provocativa para los turcos. Pero viendo que en Buda predominaba la influencia de Habsburgo, tuvo que defenderse y envió a Turquía un representante para negociar un acuerdo en el que pudiera entrar Hungría. Ni los gobernantes de Hungría ni el Papa deseaban esto. El tratado por tres años que entonces se concluyó dio a Polonia un respiro necesario; pero limitó las probabilidades de una coalición contra el Turco. La política neutralista de Segismundo se hizo un factor con el que había que contar.

A principios de 1526, Carlos envió una misión a Polonia y Moscovia para promover un acuerdo entre estos dos países, de tal modo que Segismundo quedase libre para ayudar a su sobrino húngaro. Pero el embajador de Segismundo en España advirtió a su señor que el propósito era ponerlo en guerra con los moscovitas. Sospechaba que Carlos y Fernando querían aislar a Luis II.

El triunfo de Carlos en Pavía y el cautiverio del Rey de Francia impedían a Solimán que atacase hasta que Francisco hubiese no sólo recobrado la libertad, sino concluido una alianza con el Papa y Venecia contra el Emperador. No tuvo que esperar mucho. En el verano de 1526 cruzó el Save y el Drave, aplastó al ejército húngaro en Mohacs y mató al Rey de Hungría. Después corrió al Norte, saqueó Buda y se llevó la biblioteca y las colecciones de Matías Corvino. Como Luis II murió sin hijos, Juan Zapolyai de Transilvania, que se había quedado aparte, con un gran ejército, cuando la batalla de Mohac, se puso bajo la protección de Solimán e indujo a Esteban Podmanizcky, obispo de Nitra, el más antiguo de los prelados húngaros, que no había caído con su primado en Mohac, a coronarlo con la Corona Sagrada: lo necesario para hacerle rey magiar. Pero como Fernando, contra los Duques de Baviera, había sido elegido Rey de Bohemia (22 de octubre de 1526), se coronó al día siguiente y fue elegido Rey de Hungría, Podmaniczky cambió de propósito. El 17 de diciembre colocó la Corona Sagrada en la cabeza de Fernando, con lo que hubo dos cristianos legalmente coronados Reyes de Hungría, apoyado uno por el Turco y otro por el Emperador. En las guerras que los dos sostuvieron intermitentemente en la siguiente década quizá no hubiera un soldado que no hubiese luchado en los dos frentes ni que no estuviera dispuesto a pasarse otra vez con el rey que ofreciese mejor paga. Además, los húngaros, no contentos con tener en su territorio dos reyes sometidos a los turcos, decidieron elegir un tercero. Así lo decía un prosaico pareado:

"*Extra Hungariam non est vita,
Et, si es vita, non est ita.*"

Al fin (1538), Fernando y Zapolyai llegaron a un acuerdo: a la muerte de éste reinaría aquél. Murió el 21 de junio de 1540. Al año siguiente, los turcos se apoderaron de la llanura de Hungría, incluso Buda, e incorporaron al Imperio otomano una provincia que siguió dominada siglo y medio. Fernando se quedó con las provincias del Norte (Eslovaquia); Transilvania siguió en poder de la viuda de Zapolyai para su hijo Juan II, póstumo de aquél.

Cuando el Emperador supo lo de Mohac, se encontró con Francia, Inglaterra, Italia y el Papa formados contra él y los turcos en el Danubio medio. Pero no cambió sus planes. Necesitaba pasar una larga temporada en España para asegurar allí su posición. Pronto se le ocurrió formar una cruzada para terminar con el terror turco y conquistar el Este y el Oeste. Como hemos visto, tenía en sus venas sangre de Paleólogo.

El sueño de Constantinopla obsesionaba a los príncipes occidentales. Cuando Carlos VIII de Francia invadió Italia (1494), el Papa Alejandro VI, esperando apartarlo de Nápoles, indujo a Andrés Paleólogo, sobrino de Constantino Dragases, el último emperador bizantino (muerto en 1543), a ceder sus derechos al Rey de Francia a cambio de una pensión y otras ventajas. Parece que Carlos VIII no lo sabía; pero cuando se lo dijo, lo aceptó. Fue a Nápoles y entró con el traje y las insignias de emperador bizantino. Retirado de Italia el rey francés, y no pagando éste la pensión, Andrés recobró por sí sus derechos y los dejó en testamento a Fernando el Católico. El conquistador de Granada parecía el soberano occidental más apto para conducir una cruzada. Así heredó Carlos V un derecho sobre Bizancio. Nunca incluyó este título entre los que ostentaba.

La lucha entre Francisco y Carlos estaba en lo más ardiente en el Este y el Oeste. Aun delante de Pavía, Francisco había buscado alianzas en lo más apartado del Imperio de su rival, para restablecer el equilibrio de fuerzas. En 1522 había enviado a Polonia a Antonio Rincón, que estuvo allí varios años fomentando dificultades para los Habsburgo. En 1524 propuso el casamiento de la hija de Segismundo y el segundo hijo de Francisco. Por el mismo tiempo, y antes de su prisión, Francisco había alentado a Cristóbal Frangipan a promover oposición contra Fernando en Estiria y Carniola, con ayuda de los turcos, establecidos ya en Bosnia. Pavía acabó con los escrúpulos que Francisco pudiera tener por sus tratos con los turcos. Durante su prisión comunicó con su madre, y ésta envió un representante a Constantinopla, que fue robado y muerto en Bosnia. Pero de poco después tenemos una carta de Solimán a Francisco en que daba ánimos a éste para que esperase ayuda.

Vuelto Francisco a su reino, empezó a organizar una alianza contra Carlos entre los príncipes cristianos, y vio a Hungría postrada ante la media luna. La causa de los turcos no era popular en el Oeste. Francisco no podía haber esperado la unión del Papa y Enrique VIII contra Carlos. Mas para apurarlo todo, envió a Antonio Rincón a entrevistarse con Zapolyai, vasallo de los turcos, que había adoptado a Enrique, hijo de Francisco, como heredero de la Corona húngara. Si el tratado se hubiese llevado a efecto, se habría visto a un cristianísimo rey rindiendo homenaje por Hungría al Gran Turco.

Por su parte, Carlos no se oponía a una alianza con los infieles enemigos del Imperio otomano del Extremo Oriente. Pero la dificultad de comunicaciones era tal que cuando el shah Ismail, derrotado por el sultán Selim, escribió a Carlos (octubre de 1518) proponiéndole una alianza contra los turcos, las cartas no llegaron hasta cinco años y medio después. Fueron recibidas en Nuremberg, y como venían escritas en árabe, tuvieron que ser llevadas a Roma para su traducción. El retraso, y el hecho de que no habían llegado más noticias de Ismail, hicieron sospechar que el portador, un maronita del Líbano llamado Hermano Pedro, designado en las cartas, fuese un espía turco. Pero el Hermano Pedro fue enviado a Burgos, donde se hallaba la Corte. Después de un año contestó Carlos a Persia, por el mismo Pedro, dirigiéndose a Ismail (aunque Carlos sabía que Ismail había muerto) pidiéndole una indicación más precisa de la forma propuesta para la acción común contra los turcos. No se conoce más correspondencia hasta el 18 de febrero de 1529, en que el Emperador mandó instrucciones escritas a un Caballero de San Juan, llamado Juan de Balbi, que escribía en francés, para que fuese a Persia e informase al Sofí que Carlos, el Papa y Fernando estaban dispuestos al ataque contra los turcos (aliados éstos con Francisco y Venecia). Balbi salió. Se conocen cuatro cartas suyas a Carlos, en las que iba informando: que la guerra había estallado entre el Sofí y los turcos, quienes llevaban la mejor parte; que Balbi no había podido acercarse al Sofí, pero seguía intentándolo; que había trabado amistad con un caballero inglés, que seguiría la misión de Balbi si éste sucumbía; que Balbi se hallaba en Aleppo e intentaba cruzar el desierto hacia Mesopotamia con una escolta "mora" suministrada por un veneciano; que se hallaba en Babilonia (13 de mayo de 1530), a punto de partir para Tabriz, donde pensaba encontrar al Sofí, que estaba en guerra con el Rey de Tartaria, y que Balbi creía entonces en el buen éxito de Carlos. Nada más se sabe.

Cuando Carlos dio instrucciones a Balbi (febrero de 1529) para que informase al Sofí de que el Rey de Francia se había aliado con los turcos, simplificó demasiado o se adelantó a los acontecimientos: Antonio Rincón había firmado un convenio en que se prometía a Zapolyai la ayuda de Francia, y como éste era vasallo de los turcos, podía estimarse que el Rey de Francia había contraído una obligación indirecta con éstos. Pero la campaña y sitio de Viena por Solimán en 1529 habían sido un fracaso. Ni siquiera había podido apoderarse de la pequeña ciudad fortificada de Ginz. Francisco aprovechó la lección y ratificó la Paz de las Damas, en que se confirmó el Tratado de Madrid, salvo en cuanto a la retrocesión del Ducado de Borgoña, y dio verbalmente seguridad a los embajadores de Carlos de que ayudaría a Fernando contra los turcos a la cabeza de 60.000 hombres. Por lo pronto, no tenía muchas probabilidades de actuar por mar ni por tierra. Andrés Doria se había ido con Carlos, llegando con él a Génova. El Emperador tenía la gran ventaja de poder ir de España a Italia por mar. El 7 de agosto de 1529 desembarcó en Savona para pasar el invierno con el Papa en Bolonia. Sus conferencias con éste no dieron fruto. En 1531, la elección de Fernando Rey de Romanos provocó tozuda oposición en Alemania, no menos por los católicos Duques de Baviera que por los príncipes protestantes. Se supo que los turcos preparaban otra expedición contra Viena, en mayor escala. Carlos escribió a Fernando que no se podía esperar ayuda de Francia contra los turcos ni contra los protestantes. No quedaba más solución que procurar una tregua con Solimán y transigir con los luteranos en todo lo posible.

Los signos de debilidad bélica de los Habsburgo fueron advertidos por Francisco, entonces más que nunca resuelto a alentar a Zapolyai. Éste alardeaba de que si Fernando no le entregaba Hungría, la tomaría él con ayuda de los turcos. Se entendió que esta actitud significaba que el Rey de Francia incitaba a los turcos contra la cristiandad, aunque Francisco había prometido ayudar a Fernando contra el infiel. El Rey de Francia dijo que si existía peligro de invasión turca, la responsabilidad sería de Carlos y Fernando por querer privar a Zapolyai de su reino y persuadir al Papa para que lo excomulgara. Naturalmente, Zapolyai había tenido que aceptar ayuda del más próximo, el turco. Pero él, Francisco, fiel a su título de Rey Cristianísimo, estaba pronto a rechazar los ataques turcos contra los Estados de la Iglesia con 50.000 infantes y 3.000 *gendarmes*. ¿Temía Carlos por Nápoles? Muy bien: que pagara lo que ya había pagado Francisco por el rescate y cancelara el resto de la deuda; entonces Francisco protegería a Nápoles sin precio. Además, Nápoles sólo estaba amenazada porque los napolitanos, irritados con el mal gobierno español, pedían continuamente a los turcos que conquistaran la ciudad. El embajador francés tenía que requerir al Pontífice para que concediera diezmos a Francisco, de modo que éste pudiera, si llegaba el momento, arrojar de Italia a los turcos e imperiales.

A pesar de estas sonoras garantías, el Papa tenía tales temores de una invasión turca, que pensó recoger todo el dinero que fuera posible y marchar a Aviñón, dejando Italia, para quien quisiese sostenerla. El cardenal de Osma (Loaysa) decía que un embajador francés había sido visto en Constantinopla, y lo mismo había escrito Andrés Doria. Los informes fueron, una vez más, prematuros. Francisco había enviado a Turquía a Antonio Rincón. Pero éste, que pasó por Venecia en abril de 1532 y navegó hasta Ragusa, de donde pensaba seguir por tierra hasta Constantinopla, fue retenido por una enfermedad y tuvo que buscar al Sultán en el campo, cuando se disponía a sitiar a Viena. A principios de agosto, el renegado español regresó a la embajada francesa de Venecia, y Pélissier escribió a su colega de Roma (5 de agosto de 1532) que Rincón se las había arreglado para pasar un par de días en el cuartel general turco, ejecutar sus instrucciones y rogar al Sultán que no atacase a los cristianos: fórmula que denotaba miedo de que el despacho fuese interceptado, como la réplica puesta en boca de Solimán de que le gustaría acceder a lo que el Rey de Francia pedía, cosa sorprendente, porque esto había ocurrido cuando Carlos ya había humillado a Francisco y saqueado Roma; pero los preparativos para la guerra habían adelantado tanto, que era difícil volver atrás.

Solimán desistió del asedio de Viena (1532) poco antes de entrar en escena Carlos con un ejército, lo que sorprendió a muchos que admiraban el poder del ejército otomano. Los alardes victoriosos de los turcos a su vuelta no pusieron fin a las murmuraciones que originaba el temor de que tantos dispendios hubieran sido inútiles. Teodoro Spantounis, un griego que estaba en Constantinopla, habló de desmoralización, y, a su parecer, habría sido muy fácil entonces ocupar la ciudad. Pero esto no lo podían lograr aquellos pobres y divididos cristianos. Y en vez de planear una campaña contra el Sultán, negociaron con éste, y en julio de 1533 se firmó el primer tratado de paz entre Fernando y Solimán. Carlos se sintió mortificado al advertir que el Sultán no le reconocía a él como incluido en el tratado. El turco entendía que podía seguir llevando las cuestiones marítimas contra Carlos, mientras él concentraba sus fuerzas de tierra contra Persia. Este desequilibrio persistió hasta la muerte de Zapolyai (1540). Y el Mediterráneo se convirtió en teatro activo.

Aun antes de la caída de Rodas, los corsarios que infestaban la costa de Berbería no sólo hicieron insegura la nación, sino que efectuaban frecuentemente incursiones en las orillas cristianas opuestas, sin pararse a pensar si tales acciones eran compatibles con la política del Sultán. El sobrenombre *Barbarroja* fue dado sucesivamente a los hermanos Arug y Kayredín, que hicieron resonar el mundo con sus hazañas. La caída de Rodas debilitó la posición cristiana en el mar, y Carlos tenía la desventaja de que Andrés Doria, el gran almirante genovés, estaba aún al servicio de Francia. Nuevas perspectivas se abrieron cuando Doria se pasó a Carlos (1528). Venecia adoptó una actitud más conciliadora. Durante algún tiempo, los azares de la guerra parecían volverse contra la media luna.

En 1532, cuando Solimán fracasó por segunda vez ante Viena, Doria salió con una poderosa escuadra para atacar Morea. En octubre tomó Patras y Castelnovo, en la costa meridional de los estrechos que llevan al golfo de Corinto, frente a Lepanto. El nombre *Dardanelos,* dado antes a los estrechos, ha originado algunos errores. El almirante tuvo pronto que dejar Patras. Pero al año siguiente tomó Coron, puerto del Peloponeso, y lo conservó hasta abril de 1534. Estos fracasos debidos a falta de fondos decidieron a Carlos a concentrar sus fuerzas en el Mediterráneo contra los turcos. Cuando Barbarroja eliminó a Muley Hasán, Rey de Túnez, amigo de Carlos, éste planeó una expedición para separar aquel gran puerto del sistema por el cual el jefe pirata dominaba en la costa de Berbería. Como el peligro representado por las hazañas de Doria en el Peloponeso había inducido a Solimán a nombrar almirante a Barbarroja, Túnez no estaba a disposición del Sultán.

El desembarco próximo a Túnez fue seguido de una furiosa lucha entre el calor del verano de África. Escaseaba el agua y Carlos tenía la gota, pero nada le apartó del frente en aquella primera intervención en la guerra real. Costó una quincena la toma de la Goleta, donde una flota de ochenta y dos galeras fue capturada, y, después, una semana el entrar en Túnez (21 de julio de 1535). Barbarroja había trasladado sus tesoros a Argel. Pero por todo el mundo produjo admiración el poder y la maestría de Carlos en la supresión del terror en el Mediterráneo. Solimán había dedicado los dos años precedentes a luchar con Persia; entonces se apresuró a volver a Constantinopla. Muerto Ibrahim Bajá, que aconsejaba el abandono del Oeste para asegurarse en las provincias asiáticas, Solimán dio oídos a la opinión de Barbarroja de que había que concentrar todos los esfuerzos contra Carlos, que iba a resultar peligroso. Zapolyai, difícil de tratar, se puso al habla cuando supo la gran preparación de Carlos para la conquista de Túnez, y el buen éxito le hizo mandar una embajada.

Carlos sabía que la victoria de Túnez quedaría incompleta si no conquistaba Argel, principal fortaleza de Barbarroja, y quiso intentarlo en cuanto sus tropas pudieran descansar. Sus soldados le habían seguido porque admiraban su participación en la lucha y creían en su estrella de adalid; pero sus consejeros le convencieron de que era muy pronto, y quedaba, además, poco tiempo de bonanza antes de las tormentas de otoño. Pero pensaba atacar a Argel en el verano de 1536, volver entonces a Nápoles y preparar una gran operación naval contra Constantinopla.

Este programa suponía la paz con Francia, y Francisco I había enviado un embajador a Barbarroja en Argel, para ir después a Constantinopla. Se le proponía a Barbarroja atacar a Génova con las fuerzas navales de Francia. El embajador, La Forest, murió en su puesto a fines de 1537.

En abril de 1536, el embajador de Carlos en la Corte de Zapolyai entregó una advertencia. Zapolyai movilizaba otra vez. El Rey de Francia invadía el Ducado de Saboya, ocupaba Turín y parecía que iba a atacar Milán.

Por entonces Carlos intentó aliarse con el Papa, invadió, con mal éxito, Provenza, y no logró acuerdo con Francia en el norte de Italia. Barbarroja saqueaba las Baleares. Fracasó un ataque francoturco en Corfú. El Emperador y el Rey de Francia andaban escasos de dinero. Se amotinaban las tropas de Carlos en Lombardía, Sicilia y la Goleta, por falta de paga. Obtuvo algún efímero éxito en la expedición naval dirigida por Doria en la costa dálmata; pero se perdió por discrepancias entre Doria y el almirante veneciano que le acompañaba. La situación se prestaba a un acuerdo entre España y Francia. Paulo III arregló unas entrevistas en Niza, de las que salió un armisticio por diez años. Carlos tenía interés en arreglarse con Francia para sus planes de Argel y Constantinopla. La Regente de los Países Bajos se dio cuenta y escribió a su hermano (agosto de 1538) expresando su consternación por el peligro que correrían sus reinos y su persona en un ataque a los turcos. La Regente hacía frecuentemente de Sancho Panza en las quijotadas de Carlos. Esta vez su advertencia podía haber parado el propósito; pero no prevaleció a la larga.

Los turcos (1539-1558)

Por lo pronto, todo parecía ir bien entre Carlos y Francisco. En 1538, Carlos había enviado a Juan la enhorabuena por haber firmado la paz con Fernando. Cuando en mayo de 1539 Rincón informó a Solimán que Carlos deseaba establecer una tregua por buenos oficios de Francia, Solimán escribió a Francisco que accedería si Carlos se obligaba a entregar al Rey de Francia todos los territorios para cuya recuperación había éste pedido ayuda a Solimán.

Rincón se condujo con mucho tacto y habló del viaje de Carlos por Francia y del magnífico recibimiento. Los partidarios de España proclamaban que, como Francia y España eran ya amigos para siempre, pronto iría Francisco I para ser coronado Emperador del Este. Los griegos refugiados en el oeste de Europa recobraron las esperanzas. Teodoro Spantaunis presentó al futuro Enrique II una Memoria en que explicaba cuán fácilmente podrían Francia y el Imperio, con ayuda de Persia, aplastar a los turcos. Rincón, por entonces, se dedicó a buscar tratados de comercio y comunicación que se cumplieron sin rozamientos, y pudo informar (septiembre de 1539) que los turcos se portaban muy bien.

Entre tanto, el Sultán decidió enviar a Younis-Bey a Francia, con instrucciones aún hoy desconocidas; pero, según se vio por la obra, el mensaje hizo que Francisco meditara sobre su nueva política de alianza con Carlos. Younis, al pasar por Venecia (julio de 1540) dijo al embajador francés que Solimán no haría las paces con la Señoría mientras ésta no declarase que los amigos de los turcos eran amigos de ella, y enemigos de ella los enemigos, entre los cuales se hallaba Francisco I. En agosto llegaron noticias del embajador veneciano en Francia: el Rey había decidido no tratar con Carlos mientras no recobrase Milán. Las relaciones francoturcas mejoraron inmediatamente, y más cuando Doria se apoderó de Monastir, en la costa oriental de Túnez, se firmó un tratado de paz entre Venecia y Solimán y llegó a Constantinopla una misión persa para concertar una tregua. Carlos se preocupó al saber que Venecia, a costa de penosos sacrificios en Dalmacia, había firmado un acuerdo con los turcos. Ésta era la situación a fines de 1540, cuando se supo que Rincón, cargado de regalos, había salido de Constantinopla para Francia después de haber obtenido una audiencia que duró cerca de tres horas, favor inaudito.

Rincón pasó la segunda quincena de enero de 1541 en Venecia, con el embajador francés, y siguió a Francia el 2 de febrero. Cincuenta *gendarmes* venecianos le acompañaron a un castillo en el lago de Garda, propiedad de César Fregoso, genovés al servicio de Venecia, que lo llevó hasta la Valtelina, de manera que no tuviese que pasar por tierras que ocupasen las tropas de Carlos. El 15 de marzo, Rincón se unió a la Corte francesa en Blois; en junio emprendió el regreso. Por las dificultades del transporte, fue por Turín (en poder de Francia), donde lo esperaba Fregoso con barcas para seguir el Po hasta Venecia. Después se supo que el embajador polaco en Constantinopla había informado a los agentes imperiales del camino que había elegido Rincón.

Cuando llegó a Venecia una parte no más del equipaje de Rincón, empezó a correr el rumor de que la parte principal había sido acechada y asaltada en el Po, cerca de Pavía, y Rincón internado en Milán. Durante varias semanas, la historia siguió ganando crédito. Francisco pidió la libertad de su súbdito; pero después se habló del asesinato. En septiembre (el hecho había acaecido el 3 de julio de 1541), el embajador francés informó que había hablado con uno de los marineros que fueron forzados a conducir a los que habían cometido el delito y ayudarles a desembarcar los cadáveres, y que los asesinos habían sido pagados por el gobernador de Milán, Marqués del Vasto. Éste lo negó y se declaró dispuesto a batirse con quien lo afirmara. Pero era tan evidente la conveniencia para Carlos de la muerte de Rincón, que ya no tenía interés la controversia, especialmente cuando se encontró una barca con el dinero y bienes del embajador, pero sin la persona de éste.

La muerte de Rincón fue una grave pérdida para la diplomacia francesa; pero suministró a Francisco un cargo contra Carlos. Las instrucciones que Rincón llevaba no cayeron en manos imperialistas. Bien se adivina cuáles eran. La convicción de que Francia buscaba la guerra se confirma al pensar en el fracaso de la expedición de Argel. Carlos insistió en la empresa contra la opinión de los consejeros (octubre de 1541), y se podía decir terminada cuando desembarcó en África, perdió los barcos en una tempestad, algunos con parte de los archivos a bordo, y tuvo que retirarse por temor a un mal mayor. El prestigio ganado seis años antes en Túnez se conservó tan sólo por su admirable fortaleza y habilidad ante el peligro. Entre tanto, una escuadra mandada por Barbarroja establecía cuarteles de invierno en Tolón, que resultaba una segunda Constantinopla, con 30.000 residentes turcos, y un animado comercio de esclavos donde eran vendidos los cristianos capturados en Niza.

Carlos volvió a España, de la que cada vez le costaba más trabajo salir, cuando ya no podía la Emperatriz encargarse de la regencia y Felipe era muy joven. Allí estuvo dieciocho meses. En vez de tener la fuerza para afrontar a los príncipes protestantes de Alemania, que habría tenido tras una victoria sobre los infieles en el Mediterráneo, se veía obligado a pedir a su hermano que se defendiese de la amenaza que para el Imperio significaba la ocupación de la llanura húngara por Solimán tras la muerte de Zapolyai. El elector Juan Federico de Sajonia pidió a Francia ayuda para cercar al Turco, y la contestación repitiendo una amenazadora historia sobre el origen de la perturbación de Hungría, que decía haber sido causada por los intentos de Habsburgo de robar aquel reino al hijo de Zapolyai, no convenció a nadie. La ayuda contra los turcos votada por la Dieta de Ratisbona llegaba muy lentamente. Germania no quiso escuchar la proposición de alianza con Francisco contra Carlos, cuyo resultado habría sido una ayuda a los turcos para que llegaran al corazón del continente europeo. El resentimiento fue tal, que Carlos estuvo a punto de arreglarse con Enrique VIII, en febrero de 1543, y aun llegó a firmar un tratado secreto con éste, encaminado a forzar a Francisco a separarse de su aliado turco. En septiembre de 1543, Tolón tuvo que alojar otra vez a los turcos. Entonces, la evacuación de los franceses para dejar sitio a los marinos de las galeras turcas y la conversión de un gran edificio en mezquita proveyó a Carlos de nuevos argumentos. La presencia de una expedición inglesa extraordinaria en el Colonesado (1544), aunque no avanzara sobre París, que era lo convenido, redujo el ejército que Francisco podía enviar contra Carlos en su rápida marcha Marne abajo. No tuvo más remedio que firmar la paz de Crépy-en-Lamnois (14 de septiembre de 1544).

Entre las concesiones obtenidas por Carlos estaba una promesa de ayuda contra los turcos. Ya era razón que se tomaran prácticas medidas para evitar que el Sultán convirtiera a Hungría en una base de operaciones contra el Imperio. La Dieta de Espira, a principios de 1544, había votado una ayuda mayor que todas, a cambio de un acuerdo religioso provisional aceptable para los protestantes y la promesa de que Carlos dirigiría personalmente las operaciones. Pero la campaña del Marne había ocupado el verano de 1544. Por lo pronto, la acción para prevenir el peligro turco se redujo a un débil intento de concertar una tregua. A fin de año, Carlos supo que muchos húngaros súbditos de Fernando decían que era mejor someterse a Solimán en seguida que andar siempre expuestos a sus incursiones, sin auxilio del Rey ni del Emperador. Las noticias provenían de Gerhard Weltwyck. Sus cartas a Carlos eran edificantes. Había oído diatribas contra los Habsburgo tan duras que no osaba escribirlas. Se acusaba al Emperador de haber quebrantado su promesa que le había valido el voto de ayuda en Espira y de haber buscado la paz. Weltwyck hizo cuanto pudo para demostrar que la intención del Emperador era librar a Hungría de la invasión en momentos en que él estaba en guerra con un poderoso enemigo. Parece que había logrado arreglar la situación. Pero era más urgente que nunca aplastar a los turcos o avenirse con ellos. Y como después de lo de Argel no fue posible tomar el camino más heroico, ahora debía intentarse. Para ello, las relaciones establecidas con el Sultán se podían utilizar con mejor propósito que el intentado originalmente por Francia. Se mandó a Constantinopla una embajada en la que intervenían Weltwyck y Juan de Monluc. Los dos colegas trabajaron juntos y, después de un retraso debido a enfermedad de Monluc, llegaron a Constantinopla a principios de verano de 1545.

Las negociaciones dieron una nota de alta comedia desde su comienzo. Francisco I se comprometió a llevar a Solimán a un arreglo aceptable para Carlos y encargó a Monluc que hiciera valer ante el Sultán el éxito de haber llevado a un suplicante a las gradas del trono turco, pero suspendiendo las negociaciones hasta que se viera cómo se conducía el Emperador con los príncipes alemanes. Por otra parte, Weltwyck tenía que explicar que Francisco había dicho a Carlos que Solimán tenía ansias de paz, y había garantizado el buen éxito de la misión aceptando la responsabilidad para Francia de un inesperado fracaso. Para complicar más el asunto, otros enviados llegaron antes que estos dos. Fernando había enviado al doctor Secco. Weltwyck escribió a éste que no empezara las negociaciones hasta que él llegase. Esta carta fue interceptada por los turcos, que sacaron la consecuencia de que Carlos y Fernando llevaban torcidas intenciones. Por parte de Francia, Aramon estaba en Constantinopla, esperando vanamente recibir un préstamo de 300.000 ducados para su señor, y, muy resentido por la llegada de Monluc, empezó a intrigar en Francia hasta lograr instrucciones para el mal recibido colega. Un oficial turco hizo notar a Weltwyck que no había en Francia nadie en su sano juicio cuando una querella personal entre dos diplomáticos era bastante para detener las negociaciones.

Esto, desde el punto de vista francés, carecía de importancia, porque Francisco tenía de todo menos prisa; pero los rozamientos entre Aramon y Monluc dieron facilidades a Weltwyck, que recibió importantes obsequios de los bajaes. Además, el Sultán tenía una querella grave con sus hijos y ciertos propósitos de volver a la guerra con Persia, y no le disgustaba la idea de una pausa en el Oeste. El resultado fue un corto armisticio (octubre de 1545). En el verano siguiente, Weltwyck estaba de nuevo en Constantinopla, negociando esta vez sin intervención de Francia. Aramon llegó con una magnífico séquito, incluso con "sabios", que quizá por primera vez fueron agregados a una embajada. Uno de aquellos antiguos predecesores de las modernas águilas de la cultura, Pierre Belon dejó una descripción de Grecia, Asia Menor, Siria y Egipto en la que habla de su fauna y flora y de las costumbres de sus habitantes. Observó, por ejemplo, que los turcos desconocían los placeres de la mesa tal como se entienden en Francia. Aun en el caso de tener invitados, sólo servían pepinos u otros vegetales crudos, sin aliñar con aceite ni vinagre, a los que seguía el plato principal, que era un simple potaje de trigo. *"Ne font jamais délices"*, suspira el francés.

Aramon no pudo impedir que Weltwyck concluyese (1547) una tregua de cinco años, por la que Fernando se obligaba a pagar un tributo anual de 30.000 ducados a cambio de una garantía de tranquilidad en sus fronteras, trato que ratificó Carlos (1547) y, semanas más tarde, Solimán. Duró el tiempo que Francia estuvo en paz con Carlos, o sea hasta el otoño de 1551: duración notable, para la época, de un pacto.

El nuevo reinado de Francia, donde Enrique II había sucedido a su padre, tendía a complicar los asuntos de Carlos y Solimán, pero se inutilizó con gestiones incoherentes y por el excesivo número de agentes. En diciembre de 1547, cierto M. de Codignac, que resultó ser un pillo, fue enviado a Constantinopla para que los turcos ejercieran presión sobre Venecia y ésta se uniese a una Liga formada contra Carlos. En abril de 1548, Aramon informaba a Solimán que Carlos y Fernando decían no estar obligados por el juramento a observar el tratado con el Sultán porque éste era un infiel; pero Solimán no dio importancia a la cosa, porque había recibido de Fernando el tributo establecido. Aramon acompañó al Sultán en la campaña de Persia en 1548. Sus opiniones eran desalentadoras para el proyecto de movilizar a los turcos contra el Emperador. El Sultán estaba enfermo física y moralmente. Las guerras asiáticas habían esquilmado de tal modo los dominios turcos, que eran llevados al ejército muchachos de catorce años y los caballos escaseaban. Se veía claro que Venecia no intervendría. Lo que quería no era precisamente la guerra entre los turcos y Carlos, cosa dañina para el comercio, sino la tensión bastante para conservar al Sultán en Constantinopla y que los Habsburgo no perjudicaran a la Serenísima República. La piratería en el Mediterráneo había aumentado hasta el extremo de que, si el Sultán seguía absorbido por Persia, no habría en el mar seguridad para cristianos ni musulmanes.

La muerte de Barbarroja (7 de julio de 1546) no fue lamentada por los franceses, que lo veían muy cortés con Doria y ya lo tenían por enemigo virtual. Dragut Reis, el marino turco más destacado, había surgido de las filas piratas, como sus predecesores. No aparecía claro cuál fuese su papel oficial, y cuando Doria atacó las bases de Dragut en la costa de Túnez y capturó a Mahdia, Carlos sostuvo que aquello no era infracción de la tregua, porque Dragut no era más que un bandido. Pero la empresa seguida a lo largo de la costa de Berbería pareció producir un choque entre Sultán y Emperador, sobre todo cuando, juntos, marroquíes y españoles invadieron Argel.

Francia no pedía nada mejor. Pero pronto se produjo una complicación, porque una escuadra turca mandada por Dragut atacó Gozzo, cerca de Malta, y después sitió a Trípoli, defendida por una guarnición maltesa. Aramon fue enviado a organizar el socorro de Argel y para evitar desenfrenados asaltos a los caballeros para llevarlos a las filas del Emperador. Cerca de Trípoli se unió a la flota turca y se esforzó en persuadir a los jefes de que debían enviar sus fuerzas a recobrar Mahdia en vez de atacar las posiciones maltesas; pero no pudo evitar la rendición de Trípoli. Deseoso de aplacar a los caballeros, se llevó a Malta doscientos hombres de la guarnición de Trípoli. Pero no recibió gran agradecimiento y encontró al Gran Maestre y sus consejeros inclinados a pedir protección a Carlos. Poco después, la causa francesa fue abandonada por León Strozzi, prior de Capus, alto dignatario de la Orden de Malta. El haberse apartado los caballeros de una actitud de benévola neutralidad era un serio retraso para Francia, en vísperas de reemprender el ataque contra el Emperador, especialmente cuando el Mediterráneo prometía ser de importancia decisiva.

Alentado por promesas de ayuda moral francesa, el Sultán lanzó una poderosa armada en el verano de 1552, con Aramon a bordo. Varias ciudades costeras de Nápoles fueron saqueadas y quemadas. Pero hasta el final de la estación no llegó ayuda alguna, y el almirante turco no se atrevió a seguir hacia el Oeste. Como consecuencia de ello, unos embajadores de Fernando fueron recibidos por Solimán, y se comenzaron negociaciones que llevaron (julio de 1553) a una tregua de seis meses en Hungría, un acuerdo para seguir negociando y la libertad de Malvezzi, embajador de Fernando que había sido recluido.

Un factor que impidió al Sultán y Francia ser demasiado duros con Fernando fue que las relaciones entre los hermanos Habsburgo se habían amargado por una disputa sobre sucesión del Imperio. Los diplomáticos franceses de Venecia y Constantinopla creían posible separar a Fernando de su pacto familiar con Carlos. El Rey de Romanos habría recibido con satisfacción un alivio de la constante ansiedad producida por Hungría. Después de morir Juan Zapolyai (1540) y la subsiguiente ocupación de la llanura del Danubio por los turcos, Fernando había logrado atraer a Jorge Martinuzzi, ministro de Zapolyai, que en 1551 indujo a la viuda de éste a entregar la Transilvania a Fernando. Pero en 1552, Martinuzzi fue muerto por Sforza Pallavicini. Fernando no negó que esto se había hecho por orden suya y dijo que Martinuzzi estaba a punto de pasarse a los turcos. Isabella se acercó entonces a los turcos y a los franceses para librarse del compromiso con Fernando, de manera que su hijo quedase con la Transilvania. En 1554 obtuvo la promesa de los turcos. Solimán se había negado a seducir a Fernando con una garantía.

En el otoño de 1553, Aramon salió de Constantinopla, y Codignac le sustituyó como embajador. En 1554, la guerra entre Persia y el Sultán se encendió nuevamente. Solimán se adelantó. Dragut tenía orden de hacerse a la mar. Nada importante resultó de la expedición, aunque la flota era avituallada por los Estados de la Iglesia. Al año siguiente era mejor la perspectiva, porque el Sultán había forzado al Sofí a pedir la paz. Piali Aga, joven y enérgico almirante, que mandaba una escuadra turca en que iba Codignac, asaltó Piombino y cooperó con los franceses en el ataque a Córcega. Por consiguiente, algunos beneficios había reportado la alianza francoturca, reforzada por la elección de un Papa antiespañol, cuando llegó la noticia de una tregua (6 de febrero de 1556) por cinco años. El Papa y el Sultán se quejaban de no haber sido consultados. Aunque Codignac estaba todavía en su puesto, Enrique II envió a M. de la Vigne para dar al Sultán una incompleta explicación: se había concertado la tregua para facilitar la abdicación de Carlos, dejar los Países Bajos y retirarse a España. No satisfizo a nadie. Paulo IV estaba resuelto a provocar una ruptura en Italia. Solimán, por su parte, devolvió a Francia a La Vigne para exigir una acción paralela, y como advertencia de sus decisiones optó por mover guerra en seguida a Fernando, con quien hacía poco había estado negociando. Sus esfuerzos prosperaron. La tregua fue quebrantada en enero de 1557. Pero Gisa fracasó en Italia, con indignación del Papa, y en el verano ocurrió lo de San Quintín, de lo cual tomó ocasión el Sultán para advertir a Enrique II que mantuviese su amistad con los turcos y no se separara nunca de ellos: insinuación de que no se debía repetir la tregua.

Cuando La Vigne volvió a Constantinopla podía hacer más patética la petición de ayuda de Enrique II. Pidió a Solimán un préstamo de dos millones de coronas, una maniobra de diversión por Hungría y promesa de ayuda para el verano de 1558. El Sultán repuso que su religión le prohibía hacer préstamos a un no muslín, que ya le habían pedido dinero otra vez y no quería más peticiones.

Pero atacaría el Imperio por Hungría, y aun ayudaría económicamente a Enrique si éste se comprometía a no hacer la paz por separado. Y en 1558 había de lanzar la mayor escuadra salida de sus puertos para actuar todo el verano, pero nada más.

Durante el invierno 1557-1558, las noticias del Mediterráneo hablaban de febriles maniobras de posición. Génova solicitó la protección de los turcos. A primera vista, algunos franceses entendieron ser esto buena señal. Pero La Vigne recordó al Rey que los genoveses eran sus más enconados enemigos. Enrique envió instrucciones para que el plan fuera aplastado: era un engaño de los españoles, como otro intentado por el Duque de Urbine. Los venecianos se portaban también sospechosamente. Se supo, además, que el Sultán, a pesar de su promesa de atacar al Imperio por Hungría, había concedido a Fernando una tregua de siete meses (marzo de 1558). Francisco de Noailles, por entonces embajador de Francia en Venecia, escribió a La Vigne para advertir a Solimán que estaba ayudando a Fernando para ser coronado en Francfort. Enrique, a pesar de que el Sultán no quería prestar dinero a cristianos, comunicó al turco que estaba ansioso de lucha pero escaso de dinero y que, si el Sultán no le remediaba, él tendría que bajar la cabeza ante el enemigo. No fue en balde. El Sultán rompió la tregua e invadió el territorio hungarocristiano sin gran fuerza. Pero el dinero no llegaba.

Enrique contaba principalmente con la ayuda naval del Sultán, que, al parecer, iba a ser muy fuerte en 1558. Adelantaba la primavera antes de salir la escuadra, y su almirante gastó el tiempo saqueando la costa napolitana en vez de dirigirse a Córcega para unirse al destacamento francés, conforme a lo convenido. Cuando al fin se dirigió al Oeste, se informó de que Piali había pasado de Córcega para saquear Menorca. El plan de ataque aplastante contra Felipe tuvo que ser abandonado, porque obligaba a Enrique a dispersar sus fuerzas y le impedía recobrar el terreno entregado en el Norte. Enrique, muy indignado, pidió al Sultán el castillo de Piali. La respuesta (que atribuía parcialmente el retraso a la inexperiencia de Piali y en otra parte a los opuestos consejos que el almirante había recibido de sus colegas franceses) sonaba a hueco. Además, el daño estaba hecho. La Vigne, en noviembre, dijo al bajá jefe que si Enrique y Felipe hacían una paz duradera, los turcos sabrían a quién lo tendrían que agradecer. El bajá preguntó si una ofensiva turca por Hungría forzaría a Enrique a retirarse. La Vigne repitió que tan sólo un importante subsidio lo lograría. Mientras, las conversaciones sobre paz en Francia alcanzaron un punto en que se vio que la única exigencia importante era la restitución de Calais (obstáculo que, en noviembre de 1558, había de ser removido por la muerte de María).

Durante cuarenta años, la lucha entre Habsburgo y Valois había dado al Sultán ocasiones que éste había aprovechado muy bien. Ahora las guerras de religión, primero en Francia y después en la Europa central, se dirigían a evitar que la acción conjunta le hiciera perder tales ventajas. Pero durante un siglo Francia y el Imperio se abstuvieron de la política que había invitado a Solimán a atacar, hasta que Luis XIV renovó las tentativas de Francisco I para recobrar las restantes tierras de la herencia borgoñona para la Corona francesa, ayudando al enemigo de Austria, Tököly, en Hungría, de acuerdo con los turcos, lo mismo que Francia había ayudado a Zapolyai. Así se hicieron franceses el Franco Condado, Artois y parte de Flandes, y Viena fue sitiada de nuevo en 1683 para Kara Mustafá, esta vez para ser salvada por Juan Sobieski.

En conjunto, los Habsburgo fueron afortunados en su política con Polonia. La victoria de Sobieski provocó el reflujo otomano, que había de permitir pronto la recuperación de Buda y la liberación de toda Hungría. Al llegar la partición de Polonia, es cierto que Austria se llevó todo lo que pudo para no ver aumentar los dominios de sus rivales; pero el mando de los Habsburgo en Galitzia fue menos duro que el de Prusia o Rusia en su parte de Polonia. Los polacos influyeron mucho en la vida política de Austria. Hungría y Polonia pueden presumir de que nunca pelearon entre sí a pesar de tener una frontera común.

Capítulo VII

PROBLEMAS DE GOBIERNO EN LOS PAÍSES BAJOS

Hasta 1531

Las riquezas que habilitaron a Carlos para comprar la elección imperial, y por las cuales esperaba Gattinara hacerlo amo de Europa, provenían de las comunidades industriales y comerciales de las Diecisiete Provincias, llamadas por los Duques *les pays de pardeçà,* o *d'en deçà,* como opuestas al Ducado y Condado borgoñones, que eran considerados como del *lado de allá.* Después de ser absorbido el Ducado por la Corona de Francia, y ya en tiempos de Carlos, aparece el nombre de *Pays d'en bas,* que fue contraído en *Pays Bas* (*Nederlanden* en flamenco y holandés). La pérdida del Ducado, dolorosa en cuanto al prestigio y grave inconveniente para el caso de que se volviera a los proyectos de Lotario, apenas afectó a los Países Bajos. La propia Borgoña, interior, no tenía marina, ni productos, ni exportación comparables con los de Flandes. El mismo Carlos el Atrevido decía: "Allí no hay dinero; huele a francés." La primitiva economía de España producía poca riqueza exportable. Mucho después de haberse encargado Carlos de sus principales mandos, empezó a llegar el tesoro del Nuevo Mundo en gran cantidad *vía* España. Italia, salvo Venecia, consumía toda su producción y más. Los dominios hereditarios de Habsburgo eran una carga económica desde que los turcos conquistaron el Danubio Medio.

Hemos visto como los Duques de Valois reunieron a los Países Bajos por matrimonios, compras, negociaciones o fuerza. Políticamente, los Estados seguían siendo autónomos, y algunos se unían entre sí porque caían en manos de un mismo señor. Y este príncipe no era rey, sino que debía homenaje por todo lo que poseía. Cada Estado, cada ciudad, tenían su carta, a la que se aferraban. Mientras más rica era la comunidad, más daba que hacer a su señor. Gante, la más rica de todas en los tiempos ducales, nunca dejó de perturbar hasta que el cetro pasó a Amberes. Indudablemente, el grado de independencia que estas ciudades poseían les ayudaba a desarrollar sus negocios y les daba iniciativa y confianza en sí mismas. El Duque, a quien consideraban su señor, su *seigneur naturel,* pero en modo alguno como dueño de sus bienes y posesiones, se enfrentaba con espinosos problemas en cuanto trataba de aumentar su participación en los productos. En principio se negaban a toda tasa, pues se consideraban como *país de subsides, et non d'impôts.* ¿Cómo, en tales circunstancias, pudo sobreponerse un sentimiento nacional y, a despecho de las diferencias de lengua y raza (en el caso de Bélgica), hacerse tan potente como en los más antiguos Estados europeos?

Poco a poco, y a costa de muchos conflictos, los Duques lograron forzar o inducir a las provincias o ciudades a aceptar medidas encaminadas a la unificación. Al principio fueron creados *Conseils de justice* provinciales, ante los que se podía apelar de los tribunales municipales. Después, el primer duque Valois, Felipe *le Hardi,* estableció Tribunales de Cuentas en Lila, La Haya y, finalmente, en Guelders-Zutphen, cada uno de los cuales tenía bajo su autoridad varias provincias, cuyos recaudadores de Hacienda tenían que rendir, personalmente y por escrito, cuenta detallada del dinero que pasaba por sus manos. Como no toda la recaudación estaba reunida en una Tesorería central, y como no todos los pagos venían de la misma fuente y los recaudadores hacían desembolsos por gastos locales y sólo remitían el saldo a la Tesorería del Duque, estos Tribunales de Cuentas jugaban un papel esencial en la administración borgoñona, que los otros Estados contemporáneos miraban como modelo. Su excelencia se debía probablemente en gran parte al hecho de que los agentes del gobierno central tenían que tratar con autoridades locales muy versadas en cuestiones de Hacienda, y éstas nunca dejaban salir cantidad alguna que no estuvieran obligadas a pagar y no eran fácilmente intimidables. En 1522, el embajador de Enrique VIII, Wingfield, escribía de los flamencos: "Las gentes de este país más bien parecen señores que súbditos." Palabras muy significativas en la pluma de un inglés.

Los primeros duques Valois andaban por un terreno resbaladizo. Las guerras con Francia absorbían las energías de Juan el Temerario, y durante muchos años las de Felipe el Bueno. Pero éste, después de la paz (1435), volvió su atención hacia el eterno problema. Los historiadores belgas fijan el nacimiento del Estado de Borgoña el 6 de agosto de 1446, con la fundación del *Grand Conseil,* que representaba un notable adelanto sobre la medieval *Curia Ducis.* Desde un punto de vista internacional, el más importante cambio fue la creación de una sección jurídica en el Gran Consejo, competente para decidir si las apelaciones formuladas contra los tribunales locales podían ser llevadas al Parlamento de París (las de Artois y Flandes) o a los tribunales imperiales (las de las otras provincias). Esta sección jurídica se hizo autónoma después y se fijó en Malinas, donde siguió actuando como Tribunal Supremo para todos los Estados borgoñones. En 1447 se creó otra sección: el *Consejo de Hacienda.* La importancia del Consejo por sí aumentaba porque, aunque sus miembros eran nombrados por el Duque, tenía derecho a discutir todas las medidas que éste propusiera. Con el tiempo, ambas secciones se iban nutriendo de profesionales, que habían seguido su carrera en la Universidad de Lovaina, con lo que se quitaba a los nobles la administración de justicia y la Hacienda, mientras que aquéllos iban formando la llamada *noblesse de robe,* que gradualmente se mezclaba con la antigua nobleza territorial.

Felipe el Bueno, aunque llevó de Francia jurisconsultos, se propuso no hacer pruebas con los Consejos provinciales, en que el particularismo borgoñón encontraba desahogo, ni consentir que se diera a una provincia más importancia que a otra. Residió de ordinario en Gante, hasta que chocó con aquella municipalidad. En 1465 reunió los primeros *États Généraux des Pays de Pardeçà* en Bruselas, sin que ésta llegara a ser capital de las tierras borgoñonas hasta 1531. Los Estados Generales no eran un Parlamento al estilo inglés. Asambleas parecidas habían sido celebradas antes por iniciativa de uno o más Estados. Cuando los Duques lo hicieron de modo permanente fue por su propia conveniencia, para reunir a los representantes elegidos por los Consejos provinciales y obtener de ellos subsidios, cuidando de no desagradar a sus representados. Era carácter peculiar de los Estados Generales que los subsidios no se votaban por los Estados en conjunto en nombre de los Países Bajos en conjunto, sino individualmente por cada provincia por sus propios diputados, procedimiento dilatado pero preferible a tener que recorrer los *Diecisiete.* Por su parte, los diputados no podían ser detenidos. El sistema de Felipe el Bueno no dio a los representantes derechos directivos.

Podían negar la concesión, pero no determinar la inversión de los recursos concedidos y recaudados; mas, en la práctica, el sistema quitó la dirección de los negocios al Duque y a la nobleza y se la dio a los plebeyos y a los recientemente ennoblecidos funcionarios civiles. El hecho de que el Duque no era rey retrasó mucho la tendencia al absolutismo que aparecía en Francia y en todas partes.

Carlos el Atrevido, en sus diez años de reinado hizo mucho por destruir lo que su padre había construido. En su opinión, Francia había usurpado los derechos del primero y el segundo reino de Borgoña. Pretendía fundar un tercer reino bastante poderoso para desafiar a Francia y extenderse desde el mar del Norte al Mediterráneo. Cuando ocupó la Lorena (1475) anunció su propósito de hacer de Nancy, por su posición céntrica, la capital del futuro reino. Mientras, iba haciendo presión para centralizar el gobierno en los Países Bajos, sin respetar los sentimientos de los súbditos, reuniendo en uno los tres Tribunales de Cuentas y volviendo a la división, suprimida por su padre, de las recaudaciones en "ordinaria" y "extraordinaria", sistema conveniente para el príncipe, porque burlaba los intentos de los representantes cuando querían frenar los excesos de la autoridad central.

Estas iniciativas produjeron inmediatamente, tras la muerte de Carlos el Atrevido, un levantamiento popular en Gante, que llevó al cadalso a los ministros del Duque y que sólo se calmó cuando la heredera, María de Borgoña, concedió el *Grand Privilège* de 1447. La centralización fue arrojada por la borda y, además, mucho de lo que Felipe el Bueno había arreglado para establecer el *Grand Conseil,* con sus secciones, y el Parlamento de Malinas. Si dejaron vivir a los *États Généraux* fue porque muchas veces habían contenido las exigencias de los Duques sobre subsidios. Y, al contrario, se les concedió el derecho de reunirse cuando quisieran. Maximiliano, durante su primera regencia después de la muerte de María, intentó volver a las formas absolutistas de su suegro; pero chocó peligrosamente con los Estados, especialmente con Flandes, y fue prácticamente preso por los vecinos de Brujas y ganó la libertad firmando unos tratados (1488) que infringió cuando se vio libre. En lo financiero resultó aún más ruinoso que Carlos. Dilapidó las últimas reservas constituidas por Felipe el Bueno: joyas, objetos artísticos y de mérito fueron adjudicados al mejor postor. Este comportamiento habría llevado a la guerra civil si no hubiera sido declarado mayor de edad Felipe el Hermoso, hijo de Maximiliano y María (1494), el cual dio a los nobles ocasión de enderezar los negocios. En esta coyuntura, Guillermo de Croy, señor de Chièvres, hombre que sabía refrenar su rapacidad por el buen parecer, entró en escena.

Los doce años de reinado de Felipe el Hermoso vieron un retorno a la política de moderada centralización de Felipe el Bueno y de evitar aventuras a toda costa. El mismo Maximiliano se dio cuenta de las ventajas de la paz, en el interior como en el exterior. Durante su segunda regencia, tras la muerte del hijo, no dio señales de volver a las andadas. Gracias a ello recobró mucho de lo perdido en 1477: el Parlamento de Malinas y el Consejo ducal.

Fortificó mucho al Estado borgoñón el nombramiento de Margarita (hija de Maximiliano y María) para regente (1509). Aunque Margarita no hablaba flamenco, las gentes de los Países Bajos la conocían como buena compatriota de ellos. Como viuda sin hijos, se dedicó por entero a su sobrino y sus dominios. Durante veinte años gobernó con tacto y energía. Le sucedió su sobrina María de Hungría, también viuda sin hijos, que gobernó durante un cuarto de siglo. Fue muy importante la labor que realizaron en estas etapas para formar en los Países Bajos una conciencia de nacionalidad. En los primeros años de Margarita se prosiguió la política de paz y economía comenzada por Felipe el Hermoso. Se redimieron las deudas. Aumentaron las rentas de los dominios ducales. Los impuestos fueron limitados. Los Países Bajos gozaron de un largo respiro. Volvió la prosperidad. Ésta era la situación cuando nuestro Carlos, deslumbrado por los proyectos de Gattinara, decidió probar suerte en Italia. Ya sabemos el ajetreo que le proporcionó la seductora Roma.

1531-1558

Carlos había salido de los Países Bajos para España en mayo de 1522, para tardar cerca de nueve años en volver. Margarita murió el 30 de noviembre de 1530, poco antes del regreso. La primera impresión de Carlos no fue muy agradable. Algunos hombres de la confianza de Margarita habían enriquecido demasiado. Habiendo visto trabajar a su hermana María durante la Dieta de Augsburgo, quedó muy satisfecho de su inteligencia y energía. El 3 de enero la nombró regente y ella tomó posesión el 20 de julio de 1531. Sólo tenía veinticinco años; pero estaba a la altura de su cargo: la mayor parte de los historiadores la han considerado menos capaz que su tía, pero, al parecer, injustamente. Los problemas que afrontó eran más graves que los del tiempo de Margarita. El agotamiento producido por las constantes guerras, especialmente desde 1535, hizo más difícil el obtener subsidios y la recaudación de los concedidos. Tenía la ventaja de que hablaba y escribía el flamenco. Establecida la capital en Bruselas, en la frontera lingüística, supo mantener el equilibrio entre las dos razas y lenguas. Su devoción por Carlos no le impedía el hablarle reciamente cuando le veía exigir exagerados sacrificios a los que ella tenía a su cuidado. Los muchos trabajos que se tomó en la defensa de las ciudades marítimas y su insistencia por un tratamiento justo para las provincias le ganaron una buena reputación, por ser la única persona del mundo que sabía gobernarlas. Carlos, que entendía de estas cosas, residió en Bruselas durante los doce primeros meses de la regencia (1531-1532) para ver cómo empezaba. Y se convenció de que podía estar tranquilo y volverse a España, como así lo hizo. No regresó a Flandes hasta 1540.

Su estancia en España de 1522 a 1529 dejó notable huella en él; pero no se le ocurrió imponer en Borgoña la forma de gobierno de España y, siguiendo la tendencia centralizadora, lo pensaba mucho antes de dar un nuevo paso. Dejó intactos los Consejos provinciales y procuró nombrar para ellos a hombres de buena opinión en el distrito donde iban a servir. Para los flamencos siguió siendo Conde de Flandes; para los brabanzones, Duque de Brabante, y así todo. Emprendió la labor de la reconstrucción realizada por Felipe el Bueno para formar un eficaz y consciente servicio civil, y obtuvo un notable éxito.

El reconocimiento por Francia del derecho soberano de Carlos en Artois y Flandes se hizo en la paz de Cambrai (1529). Pero los otros Estados siguieron siendo imperialistas, lo cual no era problema mientras coincidieran las personas del Emperador y el Rey, pero sí era un peligro para otras circunstancias. La propia María de Hungría confesaba una vez muy claro cuál era su carácter constitucional. En definitiva, las Provincias quedaron desprendidas del Imperio, tanto en la ley como en la práctica.

Merece especial mención la política de Carlos en materia eclesiástica. Mientras él vivió, los venerables obispados de Cambrai, Tournai, Lieja y Utrecht abarcaban entre todos el territorio entero de los Países Bajos. Todo cambió por causa de los consejeros de Felipe. Poco después de la muerte de Carlos se crearon nueve obispados más. Los jesuitas, a quienes Carlos no había autorizado para establecerse, fueron admitidos en 1556.

Durante la vida de Carlos, el aparato de la gobernación y la atmósfera que rodeaba a los gobernantes conservaba el carácter dado por los Duques de Borgoña: no se daba cargo alguno a los extranjeros. En la cancillería había españoles, pero no intervenían en los asuntos borgoñones. Su deber era servir al Rey de España. Todo marchaba bien menos los requerimientos de dinero por el Emperador, que llegaron a establecer cargas abrumadoras. La recaudación normal era en 1541 de un millón de florines de oro y pasaba de seis millones en 1556, el año en que Carlos se retiró a Yuste. En dicho año, los intereses de los préstamos absorbían 13.000 florines, unas diez veces lo que importaban cuatro años antes.

Los Países Bajos no se sometieron mansamente a esta sangría. Carlos tuvo que desistir cuando propuso la imposición de una contribución permanente para sostener un ejército. Los impuestos votados en 1537 parecieron tan exorbitantes, que Gante se sublevó y derribó a las autoridades que los habían votado. María impuso orden con firmeza. El Emperador, que se encontraba en España, fue a los Países Bajos, pero invirtió dos meses en atravesar Francia, sin dar señales de prisa ni preocupación. Pero llegado a Gante, y bien enterado, impuso severos castigos. Fueron suprimidas las tradicionales libertades de Gante, para no ser nunca restauradas; los funcionarios municipales fueron nombrados, no elegidos; fue destruida la gran abadía de San Bavon o San Juan, orgullo de la ciudad, y se construyó en su lugar una ciudadela suficiente para aplastar en su nacimiento cualquier revuelta. La lección fue terrorífica. No hubo más sublevaciones.

Mucho habla de la fuerza y atractivo de su personalidad el hecho de que, a pesar del rigor y de las ruinosas contribuciones, siguió siendo popular en los Países Bajos hasta el fin de su reinado. Su abdicación fue generalmente sentida. Quizá se debería, en el fondo, a su sinceridad, a pesar de sus errores. Quizá no era muy acertado en el cálculo del costo de una operación antes de emprenderla. Pero ¿qué gobernante de aquel tiempo lo fue? Granvela, el joven, dijo una verdad de Pero Grullo cuando afirmó que los príncipes, cuando comienzan una guerra, nunca saben si encontrarán dinero para terminarla. Los flamencos no censuraban a su señor porque no era una excepción.

Tanta parte tomó María en conservar como Carlos en gastar. Los habitantes de los Países Bajos sabían muy bien las amarguras que pasaba al ver minada su posición económica y con cuánta frecuencia advertía a su hermano de que aquello no podía seguir. En 1551 ya le advertía que no podía ser aquello de pedir préstamos sin pagar el interés de los anteriores. En 1552 escribe que no puede recaudar ni siquiera 200.000 coronas. Un mes más tarde "no hay noticia de situación económica peor". Por entonces Carlos sitiaba a Metz. Las que recibió cuando iba camino de Bruselas no eran mejores. En abril de 1553 escribió a Felipe su temor de que los Países Bajos no pudieran soportar el esfuerzo más allá de agosto.

De la misma España nada podía esperar. Volvían a llegar del Nuevo Mundo grandes riquezas, gracias a las acertadas y enérgicas órdenes del obispo Lagasca; pero no alcanzaban. En la primera mitad de 1553, Carlos, en Bruselas, cayó en una melancolía letárgica, y la mayor parte del tiempo estaba impedido para los negocios, y mostraba tal apatía y tales síntomas de decadencia, que el papa Julio III, que no era nada atrevido, le aconsejó que abdicara. Felipe, agotado económicamente, vio en Portugal (como antes su padre) el único país donde podía encontrar una novia con dote suficiente. Negoció para casar con su prima María, pero desistió poco antes de que Carlos le pidiese que se casara con María I, porque el Rey, medio hermano de María, no quería dar a ésta más de 400.000 ducados de su legítima. No quedaba que hacer a Carlos más que requerir a Felipe para que impusiera un tributo sobre toda riqueza que de América llegase, lo mismo perteneciente a los comerciantes que propia de los particulares. María apoyó el propósito: ambos creían que con esto Felipe arañaría un millón para su boda; mas no resultó así. En su lugar, apenas llegado a Inglaterra, dio a Eraso un poder para tomar prestado el millón más o menos. El casamiento tampoco presentaba ventajas económicas. Pero podía permitir la neutralidad de las tierras borgoñonas e Inglaterra, y no sólo variar el equilibrio del poder de manera que Francia no fuese ya una amenaza, sino proveer para el porvenir de los Países Bajos, obviando en cierto modo el peligro de que Felipe intentase españolizar aquel gobierno, como al fin lo hizo, con fatales resultados. Carlos se dio cuenta de que Felipe era enteramente extraño al carácter flamenco y sin imaginación para comprender las indicaciones paternas sobre bancos y arrecifes. Cuando el joven visitó aquellos lugares por primera vez en 1549, Carlos consiguió que los Estados lo reconociesen como heredero. Pero, sentimentalmente, el encuentro fue un fracaso. Felipe nunca haría buenas migas con los señores borgoñones. Nada respondía en él a las ruidosas nórdicas maneras que sugiere Goethe cuando hace cantar a sus estudiantes: *"Uns ist ganz kannibalisch wohl — Als wie zehn tausend Säuen."*

No le gustaba el vino ni el canto. No debía llevar flamencos a su casa a menos que hablaran español. No podía ni siquiera hablar en francés. Sus quince meses de residencia dejaron tal recuerdo en él, que cuando se veía como posible el matrimonio inglés, con la consiguiente certeza de que tendría que pasar nuevamente por la prueba de Bruselas, escribió a su padre diciéndole que Su Majestad cuidaría de que no se repitiesen los incidentes de su primera visita, como si la autoridad bastara para hacerlo popular.

Ésta era la posición de Felipe respecto de sus súbditos cuando llegó a Flandes por segunda vez en 1555. Granvela el joven, obispo de Arras, había tenido prudencia bastante para dominar a los castellanos. Parecía indicado para continuar con Felipe como ministro principal de las provincias. Aunque nacido en el Franco Condado, había mostrado tal inclinación hacia España, para hacerse agradable a Felipe, que los flamencos, terminada la moderada influencia de Carlos, lo miraban con suspicacia y pronto lo rechazaron abiertamente. Entre tanto, las circunstancias habían empeorado. Eraso escribía a Juan Vázquez, su íntimo amigo: "Aquí estamos muriéndonos de hambre" y "Sus Majestades no han dejado un penique". Las tropas no cobraban. Los proyectos de Felipe, ahora que habían vuelto a él los dominios italianos, no se podían llevar a cabo por falta de dinero. El mismo Arras dijo a Felipe que aunque fuera posible inducir a los Estados a votar cantidad bastante para sostener una guerra con Francia, no creía prudente pedir dinero: habría sido difícil reunirlo, y, en el mejor caso, se hubiese recaudado muy lentamente. Así pasaron los años 1555 y 1556, sin que Felipe pudiera asestar el golpe soñado para ganar militar prestigio, conquistar una paz duradera y reparar su hacienda. Se vio forzado, por fin, a suspender pagos a principios de 1557.

No sería exacto hablar de quiebra, porque ésta es una situación legal en que el activo de un deudor moroso es intervenido por un recaudador, y el deudor no puede disponer de ningún ingreso sin permiso de los acreedores. Felipe podía (y lo hizo) embargar todo tesoro que viniese de las Nuevas Indias. Pero estaba casi en las mismas condiciones que un quebrado particular cuando llegaba a tomar un préstamo. Quizá prudentemente, se decidió por una gran ofensiva en 1557, a pesar de estos inconvenientes: si la guerra seguía adelante, las probabilidades de sobrevivir estarían más en favor de Enrique II que de Felipe. A costa de meses de grandes esfuerzos, se aseguró la beligerancia de Inglaterra y el acuerdo de enviar al continente una fuerza expedicionaria. Esto era cuanto podía esperar. La principal dificultad era hallar fondos para pagar las tropas. En esta ocasión se convino en pagar a Frediano Burlamacchi un 8 por 100 de comisión sobre el interés pagable a los prestamistas en todo préstamo que Burlamacchi pudiera aportar. Felipe iba ofreciendo más del 40 por 100 anual de intereses, y no encontraba prestamista. Sus patéticas súplicas de préstamos "pagables lo más pronto posible sobre eclesiásticos y nobles ricos de España" apenas merecieron atención hasta que su padre puso manos en el asunto. Los tesoros que venían en la flota de América se retrasaban, no se podían tener en cuenta. Semanas enteras, Felipe y Arras vivían horrorizados de pensar lo que ocurriría si la flota no arribaba. En mayo de 1557 escribía Arras: "Las cosas han llegado a una situación tal, que yo me quedo abrumado cuando lo pienso." Y en junio escribía Felipe: "Mejor perdería la vida que los Países Bajos." Por fin, el 21 de junio pudo Arras comunicar la llegada de la flota. Gracias a este dinero, el ejército de Felipe infligió al francés la enorme derrota de San Quintín. Aunque por falta de fondos no pudo llegar a París, la campaña agotó a los franceses, hasta el punto de que, tras el golpe sufrido en la toma de Calais, Enrique II se conformó con dejar a la Casa de Austria sola en los Países Bajos e Italia. Por fin se pudo concertar una paz duradera entre Habsburgo y Valois.

Esto no significaba la tranquilidad interna de los dominios de Borgoña. Cuando se perdió la esperanza de que el casamiento inglés fuera una solución, el espectro de la gobernación española apareció próximo. Los españoles que rodeaban a Felipe no comprendían que España, dueña del oro y la plata de Indias, no pudiera quedarse con esta riqueza. Eraso escribió que Felipe debía dejar a los flamencos entregados a sus propias fuerzas en vez de gastar el tesoro en defenderlos. Y los flamencos decían que antes de que se les gravara para costear las guerras del Rey de España, ellos eran los más ricos de Europa y ahora estaban arruinados. Era preferible cualquier cosa, aun la dominación francesa. La atmósfera se hizo irrespirable. Los hombres que habían servido a Carlos podían seguir en el poder: Arras como primer ministro; Viglius van Zwichem, presidente del Parlamento de Malinas; Felipe Nigri (natural de Boulogne-sur-Mer), Canciller del Toisón de Oro, y los principales miembros del Consejo de Estado, tales como Egmont, Horn, Lalaing, Courrières, Arschot. También el joven Príncipe de Orange (conocido después como Guillermo el Silencioso), que había sido favorito especial de Carlos. Pero María de Hungría se negó a continuar como regente. Con ello peligraba la estabilidad. Probó con el Duque de Saboya, vencedor de San Quintín. El experimento salió mal. Queriendo imitar a su padre, escogió a una mujer, también viuda: su medio hermana Margarita, que no tenía el prestigio de sus dos ilustres antecesoras ni su energía. Cayó bajo el influjo de Arras, ya cardenal Granvela, cuya impopularidad siguió creciendo cuando se mostró como hombre servil y Margarita incapaz de continuar la labor de María.

FELIPE II
Retrato atribuido a Antonio Van Mor

MARÍA I DE INGLATERRA
por Hans Ewouts

No podemos seguir detalladamente el proceso por el cual se quebrantó la base del Estado borgoñón, afirmada por la confianza, a pesar de las desgracias y no poca sangre, sentida por súbditos que habían visto adalides que los defendiesen contra los ansiosos y poderosos vecinos. Bastante antes de la muerte de Carlos, el agotamiento de la Hacienda, unido al resentimiento de Arras, habían hecho inevitable lo demás a la muerte de Carlos. Egmont y Horn, que laboraron el matrimonio de Felipe con María I, fueron condenados a morir en el cadalso; Orange, la esperanza de los últimos días de Carlos en lo relativo a los Países Bajos, a morir por instigación de Felipe, después de haberse apartado de la lealtad holandesa.

Los actos y el destino de esas grandes figuras históricas son generalmente conocidos. La carrera de Simon Renard, la de un hombre que en tiempos fue el niño prodigio del servicio extranjero de Carlos, arroja más cruda luz sobre los factores que produjeron el desastre. Renard, del Franco Condado, de origen humilde, que prometía mucho cuando niño, fue enviado a la Universidad de Lovaina, donde él y Antonio Granvela se hicieron amigos íntimos. Granvela el viejo, entonces primer ministro de Carlos, impresionado por la viveza de Renard, le dio un puesto en la Cancillería del Emperador. En la batalla de Mühlberg, Renard contribuyó al triunfo. No se ve consignado en parte alguna en qué consistió su cooperación, pero es probable que se le debiera el descubrimiento del vado que atravesaba el Elba y gracias al cual Carlos cayó inesperadamente sobre las fuerzas de Juan Federico y las derrotó con muy pocas pérdidas propias. Sea de ello lo que fuere, Renard no llegó a las alturas rápidamente. Fue hecho noble y obtuvo una sinecura en el puesto de *Teniente du Bailli d'Amont* (Franco Condado). En 1549, cuando sólo tenía treinta y seis años, fue nombrado embajador en París. Cuando se reprodujo la guerra con Francia (septiembre de 1551) volvió a lo que hoy llamaríamos su Departamento: A principios de julio de 1553, la muerte de Eduardo VI convirtió Londres en el puesto más importante; fue enviado allí, donde estuvo hasta septiembre de 1555. Ya sabemos lo bien que empezó; pero cometió la falta de no aprender español. En cuanto Felipe y su séquito llegaron a Londres, el regio favorito Ruy Gómez de Silva le tomó antipatía y empezó a dar fe a los chismes que corrían contra él, atribuyéndole mucha parte de las molestias sufridas con los ingleses. Arras se enfrió pronto con su antiguo colega. A Renard se le tenía entonces un poco apartado. Se quejaba amargamente de que no se le daban noticias de nada, y pidió con reiteración que se le llamara. Pero algo peor sucedió. En su segunda embajada en Francia, donde nuevamente había sido enviado en 1556 durante la tregua de Vaucelles, se hizo sospechoso de intrigar con los agentes franceses. Se practicó una investigación que produjo el arresto, tortura y ejecución de su maestresala Esteban Quiclet. En septiembre de 1556, Renard escribió a Felipe acusando a Arras de haber trazado una conspiración para arruinarlo y haciendo que fueran enviados a París algunos agentes para pedir informes sobre él, con lo cual perdió el crédito que tenía en la capital francesa.

No sabemos la opinión de Felipe sobre la guerra entre Renard y Arras. El Rey nunca dio a entender lo que pensaba. Renard pidió que se le enjuiciara para que pudiera defenderse. Pero formó parte del séquito del Rey cuando Felipe volvió a Inglaterra en 1557. En el séquito iba también cuando la campaña de San Quintín y se opuso al plan de Saboya para marchar sobre París. Ya no tenía destinos diplomáticos. De vuelta en Bruselas, siguió siendo miembro del Consejo de Estado, donde organizó la resistencia contra la política de Arras (ya cardenal Granvela). Tras la vuelta de Felipe a España (1559), fue el promotor de la *Ligue Anticardinaliste,* capitaneada por Orange, Egmont y Horn. Lo que Granvela tuviese contra Renard no siguió adelante. Renard nunca fue llevado a juicio. Felipe obraba con él como siempre: lo llamó a España en 1567 y allí lo retuvo hasta que murió el que fue privilegiado por la fortuna (1574). Alba continuó la investigación, pero no halló nada. Es seguro que Renard acabó siendo un hispanófobo. Pero el viento soplaba entonces en los Países Bajos en aquella dirección y llevaba consigo a hombres de más peso que Renard.

Capítulo VIII

LA SUCESIÓN DE LOS HABSBURGO

Los trabajos de Carlos con los Pontífices y los protestantes, sus campañas y fatigosos viajes, al mismo tiempo que su falta de templanza en la mesa, le hicieron viejo antes de cumplir los cincuenta años. Comenzó su célebre testamento político en enero de 1548, en beneficio de Felipe, diciendo que sentía próximo su fin y que, ante todo, quería notar la importancia de unas relaciones sin nubes entre Felipe de una parte y Fernando y sus hijos de otra. Pero sus intentos de acomodar de manera compatible con su política general las soluciones que entonces se imponían entre las dos líneas de Habsburgo produjo al Emperador desengaños más amargos que los recibidos de extraños a la familia. La salud no era el único motivo que le llevaba a ordenar su sucesión. Lo mismo él que Fernando tenían hijos próximos a la mayor edad. Felipe tenía que ser presentado en persona a los Países Bajos y al Imperio, y era necesario formar una resolución sobre el porvenir de aquellos reinos. Para entender las fases de la consiguiente tragicomedia será bien recordar los términos en que Carlos y Fernando habían vivido.

Los dos hermanos se vieron por primera vez en noviembre de 1517. Fernando, nacido y criado en España, no tenía más que catorce años. Carlos apenas hablaba el castellano como Fernando. El abuelo, el Rey Católico, habría pasado a gusto sobre Carlos y dado España al hermano menor, que tenía amigos seguros entre los españoles. Mas los consejeros borgoñones de Carlos tenían decidido apartar a Fernando en cuanto se pudiera hacer sin escandalizar. Por eso Fernando siguió con Carlos durante todo el tiempo en que la Corte residió en Castilla; pero en marzo de 1518, cuando salió de

Valladolid para la capital aragonesa, Fernando no llegó más que a Aranda de Duero, y de allí marchó a Santander, donde embarcó para Flandes, de donde no volvió. En los Países Bajos se hallaba su hermana María, dos años más joven que él, con la que se encariñó tanto que el amor sobrevivió a la discrepancia de sus puntos de vista en religión y a las discordias habidas después en la familia Habsburgo. María mostraba una singular ternura por Fernando, en parte quizá por la mala suerte del mismo, que era un segundón; pero siempre antepuso su lealtad a Carlos, cabeza de familia. Gracias a ella no estuvieron los hermanos aún más distanciados, con desastrosas consecuencias para los dos.

Al desembarcar Carlos en Flandes, tras su primera residencia en España (verano de 1520), estuvieron muy unidos durante doce meses, y al fin Fernando tomó sobre sí los dominios hereditarios de los Habsburgo y los deberes de lugarteniente en el Imperio. Después de esto, y salvo una corta reunión en 1530, cuando Fernando fue hecho Rey de Romanos, los hermanos no se vieron más hasta 1532, año del cual pasó una buena parte en Alemania el Emperador. Después, otra separación, hasta 1541. Veinte años habían hecho de Carlos, nacido en el Norte, un español, mientras que Fernando, nacido y criado en España, se hizo austríaco. Hasta 1549, Carlos se dedicó ante todo al restablecimiento de la paz religiosa en el Imperio, asistiendo normalmente a las Dietas y trabajando con su hermano. El intento de unificación resultó vano; pero los acontecimientos militares de 1546 y 1547 dieron a los Habsburgo un respiro para meditar sobre el porvenir de sus Estados, con definición del papel que correspondía a cada una de las ramas. En 1548, cuando le llegó el turno al problema de la sucesión, Carlos y Fernando acabaron de conocerse mutuamente. Otros graves problemas habían pasado sin desacuerdo; pero el de la sucesión era más grave. Carlos había tenido siempre dudas al intentar la unión de España y Borgoña: el Tratado de Crépy demuestra que en aquella época (1544) aún lo deseaba, para lograr un duradero acuerdo con Francia. Tras la muerte del Duque de Orleáns (1545), y dado el deseo de María de Hungría de dimitir, el Emperador pensó designar para sucederle como regente a Maximiliano, hijo mayor de Fernando, casando a éste con María, hija de Carlos. Tal arreglo habría fortificado los lazos entre los Países Bajos y el Imperio. Pero en 1548 el Emperador había dejado la idea. Las formas constitucionales adoptadas tendían a hacer de los Países Bajos un todo político a expensas de la conexión que había existido hasta entonces entre la mayor parte y el Imperio. Ello prueba el pensamiento de Carlos de asegurar el reconocimiento de Felipe como soberano futuro por varios Estados y también que Maximiliano y María tenían que asumir la regencia de España durante la ausencia de Felipe. El testamento de 1548 aconseja a Felipe (viudo) tomar esposa francesa, con preferencia una hija de Francia, y, si no, Juana de Albret: todo ello para mejorar las relaciones del futuro señor de España con los Países Bajos, por una parte, y, por otra, con el poderoso reino que se hallaba en medio. En cuanto al Imperio mismo, el testamento no da señales de las intenciones de Carlos más allá de la vida de Fernando, cuya elección tras la muerte del hermano mayor era cosa segura. Es de creer que Carlos había seguido pensando a lo largo de las líneas de un memorándum que era como un plan para las trascendentales discusiones que se plantearon en el invierno 1550-1551, en forma de preguntas y respuestas:

P. — ¿Es necesario decidir la sucesión durante la vida de Carlos y Fernando?

R. — Sí; para evitar la elección de un débil o un hereje.

P. — ¿Qué se requiere para un sucesor?

R. — Además de condiciones regias, una gran salud, porque el Imperio no posee ninguno y tiene voraces vecinos, como los franceses y los turcos.

P. — ¿Dónde se podrá hallar un candidato bueno?

R. — Sólo en la Casa de Austria, como resulta a la primera ojeada de una lista de los príncipes germanos.

P. — ¿Es necesario asegurar la dignidad imperial permanentemente a esta Casa?

R. — Sí, porque sus miembros han estado siempre dispuestos a sacrificar sus tesoros por la cristiandad. Y el principio que prohíbe la sucesión hereditaria no será violado, porque, en realidad, habrá elección, en que triunfará el mejor de los candidatos.

P. — ¿Quién está ahora mejor dotado para Emperador, Maximiliano o Felipe?

R. — El punto esencial es que ambos príncipes sigan estrechamente unidos. Maximiliano conoce a los príncipes alemanes y su lenguaje y tiene larga experiencia de guerra y de paz. Los dominios de Felipe están muy esparcidos, no conoce bien el alemán ni a los alemanes, y puede resultar antipático entre ellos por la soldadesca española. Pero Italia, el otro brazo del Imperio y la sede de la dignidad imperial y del Papado, sólo puede ser defendida desde Alemania, lo mismo que sólo desde Alemania y los Países Bajos puede ser Francia contenida. Tan alemán es Fernando como español Felipe. Con el consejo de su padre, Felipe podrá sacar adelante a todos sus pueblos. El plan de hacerle Emperador presenta muchas dificultades; pero ¿es que no tiene Fernando elección como Rey de Romanos? El factor decisivo será siempre el completo acuerdo entre Carlos, Fernando y sus hijos.

Cuándo cuajaron estas ideas en la cabeza de Carlos no se sabe exactamente. Pero algo sí flotaba en el ambiente en 1548, porque entonces resultó que Fernando inició unas negociaciones para un acuerdo que pusiera fin a los rumores. También por entonces partió Maximiliano para España para casarse con la hija del Emperador, María. Sin embargo, Felipe pidió un aplazamiento por los sucesos de Italia, y la Reina viuda explicó a Fernando que Carlos no había llegado aún a tomar decisión. Parece que fue entre la llegada de Felipe a los Países Bajos (abril de 1549) y julio de 1550, en que Carlos, Felipe y Fernando se reunieron en Augsburgo, cuando el Emperador formó un plan para unir las dos ramas de la familia para mucho tiempo: Fernando, emperador, asegurando la elección de Felipe como Rey de Romanos, y Felipe aceptando el mismo encargo a favor de Maximiliano, la dignidad imperial iría alternativamente a cada una de las ramas.

Fernando se opuso al plan en cuanto lo conoció. Fue enviada María de Hungría, pero resultó inútil. Fernando no quería tratar sobre sucesión en ausencia de su hijo, y María le apoyaba en este punto. Maximiliano fue llamado desde España. Y como hasta su llegada nada se podía hacer, María se volvió a Bruselas. Cuando Maximiliano llegó a Augsburgo y, ostensiblemente, huía de Felipe, se vio claro que los hombres de la familia nunca se pondrían de acuerdo. María fue llamada nuevamente por Carlos. Siguieron durante dos meses negociaciones secretas, que culminaron (9 de marzo de 1551) en un pacto de familia. Fernando ofreció que al llegar a Emperador, induciría a los Electores a designar a Felipe para Rey de Romanos. Felipe se comprometía a casarse en seguida con una de las hijas de Fernando y apoyar en todo a su tío en el Imperio y en los dominios hereditarios de Habsburgo. También prometió Fernando designar a Felipe Emperador sustituto en Italia. Después se estipuló que Fernando, como Emperador, requeriría la promesa de los Electores de nombrar a Maximiliano Rey de Romanos una vez que Felipe hubiese asumido la dignidad imperial.

Maximiliano, prudentemente, no fue requerido para firmar cosa alguna. Se limitó a hacer una declaración oral que se creyó suficiente. Las entrevistas habían tenido una sombra, un hecho demasiado doloroso para ser mencionado: las tendencias luteranas de Maximiliano, por las que Carlos le había amonestado severamente y en vano antes de su casamiento. Parece que Fernando había dado garantías en cuanto a este punto. Después, cuando fue ya Emperador, amenazó a Maximiliano con ser preterido en favor de su hermano (el joven Fernando) si se producía escándalo. Poco después, Maximiliano despidió a su predicador luterano y se conformó con las prácticas católicas. Pero en su lecho de muerte rechazó los Sacramentos de la Iglesia. Doña María fue feliz con él en otros aspectos, pero fracasó. La prueba más elocuente del hondo amor que por su Casa sentía Carlos es el hecho de que, aunque conocía el pensamiento de Maximiliano, persistió en el casamiento, con lo cual la corona imperial pudo recaer en la cabeza de su sobrino antes de que éste rompiera con los teólogos protestantes y darse entonces al mundo el espectáculo de un emperador que negaba la autoridad del Papa.

Cualquiera que fuese la intención con que se había hecho el pacto de familia de marzo de 1551, nadie se tomó la molestia de inducir a los Electores para que escogieran a Felipe para Rey de Romanos. Maximiliano acompañó a Felipe a España en julio de 1551, pero sólo para traerse a su mujer. Era pública la desavenencia entre las ramas española y austríaca, y habría llegado más adelante si no se hubiesen tenido que acercar ante el ataque de franceses y turcos en septiembre del mismo año.

El cambio de opinión de Mauricio y su intento de prender a Carlos en 1552, seguidos por el fracaso del Emperador ante Metz en el invierno siguiente, demostró a Carlos que sería inútil resucitar la candidatura de Felipe mientras no pasara el Imperio a Fernando, paso que había que dar de hecho, si no de derecho, antes de que Carlos pudiese llevar adelante su plan favorito de retirarse del mundo y pasar en España los pocos años de vida que podrían quedarle. La confianza entre los hermanos estaba en baja, como se ve en una carta de Carlos a Joaquín de Rye escrita mientras María negociaba con Mauricio en Linz. No hay pruebas de deslealtad de Fernando; pero andaba gestionando la igualdad definitiva de las dos confesiones, que Carlos toleraba tan sólo transitoriamente, mientras se llegaba a un acuerdo que se había de firmar por ambas partes restableciendo la unidad. Perdida esta esperanza, Carlos pensó que Felipe no tenía nada que hacer en el Imperio. Era bastante amargo ver al Papa despreciar la obediencia de Fernando sobre la base de que si toleraba la herejía en su propio hijo no se vería libre él mismo de la mancha.

Después de 1552, Carlos y Fernando no volvieron a verse. Razones de Estado indujeron a Maximiliano a acompañar a su esposa a despedirse del Emperador antes de la última salida de Flandes, en septiembre de 1556. Felipe y Maximiliano también se vieron entonces por última vez. Felipe entendía que su promesa de casarse con la hermana de Maximiliano pendía de la condición de que él llegara a ser Rey de Romanos. Poco después de que los sucesos hubieran deshecho tal proyecto, las negociaciones comenzazon por el casamiento de Felipe con su prima portuguesa la infanta María, del cual se desistió al subir María I al trono de Inglaterra. A pesar de todo, la cuarta mujer de Felipe, madre de su sucesor, había de ser la archiduquesa Ana, la hija mayor de Maximiliano. Otro problema surgió: ¿era prudente retirarse del mundo y dejar a Felipe libre como soberano de las tierras borgoñonas? María de Hungría empleó todas sus fuerzas en el gobierno de las mismas desde 1531. Había soportado las tormentas de 1539 y unos años más. Su salud se resentía del trabajo. Se negó a seguir en su puesto cuando el mismo Carlos se había despedido. Siempre decía que los Países Bajos estaban exhaustos y que había que darles un descanso. Su remedio habría sido negociar con Francia una situación de neutralidad. Pero Carlos entendía que la idea tenía pocas probabilidades de éxito. En todo caso, ya había pasado la oportunidad. La guerra estalló de nuevo en septiembre de 1551.

Muchos se habrían alegrado en los Países Bajos de ver confiada la regencia a Maximiliano, por sus dotes lingüísticas y su afabilidad, en contraste con el español estiramiento de Felipe, su taciturno carácter y disgusto por lo flamenco. Sin duda, Carlos no podía haber tomado acuerdo más popular que el de nombrar a Maximiliano, y aunque no se sabe si María apoyaba la idea, le habría gustado y aun habría deseado permanecer algún tiempo para enseñar el camino al hijo de Fernando. Pero Carlos había desistido. Todavía tenía repercusiones la actitud de Maximiliano en 1550-1551. Además, como hemos visto, los Países Bajos no se habían librado de algunos chispazos de la herejía. Podría ser fatal el ponerlos bajo un príncipe cuya personal inclinación era bien conocida. No había alternativa para Felipe. Pero Carlos sabía que el resultado había de ser contrario a que sus herederos se mantuviesen en aquellas regiones, víctimas de las guerras, en que hasta los franceses serían bien recibidos por algunos con tal que su llegada significase una duradera paz. María de Hungría, que nunca se acobardaba, no tardó en expresar su convicción de que el punto débil había sido alcanzado. Carlos, desalentado y enfermo, sólo pudo atender a los más urgentes problemas. No podía presentarse perspectiva más grave cuando en junio de 1553 Bruselas supo que peligraba la vida de Eduardo VI. Súbitamente se aclaró el cielo: allí había una buena ocasión. El ingenio y el valor aún podían salvarlo todo. Como en un relámpago, Carlos vio cómo aprovechar la situación y recobró la plena posesión de sus facultades.

En 1552, él y sus consejeros habían llegado a la conclusión de que, si no disponían de un puerto inglés, podían ser cortadas las comunicaciones entre Flandes y España. El 2 de abril de 1553, Carlos había escrito a España que, en todo caso, era necesario que Felipe fuese a Flandes en septiembre con gran cantidad de dinero o todo se perdería. Ahora bien, no ya un puerto, sino toda Inglaterra, estaría disponible en una guerra contra Francia. Y si se concertaba una duradera unión, desaparecería como una pesadilla la angustiosa alternativa de los Países Bajos de quedar sujetos a España o al Imperio y nacería una perpetua asociación entre aquéllos e Inglaterra que podría ser popular en ambos lados de los Estrechos y resucitar la antigua tradición angloborgoñona.

Capítulo IX

INGLATERRA HASTA LA MUERTE DE EDUARDO VI

Enrique VIII y Carlos

Los acontecimientos de España y Francia poco antes de nacer Carlos habían inclinado la balanza del poder hacia la Europa occidental. En el siglo XV, hasta el hundimiento y muerte de Carlos el Atrevido, Inglaterra y Borgoña por un lado, y Francia por otro, habíanse llevado bien, mientras España, aún dividida entre cristianos y moros, no podía dejar sus problemas para intervenir en lo internacional. Luis XII había recobrado el Ducado de Borgoña, y Provenza cayó en seguida en el dominio real. Después vino Bretaña. España, recientemente unida por un lazo personal, pero en querella con Francia por el reino de Navarra, buscaba alianzas con Inglaterra y los Países Bajos. Éstos tendían a interesarse por España más que cuando Francia no se había unido aún ni Inglaterra había empezado a hilar la lana en vez de exportarla. Por ello Fernando e Isabel enviaron a su hija Catalina para casarla con el hijo de Enrique VII, Arturo, Príncipe de Gales, y pocos años después, Juan, el hijo mayor del Rey Católico, casó con la archiduquesa Margarita, hija de Maximiliano y María, y Juana de España con Felipe el Hermoso, hermano de Margarita, que había heredado de su madre las aún independientes provincias borgoñonas y era también heredero de los territorios hereditarios de los Habsburgo. Entonces nadie podía prever que las posesiones españolas y borgoñonas habían de caer en un mismo príncipe. Pero Juan de Aragón y

Castilla murió sin hijos, y el hijo de la hermana mayor de Juana murió niño, mientras que al hijo mayor de Juana (nuestro Carlos) correspondió la sucesión en las dos ramas.

La muerte del príncipe Arturo (1502) presentó la crisis del porvenir de Catalina. Un avaro Enrique VII quería asegurarse la dote; un igualmente avaro Fernando quería evitar la división de ésta. La conveniencia de mantener la alianza obró con firmeza. Enrique VII quedó como tutor de la princesa hasta que en 1509 ésta casó con Enrique VIII (seis años más joven que ella), que acababa de llegar al trono. Dio a su marido varios hijos, dos de ellos varones; pero sólo vivió María, que, como sabemos, había sido prometida a Carlos (1522), dieciséis años mayor que ella, para ser abandonada (1525) y sustituida por Isabel de Portugal. Los factores determinantes de esta decisión fueron los apuros económicos de Enrique VIII y la enorme dote que ganaba Carlos con la esposa portuguesa. El señor de los reinos de Borgoña y España, de Nápoles y de Indias, no necesitaba apoyo inglés contra Francia, o por lo menos así parecía. Pero necesitaba en seguida dinero, porque se estaba formando contra él una confederación por la mayoría de los príncipes cristianos, incluso el Papa y el mismo Enrique VIII.

El Emperador, que había obtenido una teatral victoria sobre Francia, tenía que encontrar oposición en la resultante del poder. Esto ya era bastante turbador. Pero Enrique se las arregló para dejar de lado a Catalina sin empeorar sus propias relaciones con Carlos. Todo estaba preparado para el divorcio, uno de los acontecimientos históricos de mayor trascendencia para los pueblos de habla inglesa, aunque fortuito como consecuencia que fue de azares aislados: la negativa de Ana Bolena a seguir el ejemplo de otras damas de la Corte que se contentaron con ser amantes de Enrique VIII; el desprecio de Carlos a lady Mary; la supervivencia de la hija de Catalina en vez de los hijos; la presencia en la silla de San Pedro de un papa tímido, privado de carácter y de sentido práctico. Y, además, el aislacionismo que el divorcio y sus consecuencias contribuyeron a desarrollar, sobre todo desde la pérdida de las posesiones de Francia. ¿Debe ser mirado el divorcio como un accidente revelador? ¿Quién sabe? Si hay alguna encrucijada en la Historia que nos invite a meditar sobre lo que habría ocurrido si... es esta encrucijada. La tentación debe ser resistida. Pero la pasión ha coloreado mucho la tragedia por ambas partes, y sus consecuencias influyeron mucho en Carlos y sus reinos. Se debía intentar una revisión imparcial de las circunstancias en que fueron tomadas ciertas resoluciones: la del Papa, tras inevitables vacilaciones, de negar la anulación del matrimonio; la de Enrique, tras explicables dilaciones, dadas sus católicas convicciones, de rechazar la autoridad del Papa y proclamarse jefe supremo de la Iglesia británica.

Es necesario tener presentes los hechos centrales del caso. En 1526, Wolsey, con instrucciones de Enrique, empezó a practicar gestiones en Roma para ver la posibilidad de que el Papa invalidase el matrimonio y dejara libre al Rey. El 17 de mayo de 1527 (año del saco de Roma), Wolsey inició la solución de demandar a Enrique porque vivía con la viuda de su hermano. Después, sir Gregory Casals, agente inglés en la Corte pontificia, pidió al Papa que concediera a Enrique dispensa para casarse de nuevo, suspendiendo por esta vez todos los cánones que prohibían el casamiento fundado en contratos clandestinos "o afinidades surgidas de *ex illicito coitu*, en cualquier grado, aun en el primero". Como el Papa no resolvió, Stephen Gardiner fue enviado a Roma en 1528, y volvió a Inglaterra con el cardenal Campeggi, a quien el Papa había autorizado para obrar como co-legado con Wolsey y celebrar el juicio. Campeggi llevaba un breve del Papa para ser mostrado al Rey y a Wolsey, y roto después, con la promesa de que si se demostraba que el matrimonio del príncipe Arturo y Catalina había sido consumado, el casamiento con Enrique sería declarado ilegal y nulas las dispensas bajo las cuales había sido celebrado. El fallo del juicio celebrado en Blackfriars era esperado generalmente con el veredicto favorable a Enrique, a pesar de la profunda impresión que produjo Catalina, comparecida en persona, al declarar que había llegado virgen a Enrique, y el hecho de que éste hubiera dejado la réplica a sus abogados. Pero Campeggi suspendió el juicio por los tres meses de vacaciones del verano, y poco después el Papa avocó la causa a Roma, donde se arrastró durante años. Mientras tanto, el Parlamento hizo lo que el Rey quería. En febrero de 1531 se hizo una *concessio facta* en la que el Rey era llamado por vez primera Jefe Supremo de la Iglesia, a pesar de que la declaración de Supremacía fue votada a fines de 1534. El recurso ante Roma fue, pues, renunciado. La enseñanza de las leyes canónicas estaba prohibida en Inglaterra. Crammer preparaba un código nuevo, pero no llegó a escribirlo. Clemente VII había anunciado una resolución llegada al Consistorio en 23 de marzo de 1534 que ordenaba a Enrique recibir a Catalina como su mujer. Pero Clemente murió el 25 de septiembre de 1534. La verdadera bula de excomunión iba fechada en 30 de agosto de 1535, bajo Paulo III; pero la ejecución fue suspendida hasta el 17 de diciembre de 1538. En cuanto al casamiento de Enrique con Ana Bolena, nunca se ha sabido la fecha (probablemente, 1533). Hacía mucho tiempo que Ana había sido decapitada y Catalina había muerto (las dos en 1536) cuando surtió efecto la excomunión de Enrique.

Ahora, el pleito de Enrique. Se arguye que en 1526 Catalina se había hecho incapaz para la maternidad. Hacía dos años que Enrique dejó de cohabitar con ella. En vista de las calamidades temidas en Inglaterra, donde ninguna mujer había reinado por su propio derecho y era dudoso que ninguna fuese aceptada, por temor a que no tuviese heredero varón, Enrique sintió el temor de que su unión con la viuda de su hermano hubiese sido maldita de Dios como incestuosa e ilegales las autorizaciones concedidas por el Papa. Enrique mismo dio a entender que sus aprensiones habían sido provocadas por una observación que dejó caer un embajador francés (Castelnau, obispo de Tarbes). Esperó que Roma resolviese sus dudas; pero como el Papa callaba, por temor a Carlos, Enrique consultó con jurisconsultos, teólogos y hasta rabinos en Inglaterra y el continente. La opinión común fue que su unión con Catalina no había sido verdadero matrimonio. Enrique, pues, delante de Dios, no tenía herederos, porque su único hijo vivo que se entendía nacido de matrimonio, María, resultaba ilegítimo, y no cabía duda de que era bastardo un hijo habido (1519) en una hija de sir John Blount, al cual hizo Duque de Richmond. Por ello, su deber le imponía el casarse y proveer a su sucesión. En el curso de sus investigaciones, Enrique llegó a convencerse de que él, como Rey, era cabeza de la Iglesia en Inglaterra y que los sucesivos papas le habían usurpado el poder. Por eso, aunque era católico, aseguró la libertad de Inglaterra contra la tiranía de Roma. En suma, aunque no se puede negar que Enrique se había enamorado de Ana Bolena, no era éste el único motivo de su aspiración al divorcio. No quería una amante, sino una esposa que pudiera darle un heredero legítimo. Y como el Papa no accedía, el Rey tomó el único camino que le quedaba.

La defensa de Enrique se apoyaba en que el matrimonio de Arturo y Catalina había sido consumado. Catalina siempre lo negó, y Enrique nunca se atrevió a contradecirla cara a cara, alegando el respeto a la dama. La opinión de los abogados no tiene valor, porque bien sabido era lo que esperaba a quien no cumplía la voluntad del Rey. El pueblo inglés conocía a Catalina. El embajador veneciano Ludovico Falier decía que "era más amada en las Islas que ninguna otra reina lo había sido". Froude, apasionado abogado del Rey, decía que éste "podía" haber dudado de la legalidad de su casamiento con Catalina. Ciertamente, el comportamiento del Rey no parece limpio. Sabemos que ya no amaba a Catalina, que estaba locamente enamorado de Ana. Todo lo demás es relleno.

La labor de Clemente VII fue poco mejor, salvo que no tuvo parte en la iniciación del pleito. Se enteró de las circunstancias del matrimonio de Catalina con Arturo cuando Enrique acudió por primera vez a Roma; pero en vez de dejar que sus jurisconsultos establecieran que no había base para impugnar la dispensa de Julio II, dio esperanzas a Enrique de obtener una solución favorable. La conducta que siguió no fue otra que la de dar largas al asunto en espera de sucesos favorables, por ejemplo, que Ana Bolena se sometiera a la voluntad de Enrique, o que éste dejase de desearla, o que Catalina muriera a tiempo de salvar la situación. Por su vacilante comportamiento, Clemente se exponía a que sospecharan que tenía algún motivo secreto para retrasar la marcha de las negociaciones, o sea que intentaba dar a Enrique una salida, a pesar del enorme escándalo que causaría tal decisión, si la guerra de Italia entre el Emperador y el Rey de Francia tomaba un rumbo que garantizase al Papa contra la venganza que quisiera tomar Carlos por no haber aquél apoyado el honor de Catalina. Los defensores de Enrique alegan que cuando Campeggi, en vez de resolver a favor del Rey, como todos esperaban, suspendió el procedimiento en Blackfriars, el 23 de julio de 1529, el último ejército de Francisco I en Italia había sido derrotado en Landriano (21 de junio) y el Papa se encontraba una vez más a merced de Carlos. El otro bando replica que, dado el mínimo de tiempo requerido para las comunicaciones entre Lombardía con Roma y desde ésta con Londres, Campeggi, cuando anunció la suspensión, debía de haber actuado bajo instrucciones enviadas de Roma antes de que se conociera el final de la guerra o bien a consecuencia de lo que había sabido durante el proceso, por ejemplo, las declaraciones de Catalina, aplastantes en su sinceridad.

Sea como quiera, y es difícil negar que, aun antes de Landriano, la guerra de Italia iba mal para los franceses, el tira y afloja del Papa permitía a Enrique esperar que, aun después de la revocación de Roma, el pleito no se resolvería nunca contra él, con lo que Clemente perdía un inapreciable elemento: el temor de Enrique a la ruptura con el Papa, miedo aquél que tardó tanto tiempo en dominar que en 1530 aparece casi persuadido por Reginald Pole de que le convenía desistir. Cuando Enrique empezaba a escuchar a Pole, la Paz de las Damas parecía prometer amistad duradera entre Carlos y Francisco, y resultaba peligroso para Enrique ofender a Carlos. Cuando en mayo de 1531 Dantiscus dijo a su señor que Enrique proseguiría el divorcio en el próximo otoño, supo que Francisco reclamaba de nuevo Milán y pronto estaría otra vez de malas.

Nada podía haber más adecuado que la conducta del Papa para ayudar a Enrique a olvidar sus sinsabores, minar su fe en la divina institución del Papado y disponerle a creer que él podía asumir este poder sin hacer papel inferior al de Clemente como cabeza de la Iglesia. Si el Papa no podía declarar nulo el matrimonio, como entienden los apologistas católicos, sólo queda por decir que Clemente no supo adivinar, pues creyó que el tiempo trabajaría por él. Con su conducta obtuvo el desprecio del pueblo inglés por no intervenir directamente en favor de la Reina, que era venerada por muchos, y perdió a Inglaterra. Adriano VI no se habría conducido así si hubiese vivido unos años más, ni Paulo III, si Clemente hubiese muerto de la larga y peligrosa enfermedad que pasó en 1528 y Paulo hubiera sido elegido entonces.

Una circunstancia concurrió, desconocida al parecer en Roma, en el momento crítico, que, aunque pueda no tener importancia para analizar la conducta de Clemente VII, debe ser consignada. Sir George Throgmorton fue requerido por el concilio en 1537 para que explicase las noticias que había dado a sir Thomas Dyngley y otros sobre cierta conversación sostenida entre él y Enrique antes que éste hubiese roto con Roma. Según Throgmorton, Enrique le había dicho que su conciencia estaba intranquila por el temor de que no fuera válido su casamiento con Catalina. Throgmorton había replicado que mayor habría sido la intranquilidad del Rey si se hubiese casado con Ana Bolena, "porque, según se decía, había tenido que ver con la madre y la hermana". A lo cual Enrique replicó: "Con la madre, nunca. — Y después agregó —: Ni con la hermana, desengañaos." Throgmorton, vuelto a interrogar, explicó que él había hablado únicamente "para darse importancia" mostrando su familiaridad con el Rey. En verdad, si el testigo tenía en algo su cabeza, no podía declarar de otro modo.

La madre y la hermana en cuestión eran la madre de Ana Bolena y la hermana mayor, María, casada en 1520 con sir William Carey. Claro es que la historia de Ana Bolena, de ser cierta, acaba con la creencia de que la pretensión de Enrique era sincera en el pleito del divorcio, porque el Rey sabía de cánones lo bastante para darse cuenta de que, libre de Catalina, no podría casarse legalmente con la hermana de una mujer con la que había cohabitado. Cuando el Rvdo. J. S. Brewer, el activo e inteligente editor de *Cartas y documentos, nacionales y extranjeros, del reinado de Enrique VIII*, aceptó como probado que María Bolena había sido deshonrada por Enrique y casada por él con sir William Carey, se produjo gran conmoción en los círculos anglicanos.

J. A. Froude, popular historiador de los Tudor, escribió un libro (*The Divorce of Catherine of Aragon*, Londres, 1891) en defensa de Enrique contra los embajadores de Carlos V en Inglaterra en aquel momento, y acepta la afirmación de que las presunciones eran contrarias a Catalina en lo relativo a la consumación del matrimonio con Arturo. Cuando llega a la historia de María Bolena, encuentra demasiadas razones para descartarla, y aparece demasiado enérgico en las alegaciones para que ninguna de ellas pueda convencer. Y siendo solamente el historiador católico Lingard quien repite la historia, puede ser ésta despreciada. Pero Froude se queja amargamente de que, gracias a J. S. Brewer, el redactor oficial de *Documentos de Estado extranjeros y nacionales,* la tal historia "es afirmada hoy por respetables historiadores, hecho bastante para cubrir de infamia para siempre la separación de Inglaterra de Roma", grito de angustia que Froude debía haber ahogado, porque Brewer, que había empleado muchos años en los documentos originales del reinado de Enrique VIII y era clérigo de la Iglesia de Inglaterra, había adquirido un conocimiento de la conducta del Rey y de su reputación entre escrupulosos eruditos a los que no se puede retar por un inteligente pero apasionado polígrafo como Froude. James Gairdner, el más autorizado historiador de la Casa Tudor en la generación siguiente, continuador de la obra de Brewer, acepta como demostrada la no consumación del matrimonio de Arturo y la historia de María Bolena, y lo mismo, más adelante, hace A. F. Pollard. Desde entonces nada ha quedado para los defensores de Enrique, salvo el pasar como sobre ascuas por encima de las acusaciones y atenerse a su obra como constructor de Inglaterra.

La Reforma en Inglaterra

Un eminente historiador afirma que la promulgación de la Real Supremacía no produjo emoción alguna en Inglaterra. Se entiende que ello fue después de haber rodado varias cabezas por haberse negado a aceptar la nueva creencia, entre las que se hallaba la de sir Thomas More, poco antes lord Chanchellor, y Juan Fischer, obispo de Rochester, y el país había visto el mar de sangre que siguió a los dos pasos del Duque de Norfolk en la Peregrinación de

ANDREA DORIA
representado como Neptuno, por Bronzino

Nicolás Perrenot de Granvelle
por Antonio Van Mor

Gracia, respaldada por fuerzas muy superiores a las reunidas por el Rey.

Enrique nunca aceptó las afirmaciones del protestantismo. Hasta el fin de su vida no había retirado ni una palabra de su profesión de fe contra Lutero (por lo cual León X le llamó Defensor de la Fe), salvo la especificación de que ahora los ingleses no debían obediencia al Papa, sino al Rey. Lo esencial del culto católico y del lenguaje litúrgico subsistieron sin alteración. La supresión de monasterios fue trazada, bajo apariencia de renuncia voluntaria, por Thomas Cromwell, para cumplir su promesa de hacer a su señor, que había gastado en guerras lo que acumuló Enrique VII, "el príncipe más rico de la cristiandad". La acción fue emprendida y terminada antes de que Enrique fuera excomulgado y sin protesta de Roma. Los súbditos que no se sometían a las opiniones de Enrique eran decapitados. Los que abiertamente suscribían las ideas de Lutero u otros reformadores eran quemados vivos. Pocos osaban correr estos riesgos.

Inglaterra había visto surgir la doctrina de Lollard. Los argumentos de Wiclef persuadieron a Juan Hus y sus secuaces bohemios, y después a Gansfort, en los Países Bajos. Pero el lollardismo carecía de la protección estatal que sostuvo a Lutero y le permitió construir las fórmulas en que los principios excogitados por sus predecesores llegaron a las masas. Algunos lollardistas participaron de la suerte de los luteranos que habían traspasado la línea (no siempre muy clara) trazada por el Jefe Supremo. Los ingleses no conocían a Calvino ni a Zwinglio. El lazo que había unido a Inglaterra con la Iglesia Universal durante mil años fue roto por la sola declaración de la Supremacía.

Esta resolución era esencial, y lo demás, accesorio. Enrique, con el Tratado de Tyndale en la mano, meditaba sobre la manera de dar el paso decisivo: necesitaría un primado y un tribunal de obispos dispuestos a apoyar su petición de ser cabeza de la Iglesia. Por un golpe de suerte para Enrique, William Warham murió en aquellos momentos. Cromwell llamó la atención del Rey hacia Thomas Crammer, hasta entonces oscuro profesor de teología en el Colegio de Jesús, de Cambridge, que había perdido su puesto por casarse, pero lo recobró a la muerte de su mujer y estaba ordenado presbítero. Mientras continuaba explicando, para vivir, la doctrina católica, Cromwell, interiormente, aceptaba los fundamentos del protestantismo, como hizo por entonces un grupo de alumnos de Cambridge. En 1530, por indicación de Cromwell, Crammer fue enviado con una misión a la Corte de Carlos, entonces en Bolonia, a la que volvió cuando se hallaba en Alemania, en 1532. Habló con fuerza contra los planes de divorcio de Enrique; pero buscaba opiniones favorables a éste entre los eclesiásticos alemanes. Se casó, también en secreto, con una sobrina del clérigo luterano Osiander. A fines de 1532 fue llamado con urgencia a Inglaterra, donde le fue ofrecida la sede de Cantorbery. Se le presentó un delicado problema. Tenía que jurar obediencia al Papa. Así lo hizo después de una declaración secreta en que reservaba su juramento al Rey. O sea que prestó el juramento puramente por obtener la primacía que se le había prometido. Así, Crammer obtuvo el palio y la posesión. Otro heterodoxo de Cambridge, Stephen Gardiner, fue nombrado canónicamente para la sede de Winchester en pago de servicios prestados durante la controversia sobre el divorcio. Ya había dos sólidos apoyos para el tribunal de obispos complacientes, aun antes de la formal ruptura con Roma.

El episcopado inglés tuvo su mártir en Juan Fisher de Rochester. El arzobispo Warham murió a tiempo de librarse de la prueba. El resto prefirió ser caña a roble. No dieron que hacer a Enrique. Tenía éste trazado su plan y andaba calculando la proporción en que podría ir echando el vino nuevo en los odres viejos para acabar en el protestantismo: salvación por la sola fe, interpretación individual de la Biblia, clérigos casados, no sacerdotes, y todo lo demás. Pero mostró notable constancia en quemar a los súbditos que iban al frente de la resistencia y soportaban la aborrecida doctrina romana y seguían en su devoción hasta el día de su muerte.

Según parece, Enrique, que necesitaba el apoyo del alto clero, concentró la lealtad en la sumisión a aquél como cabeza suprema, sin profundizar en sus creencias, porque le había costado mucho trabajo mandar que los quemaran. Un tácito acuerdo surgió entre él y sus obispos. Éstos repetían las palabras y gestos de la masa, a los que los nombrados después de la separación miraban como prestidigitadores, y Enrique los dejaba hacer, sin perjuicio de mandar al cadalso de vez en cuando a algún hereje oscuro: lo bastante para coartar a los demás. Cierto que se prescribía la lectura de la Biblia inglesa, y su predicación, y se prevenía a las congregaciones contra ciertas prácticas piadosas que antes se consideraban saludables o por lo menos innocuas, como la veneración de las imágenes o arrastrarse hasta la Cruz el Viernes Santo. Los diez artículos promulgados como reglas de fe en 1536 contenían materias heréticas y eran como un paso hacia la reforma suiza y alemana. Pero en 1539 seis de ellos retrocedieron hacia la ortodoxia católica y siguieron vigentes hasta la muerte de Enrique.

Crammer era en todos sentidos un hombre bueno (que defendió en vano a Fisher, Moro, Cromwell, Ana Bolena y otras víctimas del Rey), de raro encanto personal, devoto apasionado de la especulación teológica. No era muy escrupuloso sobre los medios que empleaba, tenía momentos de debilidad y arrepentimiento y muestras de sumisión, por no hablar de otros incidentes; pero había en él algo que no le permitía soportar por mucho tiempo la idea de que debía la vida a una impostura. El valor demostrado ante la hoguera produjo impresión profunda y presentó ante hombres autorizados del continente el problema de la conveniencia de quemar herejes, aunque conversos y relapsos. Montmorency, Condestable de Francia, hablaba a Lalaing, embajador de Carlos, de la firmeza de Crammer ante la hoguera. Lalaing narró el hecho de una muchacha quemada por orden suya y renegada de su error; cuando vio el fuego se arrepintió de su arrepentimiento y así fue a la muerte.

No parece que Crammer fuera ambicioso ni tenía culpa en haber secundado en alguna ocasión el propósito de Enrique como arzobispo de Cantorbery. Su fama de culto y vivo como casuista le traicionó. Con menos talento, podría haber discurrido a salvo sin haber afrontado nunca un duelo ineluctable, como muchos otros universitarios han hecho. Y nunca habríamos oído su nombre. En el fondo, quizá, no se le alcanzó por qué el Rey no había de tener su misa si quería, con tal que no hubiese contacto con la Scarlet Woman, o por qué otros no habían de considerar la Eucaristía como una mera conmemoración sin contenido sacrificial: una prefiguración del siglo xx, en el que hay iglesias donde la misa, aunque dicha en lengua inglesa, se celebra *more romano,* incluyendo las oraciones propias del día por las más modernas fiestas proclamadas por el Papa, como las de Cristo Rey, de Santa Teresa del Niño Jesús y Santa María Goretti, y aun otras más recientes, mientras en otros locales religiosos practican un culto tan sencillo que difícilmente habría encontrado en él falta alguna el mismo Calvino. Pero como la mayor parte de sus contemporáneos, a pesar de su benigna disposición, Crammer creía deber castigar con pena de muerte todo lo que a su parecer era herejía: mandó quemar a Van Parris por negar la divinidad de Cristo. Y estaba conforme con que se quemara a Juan Bocher, si bien no estaba entre los que firmaron la sentencia.

Según todas las apariencias, Enrique, al término de su reinado, deseaba que su Iglesia fuese guiada permanentemente por los Seis Artículos contra los cuales había argumentado Crammer, aun aplicándolos. Pero los obispos que escogió como pilares de su Jefatura tenían otros planes, y cautelosamente preparaban el cambio. Apenas enterrado el Rey, empezaron a aparecer las togas de Ginebra en lugar de las vestiduras habituales, y el antiguo ritual comenzó a sufrir cortes y a ser racionalizado. Se autorizó el matrimonio de los eclesiásticos. Y esto era lo que el embajador imperial había de comunicar a su señor. La primera regla de Uniformidad de Eduardo VI fue seguida de su Primer Libro de Devocionario Común, que ya era una compilación protestante; y el Libro Segundo, de 1552, dio claras señales del propósito de remover las huellas de la masa. Las definiciones de Suiza y Ginebra encontraban favor. La organización episcopal, sin embargo, era mantenida, para ofrecer al Jefe un instrumento adecuado para manejar a la Iglesia. A pesar del atractivo de las doctrinas calvinistas, ya no se discutía en Inglaterra el establecimiento de un sistema teocrático análogo al de Ginebra. Zwinglio, entre los reformistas continentales, era el más conforme con el protestantismo oficial inglés de mediados del siglo XVI.

Carlos y Eduardo VI

Los acontecimientos de Inglaterra amargaron la vida al Emperador. Si aquel reino se hacía protestante con el resto del norte de Europa, se haría más difícil el conservar los Países Bajos, donde recientemente habían ocurrido disturbios sociales y religiosos y donde habían padecido los mártires luteranos. La perspectiva era ya sombría cuando Enrique repudió a Catalina, tuvo un hijo con Ana Bolena y promulgó los Diez Artículos, con su amenaza de empeorar la situación. Pero muchas cosas habían ocurrido después. Enrique, ya con hijo y heredero, se hizo menos irritable. Ciertamente, una alianza con él contra Francia, aunque fuese breve y poco útil, podía ser contraída como en otros tiempos. En el terreno religioso, los Seis Artículos eran mejores o menos malos que habían sido los Diez. Finalmente, en su último testamento, Enrique había reconocido la legitimidad de María e Isabel, que antes habían sido declaradas bastardas. Respecto de la sucesión proveía de un modo que pragmáticamente no podía ser objetado: Eduardo, María, Isabel. Después, el otro hijo de Enrique, el ilegítimo Duque de Richmond, había muerto con diecisiete años. Eduardo no tenía más que diez cuando murió su padre. María, con treinta ya, parecía tener más posibilidades de vivir que su medio hermano.

La política inglesa de Carlos no podía ser otra que seguir en los mejores términos posibles con el gobierno de Eduardo y apartar toda solución que pudiera envolver a lady Mary o perjudicar la favorable posición en que la había colocado el testamento de su padre. Al mismo tiempo, no podría consentir las medidas que el gobierno de Eduardo pudiera tomar por compelerla a obedecer las leyes protestantes y suprimir la Misa, que seguramente adoptaría aquél, dado que por entonces se perseguía a los católicos tan rigurosamente como Enrique VIII había perseguido a los protestantes. Carlos trabajaba para conseguir que no se tuvieran en cuenta los servicios religiosos de la capilla de María. En junio y julio de 1549, sir William Paget (después Primer Lord), que había ido a Bruselas para persuadir al Emperador de que hiciera la guerra a Francia y entregase Bolonia a los ingleses, no concedió aquella garantía, pero sí un convenio verbal. Cinco años después, Paget, durante una conversación con Carlos, reconoció que se había hundido políticamente. Pero fue antes de la caída de Somerset (el protector que había enviado a Paget) cuando el Consejo empezó a amenazar a María para que se conformase. Como la Misa era el único consuelo de María en este mundo, y la única esperanza para el otro, ésta se mostró dura como el diamante. Mientras Paget estaba en Bruselas, el Consejo quiso intimidar al capellán, exigiéndole que explicara su desobediencia. Éste contestó que, como servidor de lady Mary, obedecía sus instrucciones en su propia casa, pero que jamás faltaba a la ley en los servicios que celebraba fuera. No era un sacerdote de los que se dejaban colgar en la torre de su iglesia antes que hacer respetar las órdenes del Consejo Privado y adoptar el Libro Nuevo o el Devocionario Común.

María pensó seriamente en marcharse del país, puesta en el aprieto de elegir entre verse privada del servicio divino porque detuvieran al capellán o aceptar a un clérigo hereje. Con esto habrían muerto las esperanzas de Carlos de que María llegase a reinar si Eduardo moría sin sucesión. El embajador español tenía orden de disuadirla de irse y convencerla de que debía pedir garantías.

En el curso de tantas penas y humillaciones como había sufrido, Carlos le envió una sortija que María tuvo como prenda de que si la devolvía a Carlos, éste habría de hallar medios para poner a su hija en seguro, fuera de Inglaterra. La devolvió en septiembre de 1549. El embajador español creía que el regreso de Somerset significaría el final de los disgustos de María. Ésta no se hacía ilusiones, y con razón. Se trató de sacarla de allí para casarla con don Luis de Portugal; pero no se pudo reunir dote bastante. El embajador informó que o el Emperador la dotaba o tenía que ayudarla a huir a Flandes, y que tenían trazado un plan para fugarse él con María en los barcos del Emperador cuando el embajador fuese llamado por éste.

Carlos, convencido al fin de que tenía que rescatar a María, llamó al embajador y anunció la llegada del sucesor Scheyfve el 13 de mayo de 1550. El anuncio de disturbios provocados por los campesinos en Essex (donde habían de embarcarse) originó tal cúmulo de precauciones, que resultaba imposible pasar por allí inadvertidos. El embajador desembarcó sin ella en Flandes. Entonces Van der Delft trazó dos planes alternativos: él y su secretario Jehan Duboys, disfrazados de negociantes de granos, navegarían por Blackwater hasta Maldom con un cargamento de cereales y pasarían de contrabando a lady Mary (que esperaría en Wovdham Walter, a tres millas de Maldom) a los barcos de guerra que cruzarían la costa de Essex al parecer en persecución de los piratas escoceses. También consintió el Emperador. Pero Van der Delft cayó enfermo y murió, con la constante preocupación de aquel asunto. Las noticias de su enfermedad quizá contribuyeron al fracaso de la empresa.

Disfrazado adecuadamente, y con el cargamento completo, llegó Duboys a Harwich, con ocho barcos al mando de Van Meeckeren y d'Eecke (Corneille Schepper), en la tarde del lunes 30 de junio de 1550. Ejecutó fielmente su parte, y parece que habría triunfado si no hubiese sido por el intendente de María, sir Robert Rochester, que primero intentó persuadirlo de que "Su Majestad" (como Duboys la llamaba) no corría peligro, y después, que él había venido no a discutir, sino a llevar adelante el plan, con lo que se produjo una falsa alarma que hizo partir al convoy por miedo a comprometer a aquélla. Al hacer esto, Rochester podía haber recordado sus intereses particulares y pensado lo que podría ocurrirle si desaparecía la señora. Hablando con Duboys insistió en la conveniencia de que aquélla permaneciera, porque, según el horóscopo de Eduardo VI, el joven rey no pasaría de aquel año. Total: que los barcos se volvieron como habían ido, con el intento aplazado para un momento que nunca llegó.

Después de este fracaso, durante el resto del reinado de Eduardo, los asuntos de María se hallaron en un callejón sin salida. Carlos no intentó más darle ánimo para irse de Inglaterra. Supiese ella o no lo ocurrido, se hallaba prisionera de sus servidores y no podía intentar nada. Scheyfve fue ganando poco a poco su confianza, y los consejos de éste le hicieron dejar las cosas como estaban.

Fueron inútiles otras tentativas que con el mismo fin se hicieron. El Consejo dejó de ejercer aquella presión, y María siguió oyendo misa. Se estableció en Essex, donde hizo cuanto pudo por no llamar la atención. A la muerte de Eduardo se alejó de Northumberland, y cuando, doce días después, fue proclamada reina, otro perjudicado por desagrado del Consejo fue Stephen Gardiner, que había sido premiado por su actuación en el proceso del divorcio con el obispado de Winchester, con el ingreso de 2.000 libras anuales en la moneda de aquel tiempo, cuando los ingresos de la Corona no eran más que de 125.000, y era una de las más ricas sedes de la cristiandad. Fue separado del Consejo y se retiró a su diócesis. Después fue preso por no sujetarse a las indicaciones del Consejo. Fue llevado ante el Consejo en la primavera de 1548, y en julio fue recluido en la Torre de Londres. En octubre de 1551 fue condenado a perpetuidad, de lo que le libró la intervención de María, por la cual fue restablecido en su sede, y llegó a ser Lord Chanchellor de ésta, con lo que la compasión por el mártir se sobrepuso al comportamiento anterior de Gardiner. *Jam nos de somno surgere,* fue el texto del sermón que pronunció en la apertura del Parlamento que pidió al Papa que recibiera de nuevo a Inglaterra bajo su manto. Stephen Gardiner había ganado un pleno.

Capítulo X

"LA MÁS BELLA BODA DEL MUNDO"

Carlos, veterano de la diplomacia, no adelantó sus linderos. Nadie como él sabía aislar sus problemas y resolverlos sin que nadie pudiese penetrar en el siguiente. La muerte de Eduardo VI exponía a María a un grave peligro, y por ello Carlos dio instrucciones a Courrières, Thoulouse y Renard, que fueron a Londres con un limitado objetivo: ante todo y sobre todo, la conciliación con Northumberland. Si Eduardo moría, los embajadores tenían que asegurar al Duque que su señor deseaba que María se casase con un inglés cuya experiencia en los negocios le hiciera apto para gobernar el país. En aquellos momentos, tales circunstancias no podían darse más que en los partidarios de Northumberland, que habían tenido a Inglaterra en sus manos durante mucho tiempo. Pero los acontecimientos no permitieron hacer uso de aquella zancadilla. Los embajadores no pudieron tener acceso a Northumberland hasta el 10 de julio, en que le comunicaron la muerte de Eduardo. Los enviados tuvieron que ingeniarse para salir del aprieto. En su ansia de seguridad para María, le habían enviado un mensaje aconsejándole que se opusiera a ser proclamada. María no hizo caso. El 12 de julio fueron llamados por dos consejeros privados, lord Cobham y sir John Mason, que les informaron de que el difunto Rey había designado a lady Jane Grey para sucederle; pero María se opuso a este arreglo, y los consejeros dijeron que la misión de los embajadores había terminado y que no se comunicaran más con María.

Renard, sin consultar a sus colegas, contestó. Dijo que era lástima que el Consejo hubiese escuchado a Francia, porque ésta quería asegurar Inglaterra para María, la Reina de Escocia, y su prometido el Delfín. Como el Emperador no se había dado cuenta de que peligraba la vida del Rey, no encargó a sus embajadores que invocasen los derechos de María. Pero cuando supo lo ocurrido comprendió que esto obedecía a propósitos franceses. Puesto que el Consejo consideraba terminada la misión de los embajadores, éstos debían despedirse; pero repitieron sus observaciones al Consejo, en ausencia de Northumberland. Después esperaron mejor ocasión, y el 19 de julio fueron informados de que el Consejo iba a proclamar reina a María, lo que se hizo dos horas después, causando una explosión de alegría: sonaban las campanas, y las atronadoras aclamaciones y los fuegos artificiales subían al cielo.

El 29 de julio recibió Carlos noticia de la derrota y captura de Northumberland y sus principales partidarios.[1] El 30 de julio escribió a Valladolid preguntando si, en el caso de no haber adelantado mucho las negociaciones con Portugal, podría Felipe casarse con María. El 22 de agosto contestó éste que para un hijo no había satisfacción mayor que cumplir la voluntad de su padre. El 11 de septiembre fue recibida la carta en Bruselas.

Entre tanto, los embajadores de España llevaban la batuta. El 7 de agosto, Renard escribía a Arras que no había podido acercarse a María desde que ésta había llegado a Londres (3 de agosto), y se había alojado en la Torre, porque, aunque ella le rogó que fuese disfrazado, él lo había estimado peligroso y había preferido esperar hasta que ella fuese a Richmond, donde todo sería más fácil. El 19 de julio habló con ella en New Hall y le dijo que su deber ante el pueblo era casarse, y que si quería saber la opinión del Emperador, él se la traería. También había hablado Renard con Paget, el cual dijo que la unión de María con Felipe sería "la más bella boda del mundo". Por desgracia, en Inglaterra creían todos que Felipe se había casado con la infanta portuguesa.

Mientras llegaban las noticias de España, Renard tuvo que andar con cautela en Londres, donde se hallaban otros pretendientes. Entre ellos parecía tener más probabilidades de éxito Eduardo Courtenay. El nuevo Canciller, Stephen Gardiner, le había tomado afición cuando ambos estaban presos en la Torre, y ahora lo apoyaba abiertamente.[2] María, según parece, dijo al secretario de

---

1. La bondad de María favoreció a sus enemigos. Sólo Northumberland y dos de sus servidores (que se habían hecho odiosos al pueblo) fueron decapitados, y la misma Reina habría salvado a Northumberland si no hubiese sido por los apremiantes consejos de Renard.
2. Courtenay había pasado muchos años en la Torre. Mary lo puso en libertad poco después de su acceso al trono y lo hizo Duque de Devonshire.

Scheyfve, el embajador residente, que ella habría preferido casarse con el mismo Carlos. Cuando esto llegó a Carlos, contestó que, por desgracia, estaba demasiado viejo y enfermo para volver a casarse.

El 8 de septiembre, encontrándose María en Richmond, tuvo larga plática con Renard. Pasaron revista a todos los candidatos. Renard acabó por decir que si María (38 años) se encontraba vieja para Felipe (27), no hallaba candidato que recomendar. María añadió que, de cualquier modo, Felipe tenía muchos reinos y no necesitaba vivir en Inglaterra. Renard no tuvo nada que contestar, porque no sabía con certeza cómo andaban las cosas en Portugal.

El Emperador recibió carta de Felipe el 11 de septiembre y escribió el 14 reclamando a Courrières, Thoulouse y Scheyfve, cuya presencia podía ser un obstáculo, y el 20 de septiembre envió a Renard instrucciones completas. El primer impulso de éste fue pedir (en vano) aumento de sueldo y fondos bastantes para vivir como el embajador de Francia (Antonio de Noailles). Trató la cuestión con Paget, que en seguida expresó su desconfianza. ¿No era cierto que las ramas española y austríaca no se entendían? Al denegar Renard esto, fueron expuestas otras dudas. El inglés odiaba a los extranjeros, especialmente a los españoles; si éstos querían intervenir en los asuntos interiores, habría disgustos. Sin embargo, en conjunto, la actitud de Paget no fue más negativa que lo necesario para destacar el valor de los servicios que prestaba. Renard, el 5 de octubre, recomendó que el Emperador escribiese a María y a sus ministros recomendándole que se casara, sin mencionar nombres, lo que se hizo el 10 de octubre. Un gran obstáculo se iba a presentar. María, según Renard había averiguado cuando la vio el 7 de octubre, tenía muy malos informes sobre el carácter de Felipe. Estaba indecisa. Con una u otra excusa (su coronación, su deseo de obsequiarlos con un banquete de despedida) retuvo en Londres a los colegas de Renard, lo que hacía difícil para éste el requerirla para que contestase con firmeza. Cuando llegaron a Bruselas los informes de Renard sobre las dudas de María (15 de octubre), Arras escribió apresuradamente una nota particular al embajador requiriéndole para que inclinase el ánimo de María en favor de Felipe; pero que si descubría en ella inclinación hacia Courtenay, debía comunicarlo en seguida a Arras y a nadie más, "porque si el príncipe era rechazado, el Emperador no apoyaría a ningún otro", indicación de que ningún extranjero más que Felipe se había de casar con la nueva Reina.

La situación era muy confusa: María no acababa de decidirse; Gardiner, Rochester, Waldegrave, Inglefield y Southwell alentaban al séquito de Courtenay; Courrières y Scheyfve intentaban comunicar con la Reina a espaldas de Renard; don Luis de Portugal, el archiduque Fernando y Manuel Filiberto de Saboya también maniobraban, y había discordia en el Consejo Privado.

Paget dio con la única fórmula capaz de resolver las escrupulosas dudas de su señora: ésta debía considerar el asunto no como un casamiento, sino como una solemne alianza que podía traer grandes ventajas a su reino y a sus súbditos.

El 27 de octubre dijo María a Renard que quizás aceptaría la proposición del Emperador. Renard, que ya la conocía muy bien, comprendió que nada la haría cambiar de opinión salvo la existencia de contrato entre Felipe y la infanta. María, después de haber dado su palabra a Renard ante el Santísimo Sacramento el 29 de octubre, hizo escribir a aquél a Felipe con la petición de seguridad sobre la materia.

Gardiner obstruía los planes de España, hasta el punto de que Renard discutió con él y le hizo retroceder hasta llegar a la fundamental cuestión: los deseos de la propia reina. Pero cuando María se enteró de la opinión de Gardiner, dijo que prefería no casarse a hacerlo con un inglés. Más tarde censuró a Gardiner por el amparo que daba a las pretensiones de Courtenay, con lo cual terminó la oposición del Canciller. Por entonces, Carlos escribió a don Luis de Portugal que María, con el consejo de sus ministros, había resuelto casarse con Felipe. Ya no faltaba más que presentar al pueblo inglés el matrimonio en su aspecto más favorable. En la preparación del tratado se presentó en seguida una buena oportunidad y graves peligros. Los enemigos del casamiento decían que Felipe iba a reclamar para sí la Corona, como descendiente de Juan de Gante. El fondo del tratado matrimonial era que si Felipe y María tenían hijos, el heredero les sucedería en las posesiones de Inglaterra y Borgoña y que Carlos, hijo de Felipe, sucedería a éste en Italia y España. Si no tenían hijos cesaría la relación de Felipe con Inglaterra al morir María. No se admitiría intervención extranjera en Inglaterra, y Felipe adquiriría un compromiso de no retener a su servicio en Inglaterra español alguno cuya presencia no fuese grata. La dote se estableció en forma de pago anual (por el Emperador) de 60.000 *livres de gros,* o sea aproximadamente 8.000 libras. En una carta de garantía a Renard, el Emperador recordaba a éste que el principal objeto de la boda era que Inglaterra y los Países Bajos "marcharan juntos para que se prestasen mutua ayuda contra sus enemigos".

La adopción de varios cambios en el proyecto original, propuestos por el Consejo de Inglaterra, no constituyó dificultad, y fue designada la misión especial. El 2 de enero de 1554 llegaron a Londres los Condes de Egmont y Lalaing, M. de Courrières y Felipe Nigri, Canciller de la Orden del Fleco de Oro, con un séquito de unas cuatrocientas personas. Tenían que firmar el tratado y esperaban los poderes para tratar el matrimonio *per verba de praesenti* y enviarlo a Felipe tan pronto como la necesaria dispensa hubiese llegado de Roma, para lo cual el mismo Felipe tenía que salir de España. El plan era demasiado rápido para el Consejo Privado, que pretendía el uso de la forma *per verba de futuro,* dejando los ritos principales para ser cumplidos en presencia de ambas partes. Una vez más accedió Carlos a sus deseos, y en este sentido envió instrucciones a Felipe.

La misión fue recibida en Londres con la debida solemnidad, se cambiaron las credenciales y se examinaron los artículos en una reunión a la que asistió el Consejo Privado en pleno. Dos dificultades surgieron fuera del texto del tratado. Los ingleses necesitaban la garantía de un banquero relativa al compromiso del Emperador de pagar la dote, y la ratificación del tratado por los Estados de los Países Bajos. Sobre el primer punto, tras alguna discusión, cedió el Consejo Privado. Sobre el segundo, la misión dijo que sería satisfecho. El tratado fue firmado por los ministros y enviados el 12 de enero de 1554, con el acuerdo de que María no firmaría mientras no recibiera la firma de Felipe.

En Valladolid, Felipe firmó un poder (5 de enero) para que sus representantes en Inglaterra firmaran por él. Pero el día anterior había formulado una solemne declaración ante varios testigos en la que protestaba "una, dos y tres veces, o tantas como fueren en derecho necesarias", de que los acuerdos del tratado eran opuestos a su voluntad, por lo que el poder que iba a firmar era nulo y sin valor alguno y dado únicamente para completar el casamiento. Felipe, sin proponérselo, siguió la conducta de Thomas Crammer en 1533, que para obtener la bula y el palio para tomar posesión de la sede de Cantorbery juró fidelidad al Papa previo un escrito ante testigos en que manifestaba no considerarse obligado por aquel juramento. No se conoce documento probatorio de que Carlos o María conociesen el acto de Felipe. Pero una carta del Emperador a Felipe (21 de enero) da a entender que existía acuerdo sobre el caso entre los tres. Lo cierto es que los límites de la ingerencia de Felipe en los asuntos ingleses no aparecen firmados por él y sí determinados por el claro peligro a que le exponía el resentimiento de los ingleses.

Cuando se firmó el tratado hubo un momento de optimismo. Renard escribió que si Felipe llegaba a Inglaterra con tiempo para que el matrimonio se celebrase antes de la Cuaresma, todo iría bien. El 18 de enero ya había menos entusiasmo. Se murmuraba en la City que el matrimonio perjudicaría los negocios. El 27 del mismo mes había estallado la tempestad. Thomas Wyatt se levantó en armas y llamó a todos los buenos ingleses para que expulsaran a los españoles. El éxito inicial espantó a la misión especial, que marchó a Flandes, dejando a Renard entregado a su arbitrio. Pero el 5 de febrero el embajador pudo comunicar la respuesta que María había recibido a su enérgica llamada a los londinenses, y el 8, la detención de Wyatt y el aplastamiento de la rebelión. Fueron ejecutados Jane Gray y su marido (12 de febrero). Courtenay fue encerrado en la Torre, como sospechoso de traición, y lady Elizabeth, llamada a Londres. Como la clemencia de María hacia Northumberland y su cómplice había alentado a los descontentos para unirse a Wyatt, se produjo una represión salvaje. Causaban horror las calles de Londres, llenas de ahorcados. En el calor de la victoria se pensaba, en el campo imperial, que Isabel debía ser también decapitada, porque, si vivía, sería muy difícil proteger al príncipe en su entrada. Se limitaron a confinarla temporalmente en el castillo de Pontefract.

Desde la derrota de Wyatt hasta la boda

No hubo más oposición por la fuerza. El Canciller y los principales consejeros no encontraron ya motivos para que el esposo no viniera en persona. La ley de casamiento fue aprobada el 12 de abril; pero Felipe no embarcó hasta el 12 de julio. El 19 llegó a Southampton. El matrimonio se celebró en la catedral de Winchester, el 25.

En apariencia, todo estaba normal. Pero ¿y en el fondo? Durante el escaso tiempo del dominio de Wyatt, algunos consejeros privados habían aconsejado a la Reina que huyese. Hubo momentos en que Renard se preguntaba si habría siquiera un personaje en Inglaterra digno de confianza. El embajador francés calculaba que la tercera parte de los ingleses conspiraban contra María, quizá con más fuerzas que los dos tercios leales.

En España, la boda era poco más popular que en Inglaterra, porque, si había sucesión, Carlos quedaría privado del patrimonio borgoñón. Las misiones enviadas para la boda no comprendían españoles, como, con amargura, dice el fiel Eraso en carta a Felipe.

A pesar del consejo contrario de Renard, un alcalde español, Briviesca de Muñatones, desembarcó en Inglaterra el 10 de mayo con Courrières, cuya presencia era siempre odiosa para Renard.

Pero ¿qué pensaba Felipe del matrimonio? La noticia de la rebeldía de Wyatt le alcanzó, sin duda, en España antes de pasar febrero, y quizá, con los otros informes sobre el estado de opinión en Inglaterra, le habían hecho andar despacio. En todo caso, llevó a su padre casi a la desesperación con sus aplazamientos y dilaciones en la correspondencia. Desde el 16 de febrero al 11 de mayo sólo parece haber escrito al Emperador una carta (30 de marzo), desconocida para nosotros pero que difícilmente podía contener nada importante, puesto que se había confiado a un inglés que atravesaba Francia. Aun después de la aprobación por el Parlamento del acta de casamiento y celebrada la ceremonia *per verba de praesenti*, Felipe anduvo de aquí para allá por Castilla, en vez de dirigirse a La Coruña, donde le esperaban sus barcos, hasta que escasearon las provisiones y estalló la enfermedad en las tripulaciones. Arras escribe a Renard que no le sorprende el disgusto de María por las dificultades suscitadas por su futuro esposo, porque todos lo sienten en Bruselas. En realidad, no habría obrado de otra manera Felipe si se hubiese puesto a la espera de algún hecho que le librara del compromiso. Durante todo aquel tiempo nunca escribió a María. Se percibe la ansiedad en las palabras de Carlos escritas de su mano a su antiguo compañero de armas el Duque de Alba: "¡Por amor de Dios, procurad que mi hijo se porte como corresponde!", y en el consejo del embajador Vargas a Felipe: "¡Por Dios! ¡Procurad parecer satisfecho!"

Pero Carlos estaba resuelto a impulsarlo todo. Sabía que podía contar con la palabra de la Reina y que ésta contaba con el apoyo de las masas, aunque no eran de fiar los nobles ni los políticos. Sabía lo que estaba en juego de los Países Bajos. Pero se puede suponer que en el fondo de su corazón había otra fuerza que le llevaba a exponer a su único hijo a los peligros que presentaba el casamiento. Treinta años antes, cuando había estado prometido a María, Enrique IV hizo grandes esfuerzos para que se casara con ella. María era una linda muchacha de diez años cuando Isabel de Portugal fue la emperatriz de Carlos. Si él hubiese esperado a María (en aquellos tiempos no hubiera tenido que esperar mucho), bastantes cosas habrían cambiado de rumbo. Con el Emperador por yerno, difícilmente hubiese Enrique repudiado a Catalina ni roto con el Papa. Inglaterra podría haber seguido en el rebaño. María se habría librado de los sufrimientos que quebrantaron su salud durante la cuestión del divorcio; Carlos podría haber tenido hijos y asegurado así la unión personal de Inglaterra y los dominios borgoñones, apoyada por una alianza con España, combinación demasiado poderosa para que Francia pudiera atacarla. Estas ideas nunca las hubiera escrito Carlos ni expresado de palabra, como no fuese a su confesor. Pero sí era natural en él enmendar lo mal hecho. Se le podía creer cuando dijo que si su edad y salud se lo permitiesen, él se ofrecería en persona a María. Lo mejor que podía hacer ya era dar su hijo a María. Y como Felipe había consentido, Carlos quería cogerle la palabra.

Ciertamente, la perspectiva de Inglaterra era para detener a cualquier aspirante. María tenía que guiarse por hombres que habían servido bajo su padre, su hermano o los dos, política de la que ella quería huir. Sus propios servidores de confianza que habían sido leales para ella cuando las esperanzas eran pocas, desconocían los negocios y nada sabían de alianzas políticas. Los tuvo que designar para el Consejo Privado y puestos secundarios. Y su Canciller, Gardiner, había ayudado a Enrique para hacerse Jefe Supremo de la Iglesia. No podía, pues, tener en él confianza completa. Pero, por lo menos, había padecido por la religión tradicional. Por otra parte, Paget, que había tomado como cosa suya, desde el principio, el negocio del matrimonio con Felipe, era incompatible con Gardiner, que tenía reputación de hereje o de latitudinario y de hombre acomodaticio. El Consejo se dividió en dos bandos alrededor de estos dos protagonistas, y parecía más interesado en asuntos personales que en mejorar la situación de la Reina. María, aunque conocedora de la situación, entendía demasiado poco para dominarlos. Cierto que daba más importancia al cardenal Pole que a todo el Consejo. Pero no era grave problema, aparte de que el Emperador y Arras tenían una baja opinión de su habilidad y sospechaban de sus inclinaciones políticas.

El problema religioso no tenía menos importancia que el político. La masa de opinión seguía siendo católica, en el sentido de no querer innovaciones protestantes en el culto y doctrina. Pero rechazaba al Papa. La clase media, pequeña minoría pero rica e influyente, y parte de la nobleza eran protestantes, y los de cualquier religión que habían adquirido bienes eclesiásticos estaban dispuestos a pelear antes que devolverlos. Lo que hubiese agradado a la mayoría del pueblo inglés habría sido el programa de Enrique VIII: doctrina católica y culto, pero sin Papa ni conventos; mas a María le había parecido esto una traición, mientras para los protestantes era un grado menos odioso que la misma Roma.

Fue necesaria toda la influencia de Carlos para hacer que María esperase, para restablecer la autoridad papal, a que se hubieran tomado las precauciones necesarias contra las pretensiones de Roma relativas a los bienes eclesiásticos y los intentos de los obispos para forzar la marcha y quemar a los clérigos protestantes. En la primera sesión del Parlamento (otoño de 1553), Gardiner pretendió en vano autorización para restablecer los Seis Artículos de Enrique VIII y el *Lollardy Statute* de Enrique IV y dar al tribunal del obispo facultades de vida y muerte. Pole había sido nombrado legado poco después de que las noticias del triunfo de María habían llegado a Roma. El embajador de Carlos en Venecia, Francisco de Vargas, escribió en seguida al cardenal requiriéndole para que no hiciera nada sin la aprobación del Emperador, cosa que Pole prometió. Sin embargo, se temía en Inglaterra que Pole (que aún no tenía órdenes sacerdotales) llegase a casarse con la Reina, y ello indujo a Gardiner y Tunstal, obispo de Durham, a consentir que se nombrase a aquél para la sede de Cantorbery. La misma conducta de Pole acabó con aquellos temores. Renard habló severamente a María, destacando que la autoridad pontificia era "odiosa no sólo en Inglaterra, sino en varias partes de Europa", o sea que un exceso de celo podría echarlo todo a perder. El Papa, Julio III, envió a Pole a negociar la paz entre el Emperador y Francia, llevando así a aquél más cerca de María. El Emperador despachó a don Juan de Mendoza para frenar al cardenal. Se celebró una entrevista en Dillingen (Baviera), el 23 de octubre. Pole, impedido de continuar, se quejó amargamente en cartas a María, en las que amenazaba con la retirada del favor divino si retardaba el llevar a Inglaterra a arrodillarse ante el Papa. "Si Pole pudiera ver lo que yo he visto con mis propios ojos, no se apresuraría tanto", comentó Renard. El Parlamento anuló el divorcio del Rey y revocó las leyes de la traición.

Por desgracia, la falta de buen sentido y de tacto no era el único defecto de Pole. Los ruegos de María y las presiones de Roma indujeron al Emperador a no oponerse a las gestiones de Pole por la paz. Después de visitar Bruselas, el prelado pasó a la Corte de Francia y volvió al Emperador. Pero estaba actuando fuera de sus alcances. Había vivido en Italia bastante tiempo para saber que había una cosa que se llamaba diplomacia. Pero cuando llegaba a la ejecución, jamás se levantaba sobre la categoría de un aficionado anglosajón. Fue muy débil el informe que dio a Carlos en presencia de María de Hungría. El Emperador pudo sacar en claro que cuando fue a Bruselas por primera y última vez, tras una visita a Francia, Pole había sido trabajado por los franceses para que creyese que estaban deseosos de paz mientras el Emperador seguía obstinado en la guerra. Pole reconoció que lo habían engañado y formuló unas superficiales excusas.

El Emperador habría preferido que Pole volviese a Roma y se quedara allí hasta que hubiese quedado consolidada la situación de Felipe en Inglaterra; pero el legado insistió en seguir alrededor de Bruselas haciendo abiertas tentativas para que el Rey de Francia se acercase a María y le pidiera que mediase entre ellos y Carlos. Pero no pudo cruzar el Canal hasta que Felipe llevaba ya varios meses en Inglaterra y el Parlamento (29 de noviembre de 1554) había rechazado las leyes y estatutos contra la supremacía del Papa. Nunca ejerció decisiva influencia política en los ingleses; pero siguió despertando las sospechas de los ministros de Carlos y Felipe. En definitiva, si Renard y Ruy Gómez de Silva no coincidían en otras cosas, sí estaban de acuerdo en que si Pole conseguía algo en la esfera política sería contra los Habsburgo.

No tenía límites la indignación del Emperador contra el Papa porque éste animaba a Pole para intervenir en un asunto que requería una sutil diplomacia. El 7 de abril de 1554, Carlos escribió a su embajador en Roma que se daba cuenta de la incapacidad de Julio para no traficar con los franceses, y comentaba la "mala salud del Papa" y las probabilidades de vacante en la Santa Sede, dadas su edad y su desordenada vida. "Aunque la actitud de nuestros enemigos parace imponernos el deber de intervenir en la elección, la experiencia nos ha enseñado cuán poco sirve esto y cuál es la ingratitud del elegido para el que más le favoreció. Todas las tros enemigos parece imponernos el deber de intervenir en la elección de un Papa que haya de servir los intereses de la Iglesia y la religión." ¿Qué habría dicho Carlos si hubiese previsto que el nuevo Papa (tras las tres semanas de Marcelo II), gracias a la torpe intervención de Felipe, pelearía con uñas y dientes contra padre e hijo, y aun entablaría un proceso para excomulgar a los dos?

En verdad, la llegada de María al trono había trastornado el equilibrio de fuerzas en el que la política de los papas se había fundado durante varias décadas. Las ventajas reportadas a Carlos por las herencias borgoñonas y españolas y las riquezas del Nuevo Mundo habían impelido a los franceses a aliarse con los turcos y los protestantes alemanes. Si Inglaterra fuese en aquel momento absorbida por el sistema habsburgués, o Carlos se haría omnipotente y realizaría su amenaza de forzar la reforma de la Iglesia, o Francia se haría protestante en un desesperado esfuerzo por contener el avance de los Habsburgo. Justamente alarmado, Julio III hizo cuanto pudo para convencer a Enrique II de que, rompiendo con Roma, Francia tendría más pérdidas que ganancias. Inglaterra estaría segura para el catolicismo mientras María reinase. Para este fin no era necesario el casamiento con el español. Además, no era conveniente dejar el porvenir de la Iglesia a merced de que María (que ya tenía treinta y siete años) tuviese o no sucesión. Era mejor asegurar la sucesión de manera que la causa católica no padeciera por hallarse ligada con la presencia y planes de un rey español. En otro aspecto, si los ingleses católicos toleraban el casamiento con el español era por motivos puramente religiosos, mientras que Carlos estaba resuelto a no apresurar la restauración, que pondría en peligro el casamiento. Renard opinaba que la supremacía del Papa era odiosa para los ingleses, pero más todavía lo era el matrimonio.

Renard recomendó que se hicieran importantes regalos en dinero a los principales ministros de María y los grandes nobles que influían en la oposición inglesa. Carlos opinaba que era mejor ofrecer pensiones, porque un donativo de dinero "pronto se olvida", y quería que las pensiones se pagaran de los fondos españoles, "para ganarse el afecto", mientras que los ministros españoles estaban ansiosos porque el Tesoro se encontraba vacío. Carlos no hallaba banqueros que le prestasen. María necesitaba un préstamo de unas 200.000 coronas. Lo más que Carlos podía prometer era que sus agentes buscarían en el mercado de Amberes un prestamista. Al fin, unos comerciantes españoles le ofrecieron 500.000 ducados. Como el dinero no podía ser libremente transportado, Felipe concedió licencia, pero sólo por 200.000 ducados. Después se concedió otra licencia por 100.000.

Hasta la llegada de Felipe continuaron presentándose dificultades. Se produjo una oposición abierta entre lord William Howard, lord almirante de Inglaterra, y La Capelle, vicealmirante de Flandes. En esos momentos, los franceses saquearon las Ardenas y tomaron Marienburg. El Emperador requirió a Felipe para que no estuviese más que seis u ocho días con María y se apresurase a ir a Bruselas, orden que luego dejó sin efecto cuando, concentrando su genio estratégico, que tantas veces había confundido a los observadores, había hecho que los franceses repasasen sus fronteras sin pérdidas para él. En Inglaterra, según Renard informaba, Paget y Arundel estaban sobornando a los servidores de María, y el Almirante estaba en connivencia con ellos. Ésta era la escena, según la pintaba el embajador residente, que salió a recibir al novio cuando éste desembarcó.

Capítulo XI

FELIPE Y MARÍA

Felipe en Inglaterra

El hijo de Carlos, nacido y criado en España y sus cercanías, sólo había salido de allí una vez cuando, llamado por el deber, fue a Inglaterra. No se puede, en realidad, contar como conocimiento del extranjero su casamiento con su prima portuguesa María: los dos pertenecían a Casas españolas estrechamente relacionadas entre sí durante varias generaciones. Pero su viaje a los Países Bajos y al Imperio (1549-1551) lo puso en contacto con los países extranjeros y no le dejó ganas de vivir en ninguna otra tierra nórdica. Aunque de blanca piel, Felipe era un perfecto español; no hablaba más que el castellano; le disgustaban los ruidosos y borrachos norteños que había conocido, y la novia de quien ahora se esperaba que tuviese un heredero era prima hermana de su padre, tenía once años más que él, era enfermiza, había sufrido mucho y en nada se parecía a aquella doña Ana de Ulloa que vivió con él en Valladolid.

Los retratos de María que conocemos, más bien parecen exactos que aduladores; pero es posible que mientras se negociaba el matrimonio se enviase a España alguno atenuado por el artista. El favorito de Felipe, Ruy Gómez de Silva, cuyas cartas a su confidente y aliado Eraso chispean con indiscretas notas familiares, escribía, poco después de desembarcar en Inglaterra, que la Reina era "muy buena cosa, aunque algo más vieja de lo que nos habían dicho"; hablando claro, "mucho dios es menester para tragar este cáliz", y agregaba misteriosamente que él mismo está dispuesto a hacer lo que corresponda. En conjunto, parece que el aspecto de Felipe sorprendió agradablemente a los ingleses, que tenían malas noticias por Francia. Al principio, su comportamiento con la Reina no dejó nada que desear. Muchos que estaban dispuestos a hablar mal, en los primeros días tras la boda quedaron satisfechos, como aquella vieja que al verlo junto a la Reina, camino del Parlamento, exclamó: "¡Mala muerte a los traidores que decían que nuestro Rey era feo! ¡Miradlo! Es hermoso como un ángel."

El número de admiradores aumentó rápidamente cuando (septiembre de 1554) los rumores de embarazo de la Reina fueron confirmados por los médicos. Esta esperanza dominó a todos los demás factores. Con esto se disipó temporalmente la tristeza hasta que en el verano de 1555 se demostró que no tenía fundamento la esperanza.

No más tarde del 17 de agosto de 1554, un desconocido caballero español que acompañó a Felipe a Inglaterra y en seguida fue a Flandes, habló de rozamientos entre españoles e ingleses y observó: "Este matrimonio habrá sido un bonito negocio si la Reina no tiene hijos, y estoy seguro de que no. Decían en Castilla que cuando Su Alteza fuese Rey de Inglaterra lo haríamos señor de Francia, y ha ocurrido lo contrario, porque los franceses están más fuertes que nunca. Ni el Rey ni la Reina tienen en Inglaterra más autoridad que los vasallos: los consejeros lo gobiernan todo, incluso al Rey y la Reina." Los mismos embajadores de Carlos tenían que observar que algunos ingleses llamaban a sus visitantes "los pícaros españoles" y decían que el Rey había traído con él a un puñado de pillos.

Muchas complicaciones originó el hecho de que no se llegaba a un acuerdo sobre quién había de servir a Felipe en Inglaterra. Al llegar con su séquito español, resultó que se había preparado otro completo inglés dispuesto a predominar. Pasaban los meses sin lograr una combinación de ambos elementos. Las malas noticias sobre el efecto producido por la llegada de damas españolas resultaron muy exageradas salvo en una cosa: la Duquesa de Alba no concurrió a la Corte más que una vez; doña Jerónima de Navarra y doña Francisca de Córdoba no fueron nunca, "porque no tenían con quién hablar, puesto que las damas inglesas eran de poca conversación".

En suma, el optimismo oficial era muy difícil de mantener. Juan Vázquez de Molina, el 13 de septiembre de 1554, escribió a Felipe: "Parece que Vuestra Majestad no quedó satisfecha y aun se sintió oprimida, y que ello se debe al deseo de que salgáis de Inglaterra y recobréis la libertad." Pero, interrogado después, el Almirante reconoció que Felipe no le había dado instrucciones para informar así, que había sido Ruy Gómez quien le había hablado. Pero las noticias causaron tal alarma en Valladolid, que don Hernando de Rojas fue despachado a Inglaterra para ver si sería conveniente enviar una escuadra para rescatar a Felipe. Pero cuando llegó la carta de Juan Vázquez, la creencia de que María estaba encinta había cambiado el ambiente como por arte de magia. Hasta pareció que era una ocasión adecuada para la coronación de Felipe, ceremonia que tenía en Inglaterra más importancia que en otros países.

Desde el principio hubo un bando optimista y otro pesimista en la Corte de Felipe, aparte la cuestión del heredero. Los pesimistas conocían a Inglaterra mejor que los optimistas. Renard, que había presenciado la rebelión de Wyatt y la deplorable actitud del Consejo Privado ante el peligro, advertía que Paget y Arundel parecía que preparaban algo malo con los franceses y que los españoles eran detestados, añadiendo en tono indiferente que Felipe personalmente había producido excelente impresión. Al mismo tiempo, Courrières, colega y difamador de Renard, escribía al Emperador, probablemente sin saberlo Renard: "Juro a Vuestra Majestad que él (Felipe) anda por este reino con una simpatía superior a toda ponderación... Todos lo aman... Sólo quisiera yo que Vuestra Majestad pudiese ver al Rey, porque parece otro que cuando salió de los Países Bajos... Hay muchos avergonzados de haber escuchado a los que hablaban mal de él." Ruy Gómez, a pesar de lo que parecía haber dicho el Almirante de Castilla, escribió a Bruselas en el mismo sentido y acusaba a Renard de haberse dejado engañar. La Reina, dice, no es tan lista como la pintaban, y Renard ha utilizado su influencia para colocarla frente a algunos ministros, especialmente Paget, con la consecuencia de que los que se sienten apartados del favor censuran el enlace con España. Renard se dio pronto cuenta de que le minaban el terreno. Pidió que lo reclamaran.

El Emperador había visto demasiado a los diplomáticos para formar opinión decidida sobre lo de Inglaterra. Ordenó a Renard que siguiera en su puesto "un poco más".

Poco después, Carlos aprovechó una oportunidad para llevarse a Paget a Bruselas, para que explicase a Pole, antes de volver a su tierra, lo que supiera. En una larga audiencia privada (12 de noviembre de 1554), Paget dio al Emperador cuenta de la situación en Inglaterra y atribuyó la confusión reinante al hecho de que

María se había creído obligada a recompensar a otros perseguidos, dándoles cargos, con lo cual Inglaterra, que siembre había sido una monarquía, parecía más bien una república. Sin decirlo, trataba de insinuar que aquello no tendría remedio mientras él no sustituyera a Gardiner en el cargo de Canciller. Ni Isabel ni Courtenay necesitaban perturbar, ahora que la Reina iba a tener un hijo. Isabel debía ser casada con algún insignificante príncipe alemán, y Courtenay, expulsado. Enterado de esto, Renard recordó que él siempre había pedido la reducción del número de consejeros; pero cuando apareció una lista nueva, resultaban omitidos los más leales a la Reina.

Ahora bien, la visita de Paget a Bruselas había puesto otra vez sobre ascuas al Canciller, al Tesorero (lord Winchester) y en general a los amigos de la Reina. Es seguro que el Emperador no querría exponer a Felipe al odio que provocaría tal reforma. Podía leerse entre líneas que Renard se oponía a los motivos que tenía Paget para desear que Felipe se mezclase en los asuntos políticos interiores de Inglaterra. Después de esta carta nada sabemos sobre la opinión de Paget. Alentado éste por su adulador recibimiento en Bruselas, dejó de aparecer por la Corte; pero se le veía con frecuencia en las habitaciones privadas de Felipe echando leña al fuego de su odio contra Gardiner y quizás enturbiando la atmósfera entre María y Felipe.

Los insistentes ruegos de Renard para que le relevasen fueron desoídos, y tuvo que permanecer allí todo el tiempo que duró la primera estancia de Felipe en Inglaterra (hasta septiembre de 1555). Y cuando el Rey fue por segunda vez (primavera de 1557) llevó consigo a Renard, aunque sólo Paget había recibido el encargo delicadísimo de preparar la beligerancia de Inglaterra contra Francia, misión que ahora le resultaba menos peligrosa porque había muerto su archienemigo Gardiner, sucedido por el flexible Nicolás Heath, arzobispo de York.

La pasividad de Felipe durante su primera visita está sobradamente explicada por la triangular lucha entre Gardiner y los antiguos palatinos en un ángulo, Paget apoyado por Ruy Gómez en el otro, y Renard en el tercero. La influencia decadente de Renard había sido reforzada de momento por las sospechas de Granvela respecto a Eraso. Durante la primera estancia de Felipe en Inglaterra, al menos Arras y Renard presentaron un frente unido, mientras el ejército español luchaba con los borgoñones y se encontraba también dividido por los celos, el odio y el temor que el Duque de Alba inspiraba a sus compatriotas. Después de este cuadro resulta cómica la lectura de las severidades de los ministros de Felipe en las discusiones del Consejo Privado de María.

Según parece, no se le había ocurrido a Felipe que le convenía aprender un poco de inglés. En realidad, él nunca pensó estar en Inglaterra tanto tiempo como estuvo. No tenía dotes de lingüista, y se quedaría satisfecho con la excusa de que no tenía tiempo para estudiar. Su ignorancia del inglés, y aun del francés, limitó mucho el campo en que podía entenderse con sus súbditos. Algunos nobles, como Fizwalter y Pembroke, aprendieron el castellano; pero, en definitiva, Felipe se veía reducido a una pantomima encaminada a ganarse a los ingleses. Renard aconsejó la liberalidad con los hombres influyentes. El Emperador decidió pagar las pensiones para mantener el celo seguramente, pero también porque las arcas de Carlos estaban vacías. En total, 10.000 libras anuales, al menos en teoría, porque con frecuencia se retrasaban los pagos. El nombre de Paget tuvo el honor de no figurar en la relación de pensionistas. Aparecen alusiones a servicios suyos pagados, pero sin especificación de cifra alguna, seguramente porque ésta era tan alta que habría resultado peligrosa su consignación. Renard, cuyo modesto sueldo iba siempre retrasado, se habría quejado si hubiese sabido lo que se guardaba uno a quien él denunció como indigno y desleal. Sus esfuerzos para asegurar el cobro de lo que a él correspondía no le impidieron aconsejar con calor la conveniencia de ser generoso y puntual con los ingleses; y, más adelante, Feria siguió el mismo camino.

Ya hemos visto que antes de que el príncipe embarcase en España, Carlos le escribió rogándole que se apresurase a ir a Flandes. Celebrado el matrimonio, se había retirado el enemigo, y Carlos pidió a su hijo que, por lo pronto, siguiese en Inglaterra. Pero a principios de septiembre (1554) Eraso cruzó el Canal para recordar a Felipe que su padre llevaba muchos años deseando dejar la carga del Estado y esperando la ocasión de que Felipe le sucediera. Ya quería el Emperador ejecutar su plan. Felipe no podía perder tiempo en la ordenación de los negocios y marchar a los Países Bajos. Cuando tomase las riendas del gobierno y fuese iniciado en los asuntos de Flandes, su padre y él irían juntos a Inglaterra para pasar allí unos días con la Reina antes que el Emperador se separase de sus hijos, con su bendición, para retirarse a Yuste.

Éste era el plan. Pero un mes después volvió Eraso para decir a Felipe que el Emperador, peor de salud, había desistido de viajar en enero y que la situación de Inglaterra no aconsejaba la partida de Felipe. Éste debía procurar su coronación. En noviembre volvió Eraso a Londres para tratar del problema de los bienes eclesiásticos, y volvió a Bruselas con instrucciones de Felipe de pedir autorización para ir allí en enero (1555) y empezar el manejo de los negocios.

En diciembre, el Emperador, restablecido otra vez, pidió a Felipe que fuese a Bruselas lo más pronto posible en cuanto se hubiese clausurado el Parlamento. Pero poco después empeoró la situación en Inglaterra. La gente se iba armando otra vez; la Reina, inquieta por los rumores de que Felipe pensaba dejarla, temía por su vida y la del hijo que ella iba a tener, según creía. Parece que su alarma indujo a Carlos a esperar. Renard (marzo de 1555) aconsejó al Emperador que llamase a su hijo antes de la primavera. También se atrevió a enviar al Rey un memorándum en que señalaba los peligros y los medios de dominarlos. Entre sus consejos figuraba el casar a Elizabeth con el Duque de Saboya para que, si María moría sin sucesión, tuviese aquélla un marido con cuya lealtad pudiera contar Felipe.

Volvamos a los planes de Felipe. En la primavera de 1555 apareció una perspectiva que hacía conveniente el retraso de la vuelta. Si María tenía un hijo, ganarían mucho sus probabilidades de ser nombrado Rey de Inglaterra, que serían aumentadas aún si las negociaciones de paz con Francia, comenzadas en mayo y junio, tuviesen buen éxito. Pero fueron un fracaso. Los franceses no devolverían ninguna de las plazas que habían ocupado como no obtuviesen Milán, a lo que no podía ceder el Emperador sin abandonar Italia entera. Toda posibilidad de acuerdo se desvaneció cuando llegó la noticia de que el cardenal Caraffa, enconado adversario de los españoles, había sido elegido Papa (Paulo IV). En julio se empezó a saber que María jamás había estado encinta. Ya quedaban muy pocos motivos para que Felipe siguiese en Inglaterra. Y ya preparaba un motivo confesable para marchar. El 4 de septiembre de 1555 cruzó Felipe de Dover a Calais, y al día siguiente salió para Bruselas. Durante su ausencia (septiembre de 1555 a marzo de 1557), Felipe no nombró embajador para Londres. Un rey no manda embajador ante su reina. Quedaba en Inglaterra, como representante privado, don Juan de Figueroa, llamado *el Regente*. Éste disfrutaba de la confianza de Carlos y Felipe. El interés de este último por Inglaterra comenzó a flaquear cuando desaparecieron las esperanzas de que María tuviese un hijo. Pero no se retiró, aunque sí maduró tarde el plan, como le ocurría siempre. Felipe ansiaba obtener un éxito militar para desmentir a los maliciosos. Pero escaso de fondos, como siempre, no pudo tomar tropas continentales en cantidad suficiente para ampliar la guerra de Francia, falta que podría suplirse con la intervención de Inglaterra. El 2 de febrero de 1557, Ruy Gómez salió para Londres con el encargo de informar a la Reina de que su marido llegaría pronto y de encargar en secreto a Paget de preparar el terreno para complicar en la guerra a los ingleses.

El 18 de marzo desembarcó Felipe en Inglaterra. Algo adelantó, pero confesaba que la cosa era más difícil de lo que él había creído. Los ingleses no declararon la guerra a Francia hasta el 7 de julio, a pesar de la provocación de Thomas Stafford, que tomó el castillo de Scarlborough en abril de 1557 con ayuda de Francia. El 4 de junio, Felipe partió por segunda y última vez después de pasar diecisiete meses al lado de su esposa, pues había seguido en Inglaterra en espera del oro de América. Aún creyó entonces otra vez la Reina que estaba encinta, cosa que tampoco resultó verdad. Pole participó de la ilusión, pero no así el perspicaz Feria.

La guerra, con participación de los ingleses, mandados por el Conde de Pembroke, seguida de la pérdida de Calais y las demás posesiones inglesas en Francia a principios de 1558, cae fuera de nuestro tema, lo mismo que los intentos de Feria, aun antes de que muriese María, de obtener la mano de Elizabeth. Con la muerte de María (18 de noviembre de 1558) se suspendieron las negociaciones, que fueron reanudadas semanas después en Château-Cambrésis, en presencia de los enviados de Elizabeth. Comenzaba una nueva era.

"Jam nos de sommo surgere..."

Cuando María subió al trono, Carlos trató de infundirle el afán de restablecer su antigua religión. El Emperador quería ante todo asegurar el casamiento de aquélla con Felipe. En primer lugar, María restableció su tribunal de obispos. Aparte Crammer, de los pocos que vivían y habían tomado posesión de su sede antes del definitivo rompimiento de Enrique VIII con Roma, Gardiner de Winchester y Tunstel de Durham habían sido depuestos bajo Eduardo VI. Fueron repuestos en seguida, y Gardiner nombrado Lord Chancellor. Voysey de Exeter había dimitido oficialmente por su edad en 1551. También fue repuesto. Goodrich de Ely, que siguió en su puesto durante todo el reinado de Eduardo y había sido Lord Chancellor, no fue molestado y murió en 1554. Warton de San Asaphs, nombrado en cuanto se repudió la supremacía papal, había pasado sin perjuicio por todos los trastornos eduardianos. Conservó su sede hasta que fue trasladado, en 1557, a Hereford. Bonner de Londres, nombrado en 1540 y removido en 1549, fue repuesto por María en 1553. Nicolás Heath, nombrado en 1543 para Lorcester, aunque suspendido después de un breve período de tiempo de prisión en 1551, había sido después autorizado para vivir en la casa de Ridley, obispo de Londres, y fue repuesto en 1553, llegando a ser arzobispo de York en 1554 y después Lord Chancellor en la vacante de Gardiner. Varias sedes quedaron vacantes a la muerte de Eduardo. El culto católico fue rápidamente restablecido en Londres. En las provincias reinaba la confusión.

La posición de espera adoptada por deferencia a Carlos irritó y causó en María escrúpulos de conciencia. Pero la rebelión de Wyatt permitió a los católicos argüir que traición y herejía iban de la mano. En cuanto fue ahogado el levantamiento, el Consejo Privado adoptó una política más avanzada, ordenando a las congregaciones extranjeras protestantes salir de Inglaterra, a los clérigos casados separarse de sus mujeres y a los hidalgos de aldea levantar altares en sus parroquias o pagar multa de cien libras. Pero ni aun entonces se hablaba oficialmente de restablecer la autoridad del Papa. Se publicó una hoja en la que se afirmaba que la Reina podía por sí sola someter Inglaterra al Papa y reabrir los monasterios. El Consejo Privado quemó la hoja. Renard advertía a Bruselas que intentar la desposesión de los detentadores de antiguos bienes eclesiásticos sería fatal, porque la mayoría de ellos eran ricos católicos: precisamente la misma clase que, manejada con tacto, podía sostener a Felipe. Decía también que la gente en general odiaba a los extranjeros y especialmente a los españoles. Pole, que acechaba una ocasión oportuna, fue convenientemente alejado. El Emperador y Arras, sabedores de que el cardenal no ahorraría subterfugios ni reservas mentales para que se le admitiese en Inglaterra, desdeñaron sus garantías sobre la propiedad de la Iglesia, y Carlos observó secamente que lo mejor habría sido para aquél ordenarse sacerdote para que pudiera decir misa, ya que iba a ser nombrado arzobispo de Cantorbery. Insistieron con firmeza sobre el análisis de los poderes de Pole, precaución necesaria, porque había muchos en Inglaterra que pensaban tomar con una mano lo que habían dado con la otra. Al parecer, la idea era obtener la sumisión de Inglaterra por el reconocimiento de la propiedad de los tenedores de bienes eclesiásticos, y después hacerles devolver "espontáneamente" bajo la amenaza de privarles de los Sacramentos.

Todavía antes del matrimonio, Pole importunaba a María para que le dejara ir allá. Después del casamiento se hizo aún más exigente. Gardiner flaqueaba. Tal vez sería mejor para el legado venir después del verano, hacia fines de septiembre. El 24 de septiembre de 1554, Pole escribió a Felipe una epístola autoritaria y extensa: "Hace ya un año empecé a llamar a la puerta de esta Real Casa, y no me han abierto. Rey, si preguntáis quién llama, contestaré que uno que, antes de consentir que la casa siga cerrada para aquella que ahora la comparte con vos, sufriría veinte años de destierro", y otras cosas de este orden, y terminaba con una velada amenaza de castigo divino si aquél no era admitido pronto. Fue inútil, porque sus poderes dejaban al Papa una salida. Al fin, Felipe, por indicación de Carlos, envió un mensajero especial a Roma para obligar al Papa diciéndole que, para no perder la oportunidad que ofrecería el Parlamento convocado para noviembre, él iba a prometer en nombre del Papa que se ampliarían los poderes del legado. Esto ponía en la alternativa de someterse o desautorizar públicamente a Felipe, en un momento en que aún sonaban en sus oídos las amenazas de Carlos; el Papa concedió lo exigido y algo más. Mientras tanto, el cardenal había oído hablar claro a Renard y Paget y al mismo Carlos.

Pole llegó a Londres (24 de noviembre de 1554). Al día siguiente, el doctor Frekenham, deán de San Pablo y destinado a ser pronto el último abad de Westminster, produjo gran conmoción afirmando desde el púlpito que los detentadores de los bienes eclesiásticos, aunque hubiesen obtenido dispensa, estaban obligados en conciencia a restituirlos. El Consejo Privado le reprendió. Todo terminó pacíficamente. El Parlamento revocó las leyes antipapales y Pole cumplió su misión, dio una absolución general al reino, presentó sus poderes y fue recibido como legado.

Pero no se calmaba la ansiedad de Renard. Gardiner había empezado a publicar artículos sobre religión sin permiso del Rey, la Reina ni el Consejo, provocando con ello grandes explosiones de ira en Londres. La tensión aumentó cuando el Parlamento (diciembre de 1554) restableció leyes dictadas para la represión del lollardismo y también los tribunales de los obispos con facultades de vida y muerte. El 3 de febrero de 1555, Renard informaba que, aunque los obispos habían condenado a la hoguera a varios herejes endurecidos, las sentencias se habían suspendido por el disgusto del pueblo. Pero al día siguiente se ejecutaron varias sentencias de muerte, a las que asistió el pueblo para aclamar a los reos. Por fin, fray Alonso de Castro, franciscano llegado a Inglaterra como confesor de Felipe, predicó un sermón de Corte en que denunciaba aquellos atentados, y las ejecuciones fueron suspendidas. Pero antes de terminar marzo, éstas fueron reanudadas. Según los historiadores protestantes, los muertos en la hoguera hasta el fallecimiento de María fueron cerca de cuatrocientos.

Por lo que a María respecta, recuérdase que en la primavera de 1555 ella y casi todos esperaban el nacimiento del heredero. Con seguridad, algún partidario del rigor la asustó diciéndole que si vacilaba en aplicar penas ejemplares, ponía en peligro a su hijo y a sus súbditos. Parece que Gardiner no tuvo intervención más que en las primeras ejecuciones. Pole no escribe que usara este argumento con ella. El legado fue consultado; pero, según parece, se inclinó a la benevolencia. Pero no fue Alfonso de Castro el único fraile influyente de los que vinieron con Felipe. Más influencia tenía fray Bartolomé Carranza, dominico, que gozó de tal crédito con Felipe que el Rey le presentó para la sede de Toledo. Pero no bien llegó Carranza a España, la Inquisición cayó sobre él por herejía y lo tuvo diecisiete años en prisión para ser examinado. Carranza se disculpaba diciendo que había trabajado por la supresión de la herejía en Inglaterra haciendo que los reacios fuesen llevados a la hoguera y que los huesos de Bucer se desenterraran y arrojaran a las llamas en Cambridge.

Los jesuitas no influyeron directamente porque no había ninguno de ellos en Inglaterra por aquel tiempo. Su situación en España hasta que murió Siliceo fue precaria, porque éste los odiaba. Según algunos contemporáneos, murió de rabia cuando no pudo impedirles que predicaran ni que confesaran. Después, fray Melchor Cano, dominico que ejercía gran influencia sobre Felipe, se puso a la cabeza de sus enemigos en la Corte. Carlos V los había mirado siempre con desconfianza. Feria (enviado de Felipe en Inglaterra) escribía el 22 de marzo de 1558 al P. Ribadeneyra, S. J., entonces en Bruselas, aconsejándole gravemente que no se acercase a Inglaterra mientras Feria no le avisase, porque la Reina y Pole querían tener lejos a los jesuitas, y "éstos no tendrían amparo si no entraban por la puerta del cardenal... El cardenal es hombre bueno, pero muy frío, y no creo que los fríos vayan al Paraíso, aunque se les llame moderados".

Desde la consagración de Pole como arzobispo de Cantorbery (22 de marzo de 1556), el día después de morir en la hoguera su sucesor Crammer, había tenido aquél pocos días de paz. Cuando murió Julio III, no quiso ir al Conclave; creía que no debía dejar su importante labor de Inglaterra. Aun en ausencia suya, sólo por dos votos perdió la elección. Pero tras Marcelo II, que sólo reinó tres semanas, vino Paulo IV, que resultó enemigo de Pole. Después de las vanas negociaciones de paz de Marcq (mayo-junio de 1555), en las que Pole quiso mediar entre borgoñeses y franceses, el cardenal inglés sufrió la humillación de oír que su gestión había dado a los franceses la clave de la política del Emperador, al mismo tiempo que en el continente los protestantes lo maldecían porque quería reconciliar a los dos enemigos a costa de los reformistas.

Cuando Felipe comisionó a Lalaing y Renard para volver a ponerse en contacto con los delegados del Rey de Francia, a fines de 1556, proponiendo que Pole mediase de nuevo, los franceses se negaron a admitir a éste. A principios de 1557, Felipe obtuvo éxito consiguiendo que Inglaterra se uniese a la guerra contra Francia, mediante Paget. El enviado del Rey, Ruy Gómez, tenía estrictas instrucciones de no confiar en ningún otro inglés, cosa no muy aduladora para el cardenal, especialmente cuando Ruy Gómez era amigo de Pole en la Corte.

Cosa peor ocurrió luego. En junio de 1557, Paulo IV desoyó el requerimiento de Felipe para que renovase la comisión diplomática de Pole. En su lugar designó a un fraile cartujo, William Peto, hecho cardenal para el caso, y en seguida llamó a Pole a Roma. Don Juan de Figueroa confirmó que el Papa tenía por hereje a Pole. María no le permitiría obedecer al requerimiento ni a Peto cumplir su comisión. Pole murió con la amargura de saber que el Papa, si hubiese podido echarle mano, lo habría reducido a prisión y hubiese procedido contra él, como lo hizo con los cardenales Morone y Foscherari. Roma, a quien él había consagrado su vida, lo repudiaba. Felipe no confiaba en él. Su Reina era su único consuelo. Ella también moría, y Pole sabía muy bien lo que esta muerte suponía para Inglaterra.

Renard había informado repetidamente que todo dependía de que la Reina diera a luz. El nacimiento de un hijo habría parecido signo del cielo de su fidelidad a la antigua religión. Pero ante el segundo fracaso todos creyeron que el porvenir era de Isabel, y ésta, según Renard, significaba la vuelta a la herejía. Desde aquel momento, los oportunistas se hicieron antipapistas, aunque muchos ingleses, quizá la mayor parte, eran católicos de corazón y se conformaban con las leyes de María mientras ésta vivió: Feria informaba que la asistencia a misa se redujo a menos de un tercio. Había vuelto la hora de sufrir para los católicos. De los obispos de María que estaban en el país a la muerte de ésta, uno sólo juró la Real Supremacía; los otros se negaron, fueron destituidos y encarcelados. La mayor parte de los párrocos obedeció a la Corona. Pero los clérigos particulares del templo de Campion y Parson y los católicos legos mantuvieron el fuego encendido.

Capítulo XII

LAS ESPAÑAS: HACIENDA, MONEDA Y PRECIOS

La riqueza de los Países Bajos había sido formada durante cientos de años de trabajo duro: navegación, comercio e industria, los más seguros cimientos, no indestructibles, como entonces se creía, pero sí los más fuertes. Lo que Venecia en el Mediterráneo, era Flandes en el Norte: una feria de toda clase de mercancías. Gracias a Flandes, Carlos había comprado la dignidad imperial y costeado sus primeras guerras, que a pesar de eso pusieron al Tesoro a pique de quebrar. Por esta época precisamente comenzaron a llegar a España riquezas del Nuevo Mundo en cantidades que crecían rápidamente. Durante algún tiempo pareció que los ingresos no acabarían nunca. Y, como consecuencia, los gastos aumentaban por saltos. Pero la situación se complicó cuando sobre la economía de los reinos españoles cayeron cantidades inauditas de mercancías, que eran traspasadas al Este, sin que el fenómeno pudiera ser fácil ni rápidamente comprendido y dirigido. Antes de que nadie se diese exacta cuenta del cambio, la corriente se les había escapado de las manos y trajo consecuencias que influyeron grandemente en los negocios durante los últimos años de Carlos y en el porvenir de las Españas. Porque en tiempos de Carlos aún existían *las Españas,* aunque Castilla había absorbido los antiguos reinos de Asturias, Galicia y León, lo mismo que los anteriormente reinos moros de Extremadura, Andalucía y Murcia. El Parlamento castellano, *las Cortes,* representaban ya a toda la España situada al oeste y sur de Aragón, excepto Navarra y las provincias vascas, que, aun reconociendo la soberanía de Castilla, tenían instituciones autónomas. Carlos, como Rey de Aragón, era también Conde de Barcelona y Rey de Valencia, y tuvo que reunir tres Parlamentos separados y jurar sus respectivas libertades constitucionales. Los aragoneses, en particular, eran y son famosos por su orgullo. Tuvo que pasar mucho tiempo y que correr mucha sangre antes de que pudieran ser gobernados desde la capital de Castilla. Carlos nunca intentó nada en tal sentido.

El proceso de centralización comenzó en los Países Bajos por los Duques de Valois y Borgoña y fue continuado por Carlos. Éste, aunque absorbido por los asuntos internacionales, aún tuvo tiempo, después de su primera visita a Aragón (1518-1519), de residir en Navarra (1523), Valencia y Aragón (1528 y 1529), Cataluña (1529, 1533, 1535 y 1538), otra vez Aragón (1535), Navarra, Aragón y Valencia de nuevo (1542-1543), sin contar viajes más breves, además de las largas temporadas en Castilla. Tras la rebelión de las *Comunidades* en Castilla y las *Germanías* en Valencia durante su ausencia de España (1520-1521), no hubo más trastornos que algunos levantamientos moros en el Sur. Estaba, pues, recompensada la gran atención que dedicó a España.

Barcelona, uno de los grandes puertos comerciales del Mediterráneo, había conocido durante dos o tres siglos un grado de prosperidad nunca soñado por ninguna de las ciudades marítimas castellanas. Aragón, con Cataluña y Valencia, había seguido siendo más rico que Castilla y sus dependencias mucho después de las conquistas de Fernando III en el Sur, que habían dejado sólo Granada en poder de los moros. Pero como los turcos mantenían su dominio sobre el Mediterráneo oriental, se iban agotando las fuentes de riqueza de Barcelona. La España marítima se volvió entonces hacia las Nuevas Indias. Sevilla crecía. A Carlos le gustaban los catalanes y Barcelona, donde pasó mucho más tiempo en su primera visita a España que en Castilla, quizá por la misma razón de que pertenecía más al pasado que al futuro, lo mismo que prefería al Papa a Lutero, las Órdenes monásticas medievales a los jesuitas y, en general, lo viejo a lo nuevo. Pero necesitaba dinero, siempre dinero. Al andar el tiempo, el agotamiento de los ordinarios ingresos de sus dominios europeos lo fue haciendo cada vez más dependiente de las riquezas americanas, y América pertenecía a Castilla.[1]

---

1. V. F. de Bofarull y Sans: *Predilección del emperador Carlos V por los catalanes* (Barcelona, 1895). Entre los documentos del Emperador conservados en los archivos del Municipio y de la Corona de Aragón, los más en castellano, hay una docena en catalán firmados "Yo el Rey" por Carlos.

*A Castilla y a León,
nuevo mundo dio Colón.*

Los territorios aragoneses no tenían parte en ello. Prácticamente, Castilla se convirtió en España mucho antes de que la independencia de Aragón, celosamente defendida, hubiese sido atropellada ni amenazada siquiera.

Las provincias que formaban los Países Bajos se sometieron pronto a cierto grado de centralización por causa, principalmente, de que como la mayor parte de ellas eran feudos del Imperio o la Corona de Francia y tenían intereses comunes y no querían verse envueltas en guerras, no se resistieron a los intentos de los Duques de Borgoña de llevarlas a una asociación más estrecha. España, por el contrario, estaba compuesta por distintos reinos, cada uno de los cuales gozaba de completa soberanía. Cuando Carlos entró a reinar habría necesitado matar a la mayor parte de los aragoneses antes que el resto bajara la cabeza al extranjero. Después del retiro de Carlos, su hija doña Juana, la Regente, le rogó, en vano, que hiciera otro viaje a Aragón para asegurar el reconocimiento de Felipe como Rey. Hay que recordar que además quedaban las libertades constitucionales de Cataluña y Valencia. El tiempo, el trabajo y las vejaciones necesarias para asegurar concesiones de los dominios aragoneses serían tales, que no valía la pena intentarlo.

La Hacienda castellana

Cuando Carlos (1521) decidió seguir el consejo de Gattinara y ordenar los asuntos de Italia de manera que ésta se hiciera, con la Santa Sede a su cabeza, instrumento de su ambición, bien pudo creer que tendría más recursos que todos los demás gobiernos cristianos y que en cuanto pagase la deuda contraída para pagar su elección de Emperador se encontraría económicamente fuera de apuros. Sólo sus reinos en Europa formaban la más rica unidad política del continente. Los Países Bajos eran aún ricos y prósperos. Y las Nuevas Indias daban aliento a esperanzas sin límite de riquezas. Por entonces, la amenaza turca no se había dirigido aún contra Hungría y Austria. ¿Cómo podía hallarse atado por falta de dinero el dueño de todos aquellos territorios? Parece cosa del demonio aquello de alejarse de Carlos las riquezas cada vez que extendía la mano para alcanzarlas. Las Indias le proporcionaban lo

María de Austria, Reina de Hungría
Obra de maestro desconocido, pintada hacia 1520

El Emperador Carlos V
por Tiziano

necesario para mantener sus campañas, pero nunca para recoger el fruto de la victoria.

Para comprender sus triunfos y fracasos políticos y militares es necesario conocer algo sobre la Hacienda de Castilla durante su reinado, así como para saber las causas de su temprana retirada del mundo.

Muchos libros se han escrito sobre Carlos sin tales conocimientos, y no por falta de documentos, sino más bien por la abrumadora cantidad de éstos, conservados principalmente en Simancas, que ha hecho retraerse a los estudiosos de aquel período, españoles o extranjeros, después de una maligna mirada a aquel bosque de legajos sobre cuyo contenido poco o nada dicen los catálogos. Sólo en los últimos años, don Ramón Carande[1] ha publicado los resultados de su paciente labor, que revelan hechos fundamentales nunca conocidos de los mortales salvo los pocos iniciados que los conocieron en tiempos de Carlos. No es exagerado decir que el estudioso puede (y será mejor que lo haga) prescindir de los trabajos previos sobre la historia financiera del reino y concentrarse en el estudio de Carande..., a no ser que tenga valor y tiempo para emprenderla con la masa de documentos originales que el mismo Carande dice que sólo ha podido exprimir aquí y allá, aunque lo ha hecho con serenidad y con el instinto de acudir a los sitios que podrían resultar útiles. Gracias a ello podemos ahora comprender muchas referencias al dinero esparcidas en las cartas de Carlos a su familia y ministros. Si algún día Simancas suministra toda la información, entonces, indudablemente, podremos trazar en el cuadro las principales líneas que nos han revelado las investigaciones de Carande, cotejar las sumas y precisar las deudas. Pero no es probable que sus principales conclusiones resulten afectadas. Basadas en los informes secretos y expedientes del Consejo de Hacienda, están rodeadas de demasiadas referencias de documentos políticos del reino para que resulte duda alguna de su exactitud.

Cuando Fernando e Isabel reunieron los reinos de Aragón y Castilla, España fue una de las tierras más ricas de la cristiandad; pero la posición económica de la Corona había descendido desde que Carlos llegó al trono. Antes de su primera salida de los Países Bajos recibió un memorándum precautorio de persona desconocida pero competente. En los días de Fernando — se decía —, el patri-

---

1. *Carlos Quinto y sus banqueros* (Madrid), vol. I, 1943; vol. II, 1949; vol. III, en preparación.

monio regio ya había sido peligrosamente comprometido. Los administradores habían abusado de sus poderes creando oficios hereditarios para ellos y su posteridad, de tal importancia que no se podía esperar el equilibrio. Fernando se hizo cargo de las advertencias y consultó con personas peritas; pero murió antes que se hubiese adoptado, ni siquiera planeado, medida alguna de saneamiento. Este memorándum pudo haber llevado a Carlos, en el momento de salir de Flandes, a crear un puesto, el de secretario de Hacienda, apartando así esta materia del Mayordomo Mayor, que siempre era un noble distinguido y en cuyas manos había estado durante siglos. Para el nuevo cargo nombró a un hombre nuevo, Francisco de los Cobos, que hasta su muerte (treinta años después) había de hacer un destacado papel en la economía política de España. Comenzó Cobos con un modesto sueldo; pero en 1529 tenía 1.760 ducados anuales y acumuló emolumentos y sinecuras y llegó en 1541 a percibir al año 2.380 ducados de la Corona. Un cuarto de siglo después, el Duque de Alba obtenía quince veces más. Carlos comprobó que poner bozal al buey que pisotea el trigo sería impolítico y contrario al precepto evangélico. Cobos, a pesar de su fama de gran oficial, iba formando su nido. Pudo hacerlo muy agradable sin levantar más que unas ondas si le comparamos con las olas de odio y envidia levantadas por los esfuerzos de Alba para aumentar en secreto su renta personal, que era enorme. Esta comparación entre Alba y Cobos nos indica por qué Carlos prefería los servicios de los humildes en cuanto a la Hacienda y a la política extranjera y destinar a los grandes nobles solamente a puestos militares, de virreyes y misiones especiales que requerían un nombre ilustre.

Carlos, en su primera visita a España, fue acompañado por borgoñones, entre ellos el Gran Chambelán y Tesorero: Guillermo de Croy, señor de Chièvres, cuya devoción por su señor era igual a su rapacidad. El sueldo de Chièvres, vitalicio, era de 2.000 ducados anuales. Pero, probablemente, esto no era nada comparado con lo que exprimía a los que pasaban por su mano. Toda España repetía esta canción:

Norabuena venistes, doblón de a dos;
que monsieur de Chièvres no topó con vos.

Por desgracia, la sede de Toledo, la más rica de España, quedó vacante por entonces, y Chièvres logró que fuese presentado para ocuparla su sobrino (también Guillermo de Croy), que sólo tenía veinte años pero ya era obispo de Cambrai y administrador titular de la diócesis de Coria. Los españoles se escandalizaron, aunque nunca tomó posesión.

Si Chièvres hubiese vivido, habría proporcionado a Carlos un grave problema. Pero en 1521 rindió su cuenta final, y su sobrino arzobispo murió por el mismo tiempo. Cuando fue aplastado el levantamiento de los comuneros, Carlos volvió a España, con algún conocimiento, a sus veintidós años, de lo que son los hombres. Se había librado de los que, como Chièvres y Sauvage, fueron sus mentores en su adolescencia. Iba resuelto a acabar con los parásitos, tanto más cuanto que la situación económica había empeorado después de su primera visita a consecuencia de los recientes desórdenes. Creó un Consejo de Hacienda y dos contadurías mayores, una de las cuales era un Tribunal de Cuentas y la otra un departamento que despachaba asuntos económicos y de Hacienda. Esto produjo un trastorno administrativo y fue, naturalmente, censurado por los funcionarios civiles y otros que no querían ver a España sometida a instituciones importadas de Borgoña. Al frente del Consejo de Hacienda puso Carlos a su amigo el conde Enrique de Nassau-Dillemburg, que había sido jefe y superintendente de Hacienda en los Países Bajos. Los otros miembros originarios fueron don Juan Manuel, distinguido diplomático pariente de la familia real, y Santiago Laurin, funcionario civil de los territorios borgoñones. El Consejo comenzó a funcionar en abril de 1523. La intención de Carlos era centralizar la Tesorería y las Cuentas y robustecer la unidad del presupuesto, recibiendo todos los ingresos, todos los pagos, y vigilando que todos los desembolsos fueran hechos mediante su autorización. El soberano esperaba que así sería posible aclarar con qué ingreso se podía contar normalmente, contener los gastos en sus necesarios límites y romper con la costosa práctica de contraer deudas con altos intereses, proporcionados a las necesidades de la Corona. El que Carlos soñara con vivir por sus medios tras su decisión de seguir la política de Gattinara en Italia a costa de una guerra con Francia y cuando los turcos acababan de tomar Rodas y Belgrado, demuestra una juvenil imprevisión. Martín de Salinas, embajador del archiduque Fernando, avisó a su jefe, en 1523, que la quiebra podía estar próxima. Si Carlos pudo arreglarse hasta su abdicación, unos treinta años después de esta advertencia, se debió en gran parte al esfuerzo del Consejo de Hacienda para sanear la economía. El Consejo, aunque no dio todo lo que se esperaba, hizo más difícil para los nobles saquear el Tesoro. Al final del reinado de Carlos, el caso de Alba era ya único. Éste era un antiguo compañero de guerra de Carlos y el más poderoso vasallo de la Corona. Pero si no hubiera sido el Consejo, lo mismo habrían obtenido un gran número de nobles. El Consejo de Hacienda se sostuvo a pesar de la hostilidad de la burocracia castellana y de sus cambios de personal. Francisco de los Cobos llegó a él en 1529; durante muchos años fue su sostén y, cuando murió, su yerno Juan Vázquez de Molina siguió sus pasos. En la segunda y más larga residencia de Carlos en España se inició un proceso de españolización, y el cuerpo se hizo totalmente español cuando Nassau pasó a otro cargo y Laurin murió poco después de su nombramiento. Los miembros del Consejo trabajaron bien: estaban obligados a reunirse diariamente. Es cierto que todos aceptaban gratificaciones. Dadas las ideas de la época, no se podía esperar otra cosa. La dinastía Cobos-Vázquez parece que estableció normas de moderación, que se unían a una devoción sincera por los reyes. Pero tenía que haber alguna oveja negra. Alfonso Gutiérrez de Madrid y Juan de Vozmediano, según opinión general, habían hecho insolentes fortunas comprando barato, de acuerdo con las autoridades, fincas confiscadas a los condenados por ayudar a los comuneros y vendiéndolas a precio alto. Pero Gutiérrez cayó pronto. Por el mismo tiempo, Francisco de Vargas, que había sido mucho tiempo tesorero de Castilla y brevemente consejero de Hacienda, murió en 1524, y entonces se descubrieron desagradables asuntos que nadie se había atrevido a revelar.

Intentando reclutar talentos financieros sin reducir a los funcionarios civiles, Felipe nombró en 1553 para el Consejo de Hacienda a un rico banquero comerciante de origen judío, Rodrigo de las Dueñas. El experimento fracasó. Dueñas, a pesar del desprecio de los otros, permaneció allí durante dos años y medio. El Consejo de Hacienda defraudó las esperanzas de Carlos. Pero sus miembros no merecen censura, como el mismo Carlos pudo comprobar.

Mucho antes de la época de Carlos, la Corona había adquirido el hábito de arbitrar fondos para atender a exigencias extraordinarias, vendiendo bonos *(juros),* cuyos compradores tenían derecho a determinados intereses: del 3 al 7 por 100, según la clase del bono. Los juros podían ser obligaciones para pagar anatas como recompensa por servicios recibidos, sin desembolsar capital. Todos los juros, intereses de bonos u otras anualidades se asignaban con cargo a determinados ingresos ordinarios, y el Tesoro recibía únicamente el saldo. Las reformas introducidas en 1523 no tocaron a esta antigua práctica, que después fue agravada, porque la Corona concedía asignaciones sobre ingresos ordinarios para amortización de deudas contraídas con banqueros, con lo que a la Corona no llegaba nada o casi nada de los ingresos y aún se veía forzada a obtener préstamos sobre ingresos futuros, con intereses más altos mientras peor era la situación económica.

Un informe del Consejo de Hacienda de febrero de 1544 revela cuán insegura había llegado a verse la situación. Como por un adverso sino, la habilidad de Carlos para soportar las deudas fue perjudicada por una disminución de ingresos de América a consecuencia de ciertos disturbios del Perú. Estos ingresos, que desde 1534 a 1543 habían sido de 252.000 ducados por año, bajaron hasta 118.000 durante los seis años siguientes. Los préstamos tomados por Carlos en 1546 sumaron 2.270.000 ducados. En el mismo año mandó a Lagasca, obispo de Palencia, al Perú. Lagasca realizó una buena tarea. Al volver a España (1550) llevaba unos 2.000.000 de ducados en metales preciosos. En los cinco años siguientes, los barcos llevaron de América la cuarta parte del total recaudado durante todo el período de 1503 a 1560. Como la victoria de Carlos de 1544 había logrado para varios años una paz con Francia e inducido al Sultán a firmar un tratado, la Hacienda española tuvo un respiro. En los tres años de 1547 a 1549, Carlos se las arregló para limitar sus préstamos a 1.800.000 ducados, cuya mayor parte sirvió para costear la campaña que terminó en Mühlberg. Carlos quedó consternado al ver que la riqueza traída por Lagasca en septiembre de 1550 se disolvía en pocos meses.

El Consejo de Hacienda informó lo que ocurría. En 1546, después del gran gasto exigido por la desgraciada expedición a Argelia y por las costosas campañas de los siguientes años, había llegado un momento en que el Tesoro no recibía nada de los ordinarios ingresos. Las fuentes auxiliares tradicionales (*maestrazgos, subsidios, servicios, cruzada,* etc.) estaban agotadas también, y algunas de sus rentas habían sido empeñadas y consumidas por adelantado, como la mayor parte de las mercancías llegadas de América. No quedaba otro medio que el de pedir nuevos préstamos en condiciones más onerosas, y la venta de las propiedades de la Corona, oficios, cartas de nobleza o de gentilhombre, legitimación de hijos de eclesiásticos, cartas municipales (por ejemplo, elevando las villas a ciudades o las ciudades a capitales). A veces se designaba a una persona para un cargo público honorífico cuyas cargas eran muy superiores a los emolumentos, tentando así a los nombrados para que se les autorizara la dimisión.

Ésta era la situación de Carlos en el momento en que la amenazadora actitud de los protestantes y otros desafectos príncipes o ciudades de Alemania se ponían frente a él con la alternativa de reducirlos por la fuerza de las armas o abandonar el Imperio, lo que habría significado dejar a su hermano Fernando entre los protestantes y los turcos, arriesgando así la pérdida de Austria y el resto de los dominios de los Habsburgo. El Consejo de Hacienda poco pudo hacer más que tomar nota de las consecuencias producidas por los acuerdos en que no había sido consultado y de los en que ni siquiera había sido notificado. En 1534 ya había preparado una información por orden de Carlos y para éste nada más. Aunque muy celosamente guardados estos secretos, no se podía ocultar el general modo de proceder, y los intereses de los préstamos mostraban que los banqueros estaban enterados.

El camino de la ruina

Hacia el final de su reinado, el Emperador vivía, literalmente, *por* sus deudas, puesto que obtenía dinero únicamente por el temor de sus acreedores, que creían quedar sin cobrar lo ya debido si se negaban. Pero su principal cuidado era ocultar su estado económico a los futuros prestamistas. La verdadera situación no se revelaba nada más que a unos pocos altos funcionarios. Probablemente, ni siquiera los consejeros de Hacienda eran sabedores de todo, especialmente sobre las antiguas deudas, porque tal conocimiento habría puesto en sus manos armas muy peligrosas. Todas las cifras que se daban al público eran para arreglar el escaparate. Los prestamistas podían ser engañados durante algún tiempo, pero no mucho. Algunos historiadores modernos han sido más fácilmente engañados. Las cuentas publicadas en 1542-1544 por Laiglesia son un caso ejemplar. Laiglesia, apoyado en ellas, sostenía que la política y las guerras de Carlos no habían empobrecido a España. R. Ehrenburg estaba también lejos de la realidad cuando presentó como un presupuesto aproximado las cuentas preparadas por Carlos en mayo de 1543, encontradas en un manuscrito del British Museum.

Brandi, citando a Laiglesia, reproduce las cuentas de 1543, con un gasto, ordinario y extraordinario, de 2.500.000 ducados y un ingreso (aparte las mercancías de Indias) de 1.100.000. Ahora bien, un informe del Consejo de Hacienda de 1543, enviado a Carlos en febrero de 1544 y encontrado por Carande en Simancas, consigna como ingresos 750.000 ducados. Los recibos no representan verdaderos ingresos porque están sujetos a deducciones de intereses en los bonos y otras cargas. Carande ha descubierto en los registros de la escribanía de rentas, en Simancas, detalladas cuentas preparadas en 1534, por este año y los siguientes hasta 1539, que alumbran crudamente la cuestión. Los ingresos en bruto en 1534 se calculaban en poco más de un millón, y los netos, en 422.000; pero esta última suma, que aparece invariable en las cuentas, año tras año, había sido parcialmente consumida por adelantado, dejando sólo 240.182 ducados, contados por el departamento cuando fueron preparadas las cuentas de 1534. Y se apreciará que en 1543, cuando los escritores estimaban que los ingresos normales pasaban del millón, como si estas cifras se hallasen disponibles, la situación era mucho peor que en 1534. Para los años inmediatamente posteriores, los ingresos asentados en las cuentas citadas por Carande aparecían crecientes, hasta llegar a 403.000 ducados en 1539. Pero estas previsiones no resultaron ciertas. Tras la campaña de Argelia de 1542, las de 1543 y 1544 en el Bajo Mosa y en Francia, en el Imperio en 1546 y 1547, y especialmente la reapertura de hostilidades con Francia en 1551, la situación empeoró hasta el punto de que durante el resto del reinado los ingresos ordinarios estaban enteramente agotados con varios años de anticipación.

Sería muy aleatorio calcular, por las noticias de Carande, el gasto real de Carlos en un año determinado. Sus préstamos, como hemos visto, no eran necesariamente notificados al Consejo de Hacienda, el cual tampoco estaba enterado de cuánto sacaba Carlos de sus riquezas de las Indias. Pero sí sabemos que sus gastos eran muy superiores a sus ingresos de todas clases (menos los préstamos), aun antes de la catástrofe causada por las grandes operaciones militares que coincidieron, entre 1542 y 1547, con una baja en las riquezas de América. En consecuencia, a pesar del notable aumento en los reales ingresos de mercancías, el alza en gastos y deudas continuó hasta exceder a las nuevas fuentes de rentas.

En febrero de 1551, Felipe, al volver del Imperio, informó la existencia de una disminución de 920.000 ducados para el resto del año. Además, Francia volvió a las hostilidades en septiembre, y para resolver el problema, Carlos tomó en préstamo 4.000.000 de ducados en 1552, cuando la sola campaña de Metz costó dos millones y medio. En cada uno de los tres años siguientes tomó esta última cantidad en préstamo. Por su parte, Felipe, aunque era enemigo de los atrasos y muchas veces dejaba sin contestación peticiones de dinero de su padre, parece haber pagado 4.500.000 ducados en 1553. Por suerte, las riquezas de América importaron 2.000.000 en 1552-1553. Pero el rearme contra la nueva amenaza de Francia y la ruinosa campaña de Metz a fines de 1552, más el gasto ocasionado por la boda inglesa, fueron causa de que en septiembre de 1554 el déficit para el corriente año fuese de unos 4.300.000 ducados, aun después de haber comprometido las rentas de los seis años siguientes. El producto del contrato fue gastado inmediatamente. Mientras tanto se aproximaba la quiebra que Martín de Salinas había pronosticado en 1523. Las nubes se desvanecieron por algún tiempo en 1553-1554, con el cambio producido en Inglaterra a la muerte de Eduardo VI, el triunfo de María y el casamiento de Felipe, que parecían asegurar la protección divina. Por algún tiempo pareció que Carlos iba a imponer a Francia una paz tranquilizadora para él. Pero el sueño se desvaneció con la noticia de que María no tenía sucesión. En el otoño de 1555, Ruy Gómez de Silva, Eraso y Juan Vázquez de Molina, bien enterados, conocieron que la bancarrota era inminente, como se ve en su correspondencia comercial.

El crédito de Carlos bajaba a medida que los banqueros iban teniendo más dificultades para cobrar los préstamos. Según los cálculos de Carande, la Corona pagaba por los préstamos, cuando se encontraban, del 43 por 100 anual para arriba. Hubo caso de pago tardío en que un préstamo de 339.000 coronas costó 960.000. Los atrasos crecían dos millones de ducados por año, o sea el doble de lo que al principio del reinado había sido el ingreso en bruto normal.

Con una guerra no acabada con Francia y sin perspectivas de aumentar los ingresos, Carlos a la fuerza tuvo que formar una escala de deudas para su pago. Este procedimiento, llamado *sisa* o *quita,* fue trazado por Carlos en cartas a su heredero en 1553. Éste contestó que el Consejo de Hacienda opinaba que el procedimiento era fatal para el crédito. Pero había que elegir entre la suspensión de pagos y la *quita,* que podía aplazar el mal día. Carlos deseaba, ante todo, ir a España, y temía menos la insolvencia declarada antes de su salida de Flandes; por ello prefirió el aplazamiento.

En 1555 no hubo que atender muchos vencimientos, y no se procuró ningún arreglo con los acreedores en conjunto. Pero algunos de éstos cobraron parcialmente y se dispusieron a conceder nuevos préstamos, al menos hasta fines de 1555. Se acudió también a medios que habrían aterrorizado a la ortodoxa administración oficial. Se ofreció protección a los banqueros contra sus acreedores a condición de que hicieran unos préstamos a la Corona o se abstuvieran de ejercer coacción para cobrar lo atrasado. Este abuso no produjo más que un breve respiro, durante el cual, en septiembre de 1556, Carlos se embarcó para España. A principios de 1557, Cristóbal Reizer, agente de Fuggers en Sevilla, presentó una orden a la vista, por valor de 430.000 ducados, firmada por Felipe y legalizada por Eraso en 1.º de enero de 1557. Se le informó que, conforme a instrucciones reales, no se podía hacer pago alguno hasta ulterior disposición.

El disgusto de Reizer fue, sin duda, agravado al saber que la Oficina de Indias había recibido un cargamento de riquezas aproximadamente por valor de los 430.000 ducados que él reclamó. Sus alegaciones fueron inútiles. Felipe, perdido el crédito pero resuelto a dar el golpe contra Francia, había decidido apropiarse de toda mercancía que pasara a su alcance. Los ingresos de la Corona de España habían sido cedidos o empeñados, y, de todas formas, no eran más que una pequeña parte de lo que se necesitaba. La única esperanza era la riqueza de Indias, como resultaba de la correspondencia de Felipe en vísperas de San Quintín. Si la flota de Pero Menéndez hubiese naufragado, las escuadras reunidas en los Países Bajos para la ofensiva de 1557 no habrían podido salir y la espectacular victoria del día de San Lorenzo no se hubiera obtenido, y todo el mundo, incluso Francia, sabía por qué Enrique II estaba casi tan escaso, pero se las arregló de modo que pudo aprovecharse del saqueo de Guisa en Calais en enero de 1558. Felipe necesitó meditar nuevamente sobre su política. Esperó a la muerte de María, que alegaba derechos sobre Calais, y entonces, poniéndose de acuerdo con Francia, conquistó el sobrenombre de *el Prudente*. Tuvo que ser prudente en vísperas de la bancarrota.

Fenómenos monetarios

Éste fue, a grandes rasgos, el camino que siguió la Hacienda durante el reinado de Carlos V. Los efectos de sus deudas sobre la moneda no pudieron ser ocultados mucho tiempo. Si no hubiera sido por las esperanzas de riqueza de América, Carlos no podría haber procedido como lo hizo frente a la importancia de sus reinos europeos para sostener sus esfuerzos. Y en cuanto abdicó, la moneda, los precios y gran parte de la industria y el comercio del país saltaron la barrera. Todos sus dominios sufrieron las consecuencias. España, que había sido arrastrada a las guerras que produjeron el colapso, sufrió la pena más grave.

En sus unidades monetarias, Castilla, durante todos los tiempos medios y hasta la abdicación de Carlos, se había mantenido al nivel de los otros países. La dobla alfonsina estaba a la par de aquel bizantino *solidus,* que se mantuvo igual desde Constantino hasta las Cruzadas. Después vinieron tiempos malos: la moneda mala expulsó del mercado a la buena; pero la estructura económica interna no se perjudicó. Los Reyes Católicos, Fernando e Isabel, apenas conquistaron el último dominio moro en España, establecieron una reforma (1497) basada en una nueva moneda de oro: el *excelente* de la granada,[1] equivalente al ducado veneciano, con cuyo nombre era ordinariamente designado. El ducado siguió siendo la unidad monetaria de España durante cuarenta años. Pero cuando Carlos visitó España por primera vez, los precios habían empezado a subir y se produjeron en las Cortes quejas sobre la inflación en forma de depreciación de la moneda. El instinto de Carlos lo encaminaba a la moneda sana. Sin embargo, transigió hasta el extremo de sustituir al ducado por una nueva unidad, el escudo o corona, con un valor en oro[2] un 10 por 100 más bajo que el ducado, que, sin embargo, seguía siendo la unidad para los cálculos. Durante el resto del reinado no hubo complicaciones monetarias. Pero la creciente oferta abarató la plata en términos de oro. El patrón bimetálico, después de haber permanecido en reposo en diez de plata por uno de oro, comenzó a cambiar privadamente: en 1540, en el mercado negro se pagaba un premio por la moneda de oro, lo que fue un motivo más para que el oro saliese de España. A mediados del siglo siguiente, la proporción había cambiado y permaneció ya estable durante dos siglos hasta los grandes descubrimientos de plata del siglo XIX.

La subida de precios y las disposiciones tomadas para detenerla hicieron el oro y la plata tan raros en España, que en 1538 había comerciantes solventes que tomaban prestado al 50 por 100 para pagar vencimientos. Los clamores que se levantaron no hicieron que Carlos fuese más allá de donde había ido al adoptar la corona. Su firmeza fue la propia de su carácter. Pero su intransigencia puso peor la situación. Al fin, en 1558 (año de la muerte de Carlos), Felipe II acudió al recurso de la moneda de vellón. Esta aleación

---

1. La dobla alfonsina era 1/50 del marco de oro de 23 $^3/_4$ quilates; el *excelente* (ducado), 1/65 del marco de oro, también de 23 $^3/_4$ quilates. Llevaba una granada, emblema muy usado por los Reyes Católicos desde la conquista de Granada.

2. El escudo, bajo Carlos, era 1/68 del marco de oro de 22 quilates, o sea igual en valor al *écu* francés y al italiano *scudo* sin rebaja; pero el *écu* francés ya había bajado antes que se acuñara el escudo español.

de plata y cobre, después progresivamente depreciada, hizo el poco glorioso pero inevitable papel que hacen hoy los billetes de Banco cuando ya no valen su base de oro y han perdido su libertad de cambio. Es menos malo tener una mala moneda que no tener ninguna.

Importación y precios de géneros

El tesoro de América, al principio en forma de oro, comenzó a ir a España desde las Antillas en cantidades importantes en la primera década del siglo XVI; pero declinó mucho en los años 1521-1525, inmediatamente antes de empezar la explotación de minas de plata en el continente, que produjo una entrada que no llegó al máximo hasta la muerte de Felipe (1598). Los precios europeos eran los más sensibles: ya venían subiendo cuando las mercancías comenzaron a venir del Nuevo Mundo, como resultado de un aumento en giros, créditos y en velocidad de circulación del dinero, y también por el aumento de producción de las minas de plata alemanas hacia fines del siglo XV, después de un largo período durante el cual la producción de metales preciosos en Europa parece que fue sensiblemente constante. La marcha económica recibió un gran estímulo del Nuevo Mundo, especialmente en España. E. J. Hamilton, que hizo un largo y penoso estudio de la cuestión basado en documentos españoles contemporáneos,[1] obtuvo índices demostrativos de que el precio medio general en España aumentó en un 51,5 por 100 en el primer cuarto del siglo XVI y más del 100 por 100 en la primera mitad del dicho siglo, y a fines de éste era 2,19 veces más alto que en 1521-1525, mucho más que en otros países europeos. Hamilton calcula también, con documentos conservados en Sevilla, el valor de las riquezas importadas y registradas en España en 1530-1650 y descubre un notable paralelismo, que persiste hasta que las importaciones de riquezas decaen en el siglo XVII, dejando los precios en el alto nivel alcanzado en la época de las grandes importaciones.

Es importante hacer constar que las cifras de Hamilton se refieren sólo a las importaciones registradas, cualidad necesaria para

---

1. V. *American Treasure and the Price Revolution in Spain, 1501-1600.* Harvard University Press, 1934.

la legalidad de la importación. No perjudica a la exactitud el eludir la contribución de un quinto que los importadores particulares tenían que entregar a la Corona. Ahora bien, las importaciones del mercado negro eran ciertamente grandes. En una carta, frecuentemente citada, escrita por Carlos en Yuste (31 de marzo de 1557) poco después de la primera bancarrota de Felipe, el Emperador acusa a los funcionarios de Sevilla de haber dejado pasar sin registro el 90 por 100 de un cargamento. Si se pudiese, cosa imposible, precisar las cantidades de riqueza pasada de contrabando, habría que elevar las cifras de Hamilton. Pero si la proporción entre lo registrado y el contrabando es constante, lo que podría ser cierto durante un largo período, la relación de los precios con la introducción de riquezas establecida por Hamilton aún podría mantenerse, en la medida en que se puede creer en los índices de precios formados por éste.

Las probabilidades de error en los cálculos referentes al mercado negro son tantas, que toda precaución es poca al considerar tales datos. Puede ser de interés anotar algunas conclusiones a que han llegado algunos estudiosos. Antes de Hamilton no sabemos de nadie que haya emprendido la vasta labor de calcular ni aun las importaciones registradas. En cuanto a la total producción de metales preciosos en las Indias españolas en 1503-1560, aproximadamente el reinado de Carlos, se ha calculado por:

Autor	Fecha	Millones de ducados
Soetbeer	1879	173,4
Lexis	1800	150
Haring	1915	101,3

El cálculo de Haring no está tan distante como parece del de sus predecesores, porque no tiene en cuenta el contrabando o sustracción en el origen, que él admite que puede haber llegado al 50 por 100 o más. Las cifras de Hamilton (no producción, sino importaciones registradas, públicas y particulares), cuando se convierten en ducados, sólo llegan a 46,2 millones para 1503-1560. Aquí es necesario tomar otra vez precauciones: la Administración española en el Nuevo Mundo se pagaba de las riquezas extraídas allí, y no sabemos la cantidad que esto pudiera absorber. Seguramente también mucho oro y plata salían para henchir orientales cuevas, especialmente después del descubrimiento del cabo de Buena Esperanza. Las pérdidas por piratería y actuación enemiga en el mar sólo adquirieron importancia más adelante, cuando España estaba en guerra con los ingleses.

Hamilton da separadamente las importaciones públicas y las privadas. En todo caso, no se ve motivo para dudar de sus cifras públicas. Ahora bien, éstas suman el equivalente de 10,5 millones de pesos (12,6 millones de ducados) por el período de 1503 a 1560: un término medio de unos 220.000 ducados al año. Agregando un quinto de las importaciones privadas registradas, de obligatoria entrega al Tesoro, tenemos una media anual de unos 300.000 ducados para el período. Ahora bien, como hemos visto, los ingresos ordinarios de la Corona en España en aquel tiempo se calculan en algo más de un millón de ducados al año, sin descontar lo depositado en garantía y antes de deducir intereses de deuda ni capital reembolsado ni otras cargas preferentes que, andando el tiempo, vinieron a devorar todos los ingresos y a veces mucho más. Es también de interés recordar otras cifras que dan una noción de la relativa importancia de lo que la Corona obtenía o había obtenido de las Indias. Costó a Carlos 850.000 florines (muchos, prestados) el inducir a los Electores del Imperio para que lo votasen a él en 1519. El rescate que ofreció Francisco I (probablemente sin intención de pagar) en 1525 era de 3.000.000 de *écus*, unos 2.600.000 ducados. Carlos estipuló como dote con Isabel de Portugal 900.000 ducados, pero sujetos a deducciones. Parece que la suma real recibida fue de 400.000 ducados, a pagar en dos años. Su desgraciada campaña de Metz le costó más, quizá mucho más, de dos millones de ducados. Al lado de estas sumas que obtenía por años de América, aun durante los años 1551-1555, en que los cargamentos eran mayores, inmediatamente antes de la baja, no son muy impresionantes, en especial cuando se las compara con los gastos que tenía que satisfacer. La Corona con cierta frecuencia confiscaba las riquezas particulares registradas (lo que seguramente favoreció al fraude), pero estas cantidades, por lo menos teóricamente, eran préstamos abonables. En conjunto, admitiendo la certeza de las cuentas de Hamilton, la Corona aprovechaba sorprendentemente poco del oro y la plata de América. Sin embargo, la totalidad de mercancías de estas fuentes importadas en España, lícitas o ilícitas, muy bien pudieron producir en los precios de España el efecto que a las mismas atribuye Hamilton.

Efectos de la fiscalización de precios

Cuando América fue descubierta, la economía de España parecía bastante equilibrada. Pero era una economía primitiva, sin especialidades ni flexibilidad. Las aventuras que corrió el país en la Edad Media, más violentas que las corridas por otros países de la Europa occidental, habían terminado provisionalmente con la conquista de Granada y la unión personal de Castilla y Aragón. El territorio español carece de homogeneidad si se le compara con Francia. Sus barreras montañosas separan las regiones costeras y llanos aluviales de la árida meseta central, que ocupa la mayor parte del área española. Aquellas lunares estepas, con un clima de "nueve meses de invierno y tres de infierno", una especie de Tíbet peninsular a 700 u 800 metros, y más, sobre el nivel del mar, forma el territorio de Castilla y León, orgullosos reinos que salieron victoriosos de una larguísima lucha contra los musulmanes y que eran entonces los señores exclusivos de las Indias españolas.

Su actitud ante la vida, lindante con la arrogancia, el fanatismo y lo fantástico, con un resbalón de vez en cuando desde el heroísmo a la picaresca, determinaba la apariencia española y la conducta de España en América. Podía todo ello haber sido de otra manera si otros iberos hubieren intervenido en América: los vascos, marinos y mineros, por ejemplo, o los marinos, industriales y comerciantes de Cataluña y Valencia, o los mismos laboriosos naturales de Andalucía (por oposición a sus señores castellanos). Es tentador pero inútil discurrir lo que habría podido ocurrir si Fernando de Aragón, y no Isabel, hubiese suministrado fondos a Colón y los súbditos de Fernando, catalanes y valencianos, mallorquines y menorquines, como los aragoneses, hubieran podido barajar el Nuevo Mundo. En manos de los negociantes catalanes, la América española habría enriquecido a la metrópoli en vez de arruinarla. Y entonces, con Nápoles como punto de apoyo, el heredero de Fernando podría haberse hecho emperador del Este. Catalanes almogávares lo habían poseído no muchos años antes, y... Pero tenemos que posarnos en tierra y recordar que los aragoneses no estaban menos en la luna que los castellanos. Entre ellos, estos dos formaban el español clásico: un ser cautivador e inefable destinado a alturas vertiginosas y profundidades inconmensurables, del que un poeta español ha dicho:

> ... *reposan sobre su cabeza*
> *la mariposa del ensueño*
> *y el escorpión de la pobreza.*

Pero hay que confesar que los castellanos, cuando podían vivir en paz, dieron buen contingente en artes y oficios; por lo menos aquellos que, no siendo hidalgos, no perdían el honor si hacían trabajos serviles.

A principios del siglo XVI, las fábricas de lana de Segovia, las armas de Toledo, las sedas de Granada y las pieles de Castilla tenían universal reputación, por no hablar de otros productos. Pero Castilla había sido siempre una tierra estéril. La ocupación nacional de Castilla era el pastoreo, especialmente el de las ovejas, y la gran exportación de España, la lana natural, mucho más importante que los otros artículos que España exportaba, como vino, azúcar y arroz. A partir de la época en que Inglaterra, en el siglo XV, se había dedicado a hilar y tejer la lana en vez de exportarla a Flandes, los Países Bajos resultaron un mercado capaz de absorber toda la lana que Castilla pudiera suministrar. Se calcula aproximadamente que la mitad de la lana española iba a ultramar. Escuchando la voz del pueblo, Carlos decretó que siempre que se ofreciera en venta una cantidad de lana, la mitad se había de vender en la localidad y al precio oficial para ser labrada en el término de un año, lo que indica que el hilado y tejido de España tenían relativa importancia y también que se temía al *cornering*.[1] La industria lanera, sin embargo, podría haber prosperado en España como en Francia y otros países vecinos, cuando el descubrimiento de América provocó la más extravagante "salida" de Castilla, quebrantando la economía, que aunque hasta entonces tenía una modesta base había ido adelantando interiormente y aun había conquistado algunos mercados extranjeros. ¿Quién no sería un conquistador? El aprendiz de cardador, el porquero extremeño, podían ser nobles y fabulosamente ricos en pocos años. Cierto que Felipe II, en sus momentos más apurados, vendía títulos de hidalgo; pero cualquiera podía hacerse caballero con un solo hecho de armas. En las Indias todo podía lograrse de la noche a la mañana. Y esto ocurría cuando en España nada quedaba que conquistar, puesto que el último reino moro se había rendido a la Cruz. No se sabe cuántos habitantes tenía entonces España; pero es seguro que la población comenzó a declinar en

---

1. Cierta maniobra para hacer subir los precios. — *N. del T.*

1560. No se puede asegurar cuántos emigraron. Muchos hombres enérgicos y sufridos salieron para no volver; pero los que se quedaron eran muy capaces de reponer las pérdidas a la primera ocasión. El perjuicio económico causado a España por influjo del precioso metal era otra cosa.

En cuanto se establecieron en las Indias las primeras factorías, cosa que se hizo con asombrosa rapidez, crearon una demanda de manufacturas y productos naturales, como el vino y el aceite, que pronto influyó en el conjunto de precios en España. Este tráfico era un monopolio castellano celosamente guardado para que la plata y el oro pagados por los géneros no enriqueciese a extranjeros. Como se creía que el oro y la plata constituían la riqueza, las autoridades prohibieron su exportación en cualquier forma. Una de las más fuertes demandas hechas por las Cortes en su primera reunión por Carlos fue de que no se permitiese la salida del país de dinero ni mercancías. Así lo prometió Carlos; pero tuvo que faltar a su palabra. Otro importante factor: España recibía del Nuevo Mundo o por conducto de éste casi únicamente metales preciosos, porque el comercio de especias se había dejado para Portugal por el acuerdo bajo el cual Carlos recibió a su esposa; y por eso importantes sumas de dinero buscaban empleo en mercancía en la Península, para recomenzar operaciones en las Indias o darles otro lucrativo empleo. Se halló éste en las guerras europeas y expediciones africanas, siempre necesitadas de dinero: el Emperador recibió cantidades de banqueros de Amberes, Augsburgo y Génova y les pagó concediéndoles licencia para exportar oro y plata de España, a pesar de la general prohibición. En España, la ley no obligaba a los reyes.

El sistema podía haber arruinado a España; pero resultaba facilitado por otras medidas impuestas por la opinión pública mediante las Cortes. Los precios eran fijados oficialmente, con lo que mataban los negocios o los forzaban a ocultarse. En la creencia de que el dinero necesario para producir alimentos y otras cosas necesarias (cuyos provechos eran reducidos por la fijación de los precios) iba a parar a las industrias de lujo, como las de la seda, se trató de ahogar éstas con los impuestos suntuarios, cuando su exportación habría compensado en parte la salida del oro. La exportación estaba prohibida en la creencia de que elevaba los precios, y hasta se protestaba porque se llevaban a las Indias productos españoles. Al mismo tiempo se permitía la importación de productos de uso corriente, con la esperanza de hacer bajar los precios de los objetos de uso doméstico: reducción al absurdo de la economía dirigida.

Podemos sonreír cuando leemos tales aberraciones a las que se

FRANCISCO I CON SU SÉQUITO
Por un maestro de Amiens (principios del siglo XVI)

Un autógrafo de Carlos V

Carta escrita por el Emperador Francisco I el 7 de junio de 1526

entregaba un gobierno perdido en la niebla de fenómenos nuevos y sorprendentes. Ya hemos estudiado la economía desde aquellos tiempos; nos queda por ver si la hemos apreciado mejor que lo hicieron los contemporáneos de Carlos. Es fácil criticar lo que ya pasó; pero cuando hay que estudiar un conjunto de circunstancias nuevas, nuestros doctores discrepan mientras los políticos actúan. Admitamos que algunas de las causas en las que nuestra época ha creído ver el origen de la decadencia española no resisten un examen serio. No hay prueba posible de que, por ejemplo, aquella expulsión de los moriscos, reprensible desde el punto de vista humanitario, contribuyera sensiblemente a la decadencia ni de que la ruina de la industria castellana fuese debida a la pereza. Por el contrario, dadas las circunstancias, es asombroso que la industria sobreviviera. Hay españoles indolentes, como algunos de nosotros lo somos y lo seríamos más quizás en sus circunstancias; pero muchos trabajaban hasta matarse y lo han hecho siempre en condiciones que habrían desalentado al más animoso.

* * *

Una ojeada hacia delante quizá nos muestre la tendencia que se iba produciendo, discernida por pocos contemporáneos. Los ingresos reales parecen haber ido creciendo, aun en términos de oro, bajo Carlos y Felipe II; pero el coste de la vida crecía con más rapidez, y la diferencia entre ingresos y gastos se ensancha rápidamente. Las riquezas de las Indias trajeron unos cincuenta o sesenta años de grandes utilidades, obtenidas por los particulares, no por el Estado, hasta que las ganancias alcanzaron a los precios. Pero, mientras, España se debilitó económicamente y no pudo detener el curso de las riquezas americanas hacia el Este. Los Países Bajos se vieron durante casi todo el reinado de Felipe trastornados por guerras civiles. Pero Francisco e Inglaterra acertaron a utilizar la plata y el oro para crear nueva riqueza desde mediados del siglo XVI. Los hombres de negocios se dieron cuenta de lo que ocurría en España y escarmentaron en cabeza ajena. Juan Bodin (1568) publicó un lúcido análisis del proceso. Varios españoles, aun antes de Bodin (dicho sea con franqueza) pueden ser citados por su perspicacia. Pero España había tomado el mal camino antes de que ninguno hubiese visto la luz ni allí ni en ninguna parte. La teoría mercantilista puede leerse en las medidas con que el gobierno de Carlos intentó detener el derrumbamiento. Lo cierto es que no poseían una doctrina consistente y procedieron familiarmente, por los síntomas que se expresaban en las quejas del pueblo, e intentaron suprimirlos.

Entre tanto, el mal interno se desarrollaba aprisa.

Carlos, como hemos visto, vivía al día, pidiendo prestado en Flandes, Augsburgo e Italia y pagando en España con el tesoro de América. Las flotas llegaban a Sevilla dos veces al año, y las obligaciones de la Corona con sus banqueros eran satisfechas en primavera y otoño, en Medina del Campo, Medina de Rioseco y Villalón, todo en Castilla la Vieja. Durante las pocas décadas en que los precios aún superaban a los jornales y permitían la acumulación de capital, se realizaban grandes transacciones. Los Fuggers, Welsers y otras bancas extranjeras pudieron, por algún tiempo, aceptar depósitos (o sea recibir préstamos) a un 9 por 100 anual y prestar en el extranjero a cualquier interés. La transferencia de privilegios obtenidos por servicios prestados a la Corona habilitaba a los banqueros para embarcar el saldo que resultaba después de compensar las transacciones españolas y extranjeras.

En aquellas circunstancias también prosperaron algunas entidades bancarias durante algún tiempo, de 1530 en adelante. Sevilla resultó un centro vital. Pero las casas españolas nunca tuvieron potencia para intervenir en las grandes operaciones requeridas por la Corona: no había tales sumas en España, donde la moneda y los artículos escaseaban, por la falta de exportaciones que compensaran la importación de Europa y la transferencia a la caja del saldo deudor cuando las transacciones finales eran compensadas. Las casas españolas se hallaban, además, limitadas por la canónica condenación de la usura, extendida a todos los intereses e incorporada a la legislación civil, mientras que en Alemania y los Países Bajos no había limitación. Todo acabó en que se doblara el interés. Pero las autoridades españolas fueron siempre muy celosas en la persecución de la usura disfrazada, con lo que muchos negocios se hacían a trasmano o se iban al extranjero.

El golpe mortal fue dado a los banqueros de Sevilla con los préstamos forzados que tenían que hacer a la Corona por los perjuicios causados por los reveses de 1552. La más importante casa sevillana, Domingo de Lizarras, quebró en 1553, y las demás vinieron pronto abajo, con graves consecuencias para los negocios de aquella en un tiempo floreciente ciudad y puerto, que vino a perder la mitad de su importancia desde 1553 a 1556. Las mercancías no llegaban a Sevilla cuando venían de América. Cargamentos enteros eran embargados para pagar préstamos recibidos en el extranjero por el Emperador. En estas circunstancias, la tentación del contrabando se hizo indominable, y resultaron casos tan escandalosos como el aludido por Carlos en su mencionada carta de 31 de marzo de 1557, en que el 90 por 100 del cargamento de un barco había desaparecido, y la indignación del Emperador fue tal, que éste dijo que, si hubiese estado aún gobernando, habría cogido a los oficiales responsables y los hubiera torturado hasta que hubiesen vomitado lo que se tragaron. Pero es difícil recobrar el dinero por estos métodos aplicados a los sospechosos, especialmente cuando la legislación ordinaria hace imposibles los lucros lícitos.

Carande extracta (I, 213) un significativo informe preparado para Felipe II (1556) por Fernando López del Campo, uno de los más leales agentes de la Corona. El autor, después de pasar varios años negociando en Amberes, volvió a Valladolid y visitó en octubre de 1556 la feria de Medina del Campo y escribió después a Felipe una relación de lo que había visto. Conoció aquella feria antes de ir a Flandes, y vio un rendimiento de cuatro o cinco millones de ducados. Entonces la cifra había bajado a medio millón. Anteriormente, la feria era visitada por unos doscientos hombres de importancia, y cuando escribía no halló más de veinte.

Los españoles, desde el siglo XVI se inclinaban a culpar a los Bancos extranjeros de los males económicos de España. Desde luego, los banqueros hacían lo posible. Su negocio era muy peligroso; no se les podía censurar mucho el no haber corrido a conciencia la suerte de Lizarras y otras casas de Sevilla. A veces, cuando el soberano no quería aparecer pagando un alto interés, algún prestamista reducía el rendimiento del capital, con la esperanza de alguna ventaja, por ejemplo un monopolio. Los banqueros italianos han sido acusados de procurar la ruina de industrias españolas, como por ejemplo la de la seda de Granada, exportando el material en rama. Pero faltan muchos datos para poder afirmar que tal era su propósito. Es posible que no encontrasen otra manera de adquirir dinero. Y las leyes españolas, suntuarias y proteccionistas, podían por sí solas haber acabado con la seda granadina, como acabaron con otras industrias de lujo españolas.

Con la esperanza de recobrar el oro huido a Francia y atraer a los banqueros genoveses que asistían anualmente a las ferias de Lyón, Carlos instituyó una llamadas *ferias genovesas* en Besançon, en 1535, y como la guerra había empezado otra vez con Francia, prohibió a sus súbditos negociar en las de Lyón. Besançon era una ciudad libre del Imperio: allí podían hacerse los negocios sin la intervención oficial que les estorbaba en España. Pero no reportó beneficio alguno al crédito de Carlos. Él y el Rey de Francia estaban en condiciones demasiado parecidas para que ninguno de ellos pudiera vencer: sus encuentros terminaban siempre en no poder mover las piezas. Pero la revolución de los precios tomó en España forma más virulenta que allende el Pirineo, lo cual inclinó los dados contra Carlos. En el año de San Quintín, la escasez fue mayor que nunca. Los franceses seguían adulterando su *écu*, con lo cual se produjo rápidamente un alza en el *escudo*, que era del mismo peso y la misma finura que el *écu*. Un informe francés de 1557 establece que 18.000 coronas francesas valían solamente 8.000 ducados (unas 9.000 coronas españolas), con lo que la diferencia de valor era del cien por ciento. Fuera lo que fuese de la moneda buena, lo cierto es que ésta no volvió a España. Se originó una grave confusión, porque el valor·adquisitivo de la nueva moneda de oro francesa no descendía proporcionalmente a la adulteración de ésta. Era buen negocio importar en Francia coronas españolas y devolver en moneda de más baja ley. La situación fue también producida por la clandestina repatriación de las ganancias obtenidas por los artesanos franceses, gran parte de los cuales fueron atraídos a España para llenar el vacío dejado por los españoles que se habían ido a América. España pudo mostrar orgullosamente su moneda de legal peso y finura. Pero el escudo desapareció del mercado, aunque legalmente no se podía exportar, mientras que el francés, con su fantástico *écu*, tenía dinero en el bolsillo y encontraba artículos que comprar con él.

La moraleja es que se puede mantener una moneda de oro seguramente cambiable y precios libres si se puede responder socialmente, y que se puede, con habilidad y suerte, operar con una moneda dirigida dejando libres los precios, y que se pueden dirigir ambas cosas, moneda y precios; pero si se quiere mantener una moneda de oro, o una aleación de oro y al mismo tiempo dirigir los precios, se perderán los precios y el oro. Los franceses, más realistas que los españoles, sabían por intuición algo de esto. Con el resto de Europa, experimentaron una gran crisis de inflación entre 1557 y 1560; pero las consecuencias fueron menos sensibles en Francia que en España, en parte porque las regulaciones restrictivas eran más difíciles de imponer al norte de los Pirineos. En el siglo XVI se puede decir lo mismo que al fin de la segunda guerra mundial: "*La France se relève dans le pagaïe*" ("en el desorden"). Como Bussey Rabutin dice con otro motivo, en ciertas materias es bueno que haya un poco de oscuridad.

Capítulo XIII

LA GANANCIA

Estaba el Emperador en Bruselas el 8 de septiembre de 1555, esperando a Felipe, con tal impaciencia que hasta prohibió a María de Hungría salir en busca de su sobrino. En la Corte, las lenguas no descansaban. En cuanto llegó Felipe se lo llevó Carlos a Roeulx, castillo cercano a Valenciennes perteneciente a los Croys, y allí pasaron varios días sin ver a nadie más que a Eraso, hablando y viendo papeles, pero sin tratar nada concreto. Cuatro años y medio llevaban sin verse: muchas cosas habían sucedido. Carlos tenía que poner en claro si Felipe había meditado lo bastante lo de hacerse cargo de los asuntos de manera que aquél pudiera retirarse a Yuste.

Con sus hermanos, sus íntimos consejeros y toda la Corte tras ellos afinando los oídos, el Emperador podía no haber dado señales de que no pensaba salir pronto para España sin delatar el hecho de que Felipe no había obtenido pleno éxito en aquel prolongado examen *viva voce*. El Emperador se conducía como un hombre cuya experiencia le ha enseñado a ocultar sus propósitos y dejar que las gentes formen su opinión. Cuando padre e hijo regresaron a Roeulx, Eraso (15 de septiembre) anotó, para que su secretario Juan Vázquez de Molina escribiese unas cartas, que lo más que había sacado en claro era que su señor se embarcaría aquel mismo año. El 23 de septiembre agregó que el Emperador había informado a su Consejo su intención de abdicar pronto en Felipe. En efecto, el 23 de octubre renunció a la soberanía de los Países Bajos, y el 16 de enero de 1556 renunció a la Corona de España y sus dependencias, incluso las Indias, lo mismo que Sicilia y todo lo demás suyo que en Italia hubiese quedado después que Nápoles había pasado a Felipe, en 1554, de modo que el esposo pudiera ser rey al casarse con su regia esposa. Carlos se había desposeído de todo lo que tenía excepto el título de Emperador, porque el verdadero gobierno de los asuntos de Alemania había pasado mucho tiempo antes a Fernando. Pero hasta septiembre no se resolvió a partir. El retraso no se debió a que Carlos no quisiera dejar el poder. El 15 de septiembre dice Eraso: "Parece seguro que el Rey se encargará de todo, porque el Emperador no está para trabajar, y esto es para él un cargo de conciencia. Creo que el Rey tendrá que quedarse en Bruselas para ordenar los asuntos flamencos, aunque tiene grandes deseos de irse a España." El retraso se debió más bien a que, según Carlos, necesitaba Felipe mayor ilustración antes de encargarse de todo. En 23 de septiembre de 1555 escribe Eraso a Vázquez de Molina: "Creo que pronto se reunirá una escuadra. Mucho se podría decir sobre esto; pero no por correos que no son de los nuestros."

Entre los problemas, el del Imperio era el menos difícil. La situación era la misma que la que cinco años antes se había creado en Augsburgo, cuando Fernando aceptó el Imperio y se propuso persuadir a los Electores de que debían hacer Rey de Romanos a Felipe. Todo había pasado a la historia. Carlos no se preocuparía mucho por ello. Alemania lo había convertido en un viejo a los cincuenta y cinco años. Sabía muy bien la carga que la Corona iba a ser para su hijo y cuáles eran los recursos que le permitirían, con suerte y buen gobierno, restablecer el equilibrio económico. (Recuérdese que muy poco después Felipe llegó a la bancarrota: capítulo XII.) Además, como estaban entonces las cosas, especialmente después de la paz religiosa de Augsburgo (25 de septiembre de 1555), fuera quien fuese el Emperador tendría que reconocer a los protestantes en el Imperio con la misma categoría oficial que los católicos, y tener frecuente trato con herejes. Si Carlos no renunció por entonces al título de Emperador fue a instancias de Fernando. Paulo IV había dicho que no recibiría la obediencia de Fernando como Emperador: Maximiliano era un hereje, y Fernando poco menos, pues toleraba el escándalo en su propio hijo. Aun después de la derrota francesa en Italia y en San Quintín, la disposición de Su Santidad era tal que aún podía temerse una explosión en Roma. Por lo pronto, en el otoño de 1555, Luis Venegas fue enviado para informar a Fernando y Maximiliano de que Felipe no quería ser emperador y apoyaría a Maximiliano. Ganar algún crédito con su primo fue lo único que Felipe sacó de las promesas de 1551.

Todo iba resultando fácil. Pero cuando llegó a los Países Bajos, ya aparecen en la correspondencia del consejero principal de España (que sólo tenía presentimientos de lo que iba a ocurrir) alusiones a las dificultades surgidas. Carlos tenía bastante trabajo con hacer comprender los hechos al desalentador y torpe Felipe, que parecía no haber pasado de los veintiocho años. Aquello era una tragedia personal, a cuyo lado las escenas de la abdicación en el gran salón de Bruselas resultan insignificantes. No era buen augurio que Felipe, recién casado con María, hubiese intentado querellarse con los Estados flamencos por no haber enviado una comisión para el caso a Inglaterra. Antes de que Felipe hubiera llegado a Bruselas en septiembre de 1555, escribió Eraso en sus notas para Juan Vázquez de Molina: "Hoyos me ha dado un susto hablando del Rey, como os habrá escrito. Pero en estos apuros cada uno debe hacer todo lo que pueda." Como buen psicólogo (siglos antes de que esta palabra se inventase), Carlos sabía que no se debe echar en la botella el líquido más aprisa de lo que admite el gollete. También sabía que en aquella botella cabía poco líquido. Como el pasar otro invierno en el Norte sería fatal para su salud, se quedó allí nada más que el tiempo que creyó indispensable para preparar a Felipe. Alguna vez, éste tendría que gobernarse por sí solo, y ello debía ser mientras viviese Carlos y pudiera aconsejarle desde lejos en caso de necesidad. Lo peor sería llevar de la mano al hijo hasta que, muerto su padre, se hallase solo para contender con los ingobernables flamencos y los rapaces ministros españoles. Felipe era débil, a pesar de su altivez. Un día lo vemos quejarse de que, aunque Nápoles y Milán eran suyos, los funcionarios de allí seguían gobernando por su propia cuenta, sin referencia a él, y al siguiente lo encontramos angustiado por si Alba, cuando él salió de Inglaterra en 1555, lo habría censurado por su parsimonia. Opinaba que había que dejar ciertas cuestiones para cuando el Duque se marchara, no fuera a descomponerlo todo con su ingerencia.

Éste era el hombre que ahora debía gobernar a los Países Bajos: delicado problema, y más aún sin la guía del Regente. Porque María, que había dedicado veinticinco años de su vida al servicio de su hermano, se negaba a seguir después de la retirada de Carlos. Los motivos eran tales, que Eraso tuvo que ir a Inglaterra para explicarlos verbalmente. Ya sabemos que ella, en cuanto a los Países Bajos, deseaba la neutralidad con Francia, en la forma acordada respecto al Franco Condado. Poco antes de llegar Felipe a Bruselas, define aquélla su posición en un memorándum dirigido a su hermano: "En tiempo de guerra, que en estas tierras es más frecuente de lo que debería ser, es imposible para una mujer el gobernar satisfactoriamente. Se tendrá que limitar a responder de errores de otros y arrostrar el odio despertado por los tribunos de guerra... Por mucho que ame a Felipe, sería muy duro... empezar ahora el ABC, cumplidos los cincuenta años. Ello no encaja en aquellos actos propios de la juventud." En una palabra, María sabía que Felipe quería apuntarse un tanto en la guerra contra Francia, y no deseaba contribuir a ello quedándose en su regencia. Pero esta misma mujer, después que Felipe había ganado sus laureles y los había sentido hacerse polvo en sus manos, y el mismo Carlos apelando a ella para que pasase en España su bien ganado descanso y sacara a Felipe de sus apuros desesperados, pero con una política de paz, respondió en seguida, aunque estaba enferma, y murió cuando estaba preparando el viaje.

Y cuando, en otoño de 1555, Carlos y Felipe estudiaban lo que se había de hacer con la herencia de Borgoña, no podían contar con María de Hungría. Además, desaparecida la esperanza de que Felipe tuviera sucesión, era necesario buscar una solución a aquella unión personal de la que tanto se había esperado. El lazo era demasiado importante para desatarlo ligeramente. Como hemos visto, Felipe habría firmado un contraseguro casando a Isabel con el Duque de Saboya; y él mismo después fue tan despacio en sus pretensiones, que hábilmente dejó a Feria concebir esperanzas, hasta que ella tuvo en sus manos las riendas del gobierno. Cuando la violenta oposición de María hizo que el Duque volviese a Flandes, Carlos le ofreció la mano de Cristina, Duquesa viuda de Lorena, y la regencia de los Países Bajos. El Duque pidió tiempo para reflexionar, pero pareció poco inclinado a la proposición. No mucho después pensó casarse con la hija de la reina Leonor, con María: la misma princesa de Portugal por cuya mano negociaba Felipe. Eduardo VI murió. Con ella, Saboya habría aceptado la regencia de los Países Bajos. Pero pronto desistió.

En 1555, los ministros de Felipe esperaban que María dejara de oponerse a la boda Saboya-Isabel; todavía no se habían dado cuenta de que la misma Isabel habría rechazado el plan. María no tenía aún los cuarenta, podía vivir lo bastante para asegurarse otro porvenir, aunque no tuviese hijos. Lo que más temía Carlos era que los españoles tuvieran que gobernar los Países Bajos algún día. Él sabía muy bien que esto no podía ser. Quizás habría otro camino: entregar la regencia a Maximiliano y su Reina, María, la hija de Carlos. Si el Emperador se hubiese dado cuenta de que ésta era la única solución, quizás habría convencido a Felipe. Pero éste y Maximiliano se llevaban mal, y no sólo por motivos personales: la heterodoxia de Maximiliano era un secreto a voces. Ya se habían padecido graves trastornos sobre religión en los Países Bajos. Los dos primeros mártires del luteranismo habían muerto en la hoguera en Bruselas, en la plaza del Mercado. Mandando allí Maximiliano, ¿quién sabe lo que habría ocurrido?

Felipe temía los peligros que podrían rodear a un régimen español en el territorio borgoñón. Él mismo intentó gobernarlo por un par de años, tarea que le hacían imposible su defectuoso francés y su total ignorancia del flamenco. Después de la victoria de San Quintín, a la que había contribuido Saboya, fue colocado al frente de los negocios públicos por algún tiempo; pero la prueba no tuvo éxito. En enero de 1558, exactamente cuando cayó Calais, Saboya, falto de dinero, como lo estaban habitualmente todos los auxiliares de Felipe, tuvo la mala ocurrencia de recaudar fondos dando permiso a los comerciantes flamencos para traficar en París. No se sabe lo que obtuvo: él no esperaba más de 30.000 coronas. Pero el resultado fue que Calais, cuya recuperación era el primer punto de la política de Felipe, fue abastecido desde Flandes con salvoconductos de Saboya. Con ello la indignación inglesa subió de punto, y con razón, según reconocía Feria: el escándalo, según parece, contribuyó a que Inglaterra no quisiera hacer un esfuerzo para recobrar Calais.

La notable habilidad del joven Guillermo de Nassau, Príncipe de Orange, llamado después *el Taciturno,* hizo que Felipe lo emplease en importantes asuntos, económicos principalmente. Si Guillermo (nacido en 1533) hubiese tenido unos años más, Felipe habría podido confiarle la regencia. Por entonces y diez años más no habría habido dificultades religiosas. Pero después de la paz de Château-Cambrésis, el Rey designó regente a su medio hermana Margarita, Duquesa viuda de Parma, y le dio como Primer Ministro a Antonio Perrenot de Granvela, al que hemos conocido como obispo de Arras y por entonces cardenal. Esta combinación, encaminada a salvaguardar la conexión dinástica y dejar el gobierno en manos de un borgoñón, era un característico ejemplo del propósito de Felipe: Granvela, del Franco Condado por nacimiento, estaba enteramente españolizado; Margarita carecía del juicio y el carácter que habían hecho de su tía María una mujer de Estado. Los Países Bajos se levantaron pronto en armas contra el nuevo régimen. Cuando su resistencia fue aplastada por Alba, años después, y perdida Holanda, Felipe tuvo varias ocurrencias que parecieron prácticas. Dio el puesto a don Juan de Austria, y, a la muerte de éste, a Alejandro Farnesio (hijo de Margarita), que había heredado el genio militar de Carlos. A la muerte de Alejandro (1592), casó a doña Isabel, la hija que tenía de su cuarto matrimonio (con Ana, hija de su ex rival Maximiliano), con su primo el archiduque Alberto, hijo del Emperador Fernando II. Bajo esta pareja, que representaban aproximadamente lo mismo que Maximiliano y María cuarenta años antes, aparte el motivo de herejía de Maximiliano, las tierras borgoñonas conocieron un período de paz y prosperidad.

El problema de los Países Bajos era más difícil, porque los asuntos italianos habían dado un giro alarmante con la elección del Papa Paulo IV: una desgracia a la que había contribuido la diplomacia de Felipe. Cuando llegaron a Inglaterra noticias de la muerte de Julio III, Felipe se apresuró a enviar (8 de abril de 1555) detalladas instrucciones para el cónclave a don Juan Manrique, embajador del Emperador en Roma. Don Juan, que tenía de éste orden de no apoyar a ningún candidato y limitarse a impedir que se eligiera a ningún indeseable, sin decir nombres, se quedaría admirado al recibir las órdenes de Felipe, no sólo de intervenir en favor de cuatro candidatos, nombrados por orden de preferencia (Pole, Carpi, don Juan de Toledo, arzobispo de Santiago, y Morone), y de todas maneras, excluir al cardenal Carafa. No contento con esto, Felipe añadía cartas para los cardenales imperiales, y otras veinte en blanco, para que fueran dirigidas por don Juan Manrique a quien estimara oportuno. Además, enviaba una carta autógrafa que encargaba a don Juan apoyar a Santa Croce (que fue elegido como Marcelo II, pero murió tres semanas después): no para que apoyara realmente a Santa Croce, sino para que pudiese mostrar la carta si Santa Croce resultaba elegido.

Este grueso paquete de torpezas fue enviado a Bruselas, y allí se encontró Carlos con el penoso dilema de herir el orgullo de Felipe dejándolo a un lado o correr el riesgo de dejarlo seguir. Sobre este punto se conserva una opinión, sin firma pero probablemente escrita por Arras y fechada el 11 de abril, en la que la conducta de Felipe al separarse de la política de Carlos es calificada en difíciles y comedidos términos, con una advertencia de precaución por "la dificultad y lo peligroso del juego". Hay también una carta de Carlos a Felipe: "Es muy delicado el nombrar personas apropiadas para tal dignidad, y hasta ahora nunca hemos querido hacerlo." Pero las instrucciones de Felipe siguieron a Roma, adonde llegaron (ya con la sanción del Emperador y las cartas anejas) después de la elección y la muerte de Marcelo II, pero con tiempo para el siguiente cónclave. Como era de esperar, el contenido fue pronto del dominio público. El trabajo de Felipe se dirigió contra Pole, a pesar de lo cual éste perdió la elección nada más que por dos votos, y contra los otros indicados, y contribuyó al éxito de Carafa, ya furioso por la intriga seguida contra él. La iniciativa de Felipe siguió produciendo malos frutos. Don Juan Manrique y el arzobispo de Santiago se culpaban mutuamente de la elección de Carafa. Don Juan y el cardenal Santa Fiore, que había actuado como un látigo imperialista durante la elección, enviaron a Juan Francisco Lottini a Bruselas con informes escritos y otros verbales, por ser de más cuidado: que el procedimiento seguido en el cónclave no se había ajustado a Derecho. El desgraciado Lottini cumplió su misión y volvió a Roma, donde el Papa, enterado del convenio con la Corte de Carlos, lo arrestó y torturó. Cuando llegó a Francia la noticia de la elección, se vinieron abajo las negociaciones de paz de Marcq. El cardenal obispo de Sigüenza, embajador en Roma, informó que había disgustado al Papa por la tardanza de Felipe en cubrir las sedes vacantes, y añadía en cifra: "Debo decir a Vuestra Majestad que éste es un mal asunto. Cualquier razón, por fútil que sea, basta cuando no hay buena voluntad."

La terminación de la tregua de Vaucelles entre los hispano-borgoñones y los franceses (6 de febrero de 1556) inflamó más la ira de Nápoles. El 11 de abril, don Diego Lasso escribe a Fernando que el Papa no se cansa de censurar a Carlos y su hijo. El envío de legados a París y Bruselas, con el pretexto de promover la paz, se dirigía a excitar a Francia para volver al campo. Las relaciones entre el Papa y Felipe fueron de mal en peor, especialmente desde que Carlos partió para España (septiembre de 1556). Empezó a ser conocido que Paulo IV había incoado procedimiento de bula de destitución contra Felipe, el cual, para defenderse, mandó a España que, si tal bula llegaba allí, el Nuncio fuera expulsado del país. Se hicieron preparativos contra la completa ruptura y para el despacho de todos los asuntos eclesiásticos en España sin hacer referencia a la Corte romana. No se sabe adónde habría conducido aquella situación si la guerra que el Papa había promovido en Italia hubiese acabado bien para él y para Francia. Pero Guisa sufrió graves reveses en julio de 1557, y en agosto se produjo el colapso de San Quintín. Cuando se supo en Roma la caída de Calais, el Papa indicó cortésmente al obispo de Sigüenza que si las tropas de España hubiesen defendido Calais no habría caído ésta. Y de allí en adelante reservó su desagrado para Maximiliano y Fernando.

Si Felipe sintió alguna vez escrúpulos por haber encadenado las furias con su tentativa de determinar el resultado del cónclave, pronto los olvidó. En septiembre de 1558 recibió una prematura noticia de la muerte de Paulo IV, que ocurrió el 18 de agosto de 1559. Dio instrucciones a don Juan de Figueroa para que fuese en seguida a Roma y trabajara la elección de un candidato conveniente. El orden de preferencia era: Carpi, Morone (aunque estaba preso por sospecha de herejía), Puteo, Médici y Araceli. No nombraba a Pole, del que había malas noticias, y desde luego quiso excluir a Ferrara y los franceses.

Felipe tuvo mejor suerte de la que merecía. El cuarto candidato, Médici, elegido con el nombre de Pío IV, resultó tan satisfactorio que el Concilio de Trento, interrumpido desde 1552, se reunió y llegó a conclusión. Para entonces Carlos ya había ido *ad patres*. Antes de cerrar los ojos (21 de septiembre de 1558) tuvo tiempo suficiente para reflexionar en Yuste sobre las consecuencias de la primera excursión de Felipe por la política pontificia, para meditar lo que se podía haber evitado con que aquel voluminoso despacho de 8 de abril de 1555 hubiese sido interceptado, y para considerar, en lo concerniente a los Países Bajos, si algunas de las lecciones de buen gobierno que había querido inculcar a su heredero, día por día, desde septiembre de 1555 hasta el mismo mes del año siguiente, había sido asimilada; quizás hasta para preguntarse si, en su amor por el hijo y su falta de fe en los consejos, no se habría quedado corto en las censuras.

Capítulo XIV

YUSTE Y DESPUÉS DE YUSTE

En Monzón (1542), Carlos dijo al embajador portugués Lorenzo Pérez que la primera vez que pensó retirarse del mundo fue a su regreso de Túnez, en 1535. Había reinado después veinte años, con tantos trabajos como veinte reinados corrientes. Ya se empezaba a sentir viejo; pero pasaron veinte años antes de que abdicase. En el asedio de Túnez había notado sus primeras canas, y mandó al barbero que se las arrancase, porque quería deslumbrar a las damas de Túnez al entrar en ésta. Todo inútil. Por cada cana suprimida nacían tres. A Pérez le dijo que había dilatado su retirada porque Felipe era muy joven; pero que debía haberse retirado en 1547, tras su victoria contra los príncipes italianos en Mühlberg, cuando su inteligencia no había sido nublada con los reveses que siguieron. Lo que a nadie dijo fue que si Felipe, al llegar a los Países Bajos, hubiese demostrado mayor aptitud para el gobierno, Carlos habría ganado cinco o seis años para ponerse en paz con Dios antes de rendir su cuenta postrera.

Habiendo experimentado el calor y el frío extremos de la alta meseta castellana y leonesa, Carlos escogió un lugar de las pendientes australes de la cordillera que va aproximadamente de Este a Oeste a través de la España central, y no en Castilla la Nueva, donde el clima es casi tan severo como al norte del Guadarrama, sino al Oeste, en Extremadura, bajo cielo más agradable. En Yuste, al sudoeste de la Sierra de Gredos, sobre el valle de Plasencia, donde esperaba gozar de días soleados en invierno y frescas brisas en verano. Y había truchas en las corrientes; había trufas, espárragos y abundancia de frutas en el valle. Pero el otoño es lluvioso y con nieblas. Los médicos no aprobaron la elección de Carlos, pero éste se negó a discutir.

En Bruselas, en la primavera de 1556, se formó un séquito de setecientas sesenta y dos personas que habían de acompañarlo en su retiro. Carlos redujo el número a ciento cincuenta antes de partir, y cincuenta de ellas iban para entrar en el monasterio de Yuste con él. Como jefe de éstos iba don Luis Méndez Quijada, que le había servido durante treinta años, y tras ellos se hallaban los secretarios Van Male y Gaztelu, un médico flamenco, Enrique Mathys, el mecánico y relojero Giovanni Torriano, conocido por Juanelo, músicos, cocineros, bodegueros, cerveceros, barberos y camareros. Por la desesperada situación de la hacienda de Felipe, Carlos quiso reducir los gastos a 16.000 ducados anuales; pero como esto resultó insuficiente, lo amplió a 20.000, más una reserva de 30.000 ducados depositada en el castillo de Simancas. Desembarcado en Laredo (28 de septiembre de 1556), fue hacia el Sur en cómodas etapas. En Cabezón se le unió su nieto Carlos, que le produjo una penosa impresión: "No me gusta su aspecto: no sé lo que va a ser de él", escribía el Emperador a una de sus hermanas. Como no estaba terminado su departamento de Yuste, Carlos esperó dos meses en Jarandilla, en el castillo del Conde de Oropesa. En febrero de 1557 siguió a Yuste, despidió a los noventa y ocho borgoñones que le acompañaban desde Flandes y entró en la casa donde iba a residir los diecinueve meses que le quedaban de vida.

La retirada asombró al mundo. Las imaginaciones volaron. Lo que decían los testigos era aumentado por los narradores, y más en la repetición. Pronto se formó una leyenda: Carlos, realmente monje, vivía en Yuste conforme a la regla de la Orden jerónima. Y no sólo eso: se creía además que había celebrado su propio funeral, en su presencia. Sandoval, aunque escribe solamente cincuenta años después de morir Carlos y da cuenta exacta de la vida de éste en sus años de actividad, da crédito a aquella fantasmal fabricación, de la que no existe prueba alguna contemporánea, y exagera la austeridad de la vida en Yuste. Durante siglos, la realidad fue desconocida. Los escritores extranjeros cambiaban el nombre del monasterio y no le daban el suyo exacto: San Jerónimo de Yuste. La primera historia del retiro de Carlos fue publicada en *Fraser's Magazine* (abril-mayo de 1851) por Sir Williams Stirling-Maxwell, con un manuscrito recientemente adquirido por el Ministerio de Asuntos Extranjeros francés, que contenía copia de cartas conservadas en el Archivo de Simancas. El historiador belga P. L. Gachard sacó copia de todos los documentos que halló sobre este tema en aquel archivo, ya abierto a los investigadores, y en 1854-1855 los publicó en español. Mientras tanto, su colega francés F. A. A. Mignet (que había publicado artículos basados en el manuscrito de aquel Ministerio en el *Journal des Savants* y había conocido las copias de Gachard), publicó en 1854 su *Charles Quint, son abdication,* etc., en el que los documentos son presentados con ingenio, precisión y comprensión de Carlos como ser humano, en un libro del tamaño ordinario de una novela moderna: uno de los mejores estudios dedicados al Emperador.

Unos inventarios confeccionados en Yuste después de muerto Carlos, publicados por Gachard, demuestran que el recluso vivió rodeado de suntuosos tapices y muebles, cuadros de Tiziano y objetos de valor. No vivía en celda: su casa era espaciosa y cómoda, orientada al Mediodía, con una vista soberbia, rodeada de jardines y arroyos. Aquélla era la vida deseada por Carlos a pesar de sus padecimientos. Cuando la gota le atacaba, recordaría el refrán español: "La gota se cura tapando la boca", pero después, de acuerdo con Mathys, su médico flamenco, seguía comiendo mucho y bebiendo más. Como tenía una firme cabeza, no sufría los trastornos de los demás mortales en los excesos. Sus hábitos de intemperancia, que su confesor Loaysa le había censurado en su juventud, han sido descritos por embajadores que lo veían mucho a la mesa, como Navaggiero, Contarini, Badoaro y Marillac, que se unieron a él a su regreso a España, camino de Yuste. Las cartas de Quijada y Gaztelu estaban llenas de ansiedad por la manera de vivir de su señor y por no poder servirle las delicadezas con que soñaba. Pescado y caza, lo peor para la gota, era lo que más le gustaba, especialmente preparados por cierta cocinera portuguesa. Ostras vivas o picadas, anchoas, sardinas, mariscos, que venían en cajas con hielo; pastel de anguilas, jalea de anguilas, perdices, aceitunas, salsas españolas picantes: todas estas cosas y más venían para él en todas las paradas, por correos especiales. Sobre todo las anchoas, que con frecuencia escaseaban. Un día apareció Quijada triunfante con un barril de ellas, que al ser abierto puso de manifiesto una asquerosa pulpa. Las anchoas se habían descompuesto. La cara de Quijada hizo reír a Carlos hasta dolerle la cintura. Por nada se abstenía de aquellos alimentos ni de la cerveza helada, a pesar de los ataques de gota y de las hemorroides que provocaban. Un célebre curandero italiano, Giovanni Andrea di Mola, lo dominó al principio, pero al fin tuvo la misma suerte que Loaysa y otros consejeros espirituales o médicos.

En el amor de Carlos a su retiro no participó ninguno de sus

auxiliares. Gaztelu odiaba a Yuste y se pasmaba ante la paciencia del Emperador. Quijada decía que aquella soledad no podía ser soportada por un hombre decidido a huir del mundo, y en una licencia que tuvo dijo que tenía la esperanza de no comer más los espárragos ni las trufas de Yuste. Era uno de los pocos hombres que cuando consiguen lo que buscan saben disfrutarlo. Nunca se arrepintió de haberse retirado. Si algo lamentaba era no haberlo hecho antes.

Si no hubiese sido por las súplicas de Felipe, se habría desprendido de la dignidad imperial y del resto. Hasta el 27 de abril de 1558 no libraron los Electores a Carlos de sus obligaciones. En seguida encargó nuevos sellos que no llevasen título ni corona, sino su nombre y sus armas, no de Austria, que le correspondían por su padre, sino las de España y Borgoña. Dijo a su confesor Juan de Regla que él ya no era nada. La fatalidad escogió este momento para asestar a Carlos uno de los más fuertes golpes de su vida.

Por el Regente y Juan Vázquez de Molina supo que se había descubierto en Valladolid una célula de luteranismo. Se olvidó de que ya no era rey y envió instrucciones para que la herejía fuese extirpada a toda costa.

Carlos nunca pudo evitar su intervención en los negocios públicos, aun estando en Yuste. No llevaba allí dos meses cuando (23 de marzo de 1557) Ruy Gómez llegó de los Países Bajos con noticias de una gran ofensiva que para el verano preparaba Felipe contra Francia y una urgente súplica de que Carlos saliera del monasterio por algún tiempo. Felipe necesitaba no sólo su consejo, sino su presencia. Si el mundo se enteraba de que estaba otra vez a caballo (es un decir, porque Felipe sabía que su padre no podía ya viajar sino en litera) sería inmenso el efecto moral en el enemigo. En vano estuvo Ruy Gómez tres días en Yuste. Pero la negativa de salir de Yuste no era negación de auxilio, y en la forma que más necesitaba Felipe: dinero. Entonces se produjo en Sevilla el escándalo de la Casa de Contratación, por la desaparición del 90 por 100 de un cargamento de riquezas, en ocasión en que las Indias eran la única fuente de ingresos disponible. El Emperador no sólo explicó a su hija, la Regente, cómo impedir o reprimir tales abusos, sino que hizo que los prelados españoles escucharan reclamaciones a las que hasta entonces se habían mostrado sordos. Gracias a sus esfuerzos, Toledo contribuyó con 400.000 ducados; Córdoba, con 100.000; hasta la notoriamente avara Sevilla entregó 50.000; Zaragoza, 20.000, etc. Una fortuna en aquel tiempo.

Con salud o enfermo, Carlos nunca holgaba. Al principio, Yuste le cayó muy bien físicamente a pesar de los repetidos ataques de gota. En junio de 1557 aún pudo tomar parte en una cacería. Por el verano siguió apasionadamente el curso de la campaña de Picardía y se abatió al saber que Felipe no había estado presente en la batalla decisiva de San Quintín ni aprovechado la oportunidad para lanzarse sobre París. También le disgustaron mucho los que estimó humillantes términos en que Alba, que tenía a su disposición a Paulo IV, recibió instrucciones de Felipe para hacer la paz (14 de septiembre de 1557), sacrificando a Marco Antonio Colonna, probado y fiel amigo, y sometiéndose el Rey "para obtener el perdón de sus ofensas". Pero aquel mismo mes tuvo Carlos la alegría de ver a sus hermanas Leonor y María, que habían pasado diez meses en Valladolid y se hallaban en Jarandilla, cerca de Yuste. Leonor había buscado, con apoyo de Carlos, el asentimiento del Rey de Portugal para que su hija María fuese a vivir con ella. Pero la infanta, cuando al fin llegó, se negó a permanecer. Leonor murió el 18 de febrero de 1558, poco después de partir su hija: golpe muy fuerte para Carlos y María, que la amaban mucho.

El hijo nacido de Bárbara Blomberg el 24 de febrero de 1547, en Ratisbona, había sido confiado a uno de los músicos de Carlos, tocador de viola, llamado Massi. Éste, en 1550, llevó al niño, llamado entonces, por voluntad de Carlos, Jerónimo, a España. En 1554 fue puesto al cuidado de doña Magdalena de Ulloa, casada, sin hijos, con el fiel servidor Quijada. Finalmente, en 1558, éste fue, con su familia y Jerónimo, a Cuacos, cerca de Yuste. No hubo reconocimiento paladino de la filiación del niño y no consta que Carlos hablase con él. Pero durante los últimos meses de su vida el Emperador vio al futuro Juan de Austria, hermoso muchacho de once años, jugando en los jardines... o robando frutas en los vecinos huertos o haciendo otras diabluras.

En cuanto a los asuntos internacionales, la sombra proyectada por lo escaso de la utilidad reportada de la campaña de San Quintín fue espesada por las noticias (que llegaron a Carlos el 4 de febrero de 1558) de la pérdida de Calais, Guines y Hames para la Corona inglesa. "En su vida nada le amargó tanto", escribía Quijada. Por el mismo tiempo, Carlos meditaba un proyecto para unir Portugal y Castilla. La reina Catalina, que quizá conocía mejor a sus súbditos, no aprobó la idea, y ésta fue suspendida por algún tiempo. Felipe, tratando de emular al Emperador, se apoderó de Portugal veintidós años después con malas consecuencias.

Una alarmante debilidad se había revelado en la Regente de España, doña Juana, desde el escándalo de la Casa de Contratación, cuyos autores tenían necesariamente cómplices en círculos oficiales, tanto que el mismo Juan Vázquez de Molina fue objeto de sospechas en determinado momento. El mismo Felipe escribió severamente a su hermana reprochándole su desidia. Carlos, convencido de que se necesitaba una mano dura si los asuntos habían de ser enderezados después de la insolvencia de 1557, pensó asociar a María de Hungría con doña Juana. Ésta no lo aceptó, fundándose en que si su tía participaba en la gobernación, querría manejarlo todo y a todos. Carlos no insistió. Pero antes de mucho, Felipe, como hemos visto, requería a María para que se volviese a los Países Bajos. Al principio, ella cedió. Cuando Carlos le pidió que meditara sobre su resolución, ella se ablandó, como siempre le ocurría con los requerimientos de Carlos. Tenía un grave padecimiento del corazón y no tenía fuerzas ni para preparar el viaje, especialmente tras el golpe de la muerte de su hermana. Murió el 18 de octubre de 1558, cuatro semanas después que Carlos.

La gota del Emperador se agravaba. Los baños, dos diarios a veces, le daban alivio y le restituían el apetito. Las sangrías ayudaban, y el exceso causó otro ataque. Pero la causa inmediata de la muerte de Carlos fue una fiebre que le entró después de comer en una terraza cubierta batida fuertemente por el sol, el 30 de agosto, y el haberse enfriado a la noche siguiente por haber dormido, como solía, con puertas y ventanas abiertas. El calor había sido grande durante unas semanas, y por los alrededores existía una enfermedad contagiosa. Hasta entonces él había tenido fiebre, pero sólo por la gota. Esta vez la fiebre tenía otro origen y seguía otra marcha. Después de tres semanas de intensos sufrimientos, el Emperador murió a las dos de la madrugada del 21 de septiembre de 1558.

* * *

Aun a esta distancia de tiempo, y viviendo, como vivimos, en un mundo cuyos valores y modelos difieren grandemente de los que Carlos conoció, es duro para quien ha empleado años en el estudio de su vida y ha leído muchas de sus cartas, notas y garabatos marginales de su propia mano el no consignar los sentimientos que inspiró en aquellos de sus coetáneos que mejor le conocieron.

A nuestra sociedad le parece mal la implacable represión de la herejía que impuso al Regente de España, en el último año de su vida y en un codicilo de su testamento a Felipe. Carlos había visto el derramamiento de sangre, el caos y la ruina que siguieron al derrumbamiento de la vieja religión en ciertas partes de Alemania, así como las atrocidades cometidas por los anabaptistas allí y en los Países Bajos. Creía él que quemar a unos cuantos herejes sería un mal menor que lo que él llevaba visto y podía ver aún. A sus ojos, la unidad cristiana era la única salvación, y sólo podía ser restaurada por la supremacía del Pontífice. Sabía que Roma no había hecho todo lo necesario; luchó toda su vida para conseguir la reforma por los sucesivos Papas. Pero el poco fruto, a su parecer, debía haber unido a los cristianos para ayudar a la Iglesia a salir del oscuro y peligroso pasaje. El dividirse no haría más que complicar las cosas y retrasar la restauración. Nadie sufrió más con un Papa que él con Clemente VII, prescindiendo de Paulo IV. Los únicos buenos Papas que él había conocido habían reinado unas semanas o unos meses. Lo mismo que soportó él podían haber soportado otros.

La libertad de conciencia era un ideal extraño, no sólo para Carlos, sino para aquella época. El único Estado de la cristiandad que podía alardear de tolerancia religiosa, aparte el alemán *cujus regio, eius religio,* adoptado por necesidad política, fue Transilvania, donde católicos, luteranos, calvinistas y unitarios vivían en un pie de igualdad legal. Pero nunca se les ocurrió a los transilvanos conceder el mismo beneficio a los baptistas o a los griegos ortodoxos. Los gobernantes de Inglaterra por Eduardo VI quizás ejecutaron a menos católicos que protestantes ejecutó María. Mas para que se les calificara de tolerantes habría sido necesario que no hubiesen matado ni perseguido a nadie. Si algunos hombres de Estado invocaron la libertad religiosa, estaban dispuestos a ser latitudinarios como el primer lord Paget, un burlón adulador, cuya obra, en total, no le da méritos para la causa.

Es difícil afirmar que Carlos dijera siempre la verdad ni intentara nunca engañar al adversario. Por ejemplo, él alentó a Felipe para que jurase no intervenir en los asuntos internos ingleses, sabedor de que su hijo no pensaba cumplir el juramento. Y aún hay cosas más graves, por ejemplo, los asesinatos de Rincón y Fregoso (en el Po, julio de 1541) y Pierluigi Farnese (Piacenza, 10 de septiembre de 1547). El primer hecho parecía planeado por Alfonso II d'Avalos, Marqués del Vasto. No hay pruebas de que Carlos (en Ratisbona por entonces) tuviese noticias de la conspiración. Sin embargo, Antonio Rincón era un renegado español que actuaba como embajador de Francisco I cerca del Sultán, enemigo de Carlos. Existe, por lo menos, la presunción de que el Emperador aprobó el hecho. De lo de Farnese es probable que Carlos tuviese conocimiento previo. Fernando Gonzaga le escribió desde Italia (23 de julio y 8 de agosto de 1547) informándole de lo que se iba a ejecutar. Carlos estaba en Augsburgo del 23 de julio al 13 de agosto, cuando salió en viaje ordinario Rin abajo. No se sabe si recibió noticias con tiempo suficiente para decir a Gonzaga que desistiera. Pero es cierto que éste no fue censurado por el hecho.

En el Renacimiento italiano, el asesinato político no se creía tan grave como en otros países. El Emperador, que gobernaba Italia casi exclusivamente por medio de italianos, con dificultad podía haber proscrito un sistema que venía siendo autorizado para los gobernantes. No andaban de acuerdo en cuanto a las circunstancias necesarias para su ejecución, pero la condenación de la costumbre habría parecido muy dura para los italianos que ocupasen un puesto de responsabilidad. Del Vasto negaba haber planeado la muerte de Rincón. Pero si le hubiesen cogido *in fraganti* se le habría oído decir que era una villanía del Rey de Francia, en paz con el Emperador, incitar a los turcos para que atacasen a la cristiandad y usar para ello como instrumento a un español traidor a su rey. A Gonzaga no le habían faltado argumentos en el caso de Pierluigi. Pocos políticos habrían disentido, ni aun fuera de Italia. En substancia: Francisco I fracasó en su intento de provocar la indignación de Europa sobre el atentado.

No en balde había predicho un astrólogo de Nápoles, al nacer Carlos, que éste sería el más adelantado capitán de su época. No sólo era un genio militar, sino un espíritu exquisito en el arte de la guerra, porque obtenía las victorias sin matanzas. Por eso le amaban sus soldados. También admiraban su valor y el ánimo que lo mantenía a caballo entre ellos, en ocasiones con una pierna en cabestrillo por causa de la gota. Nunca se le oyó ponderar sus triunfos, rebajar a sus adversarios ni complacerse en su derrota. Cuando don Luis de Ávila describe algunos cuadros que había encargado para su casa de Plasencia, uno de los cuales mostraba a las tropas francesas huyendo en Renty (1534), Carlos le dijo que obligara al pintor a modificar la escena. No había habido huida — decía —, sino una honrosa retirada. No olvidó que la ley de la caballería obliga al caballero a dejar a salvo el honor de otro caballero, amigo o enemigo.

Magnánimo con sus rivales, aun dentro del modelo de entonces, no hablemos de nuestros días, miraba mal a los escritores que buscaban su agrado ponderando sus proezas. El apologista católico Pablo Giovio no halló mejor acogida que el protestante Sleidan. Llamaba embusteros a los dos. Evitaba la guerra cuando podía hacerlo sin gran daño ni traición para lo que él creía un deber para con sus reinos. Castigó la rebelión con mano dura, en España tras las Comunidades, en Flandes tras la rebelión de Gante, entendiendo que obraba en beneficio de ambos países. El buen concepto general se demostró por el disgusto producido por su abdicación y por la veneración en que su memoria se mantuvo y aún se mantiene. Pero este concepto de sus contemporáneos no se explica solamente por su genio de gobernante y de soldado. Era amado porque era amable, por su sentido del humor, por sus mismas debilidades, quizá por ser tan glotón que no le detenía la seguridad de las dolorosas consecuencias de su gula, y también porque las cosas que más le hacían gozar no dañaban a nadie: su pasión por la pintura, especialmente la de Tiziano, y por la música. Los cantores de Yuste no se incomodaban cuando una desafinación le hacía gritar "hideputa". Su amor a la soledad, a la Naturaleza, al paisaje de España, no era compartido por ninguno de los que vivían con él; pero, lo mismo que su sencilla fe y su piedad, le equilibraba y reposaba. Su alma no ofrecía rincones oscuros para la vanidad, la avaricia ni el odio. Era aficionado a la pintura; pero en una época en que Francisco I se creía poeta y Enrique VIII teólogo, Carlos se dedicaba a los problemas de la gobernación y, cuando era indispensable, a pelear. Pocos soberanos ha habido tan difíciles para la adulación como él. En vez de decir al Tiziano cómo debía pintar, el Emperador recogía del suelo el pincel que se le había caído al maestro: manoseada anécdota que merece ser recordada por la luz que derrama sobre la modestia esencial de su naturaleza y opinión, a un tiempo sobria y humorística, de los límites de su propia majestad. Es probable que nunca creyese ser un buen escritor, pero sus cartas, con su vivo y enérgico estilo, son deliciosas.

    Sandoval cuenta una curiosa anécdota sobre una conversación que tuvo Carlos (que se había descarriado en una cacería) con un viejo campesino español. Éste dijo que había alcanzado a cinco reyes en el trono. Carlos preguntó cuál había sido el mejor de los cinco y cuál el peor. El campesino designó como mejor a Fernando, y como peor a "este que tenemos ahora, que anda siempre por ahí en lugar de vivir en España, que es su tierra". Mientras Carlos intentaba hacer una choza para él, llegó su séquito. El aldeano dijo que, de haber sabido que hablaba con el Rey, habría hablado con más claridad aún. Carlos, regocijado, concedió una dote a la hija de su cándido amigo, como recuerdo del encuentro. Cierto o no, este relato ilustra una actitud que los contemporáneos reconocían como característica. Sus embajadores tenían libertad para criticar en sus despachos la política del Rey. No sólo grandes nobles españoles, como los Mendoza y los Manrique, expresaban su opinión en términos que habrían disgustado a un hombre de menos talla, sino hasta un plebeyo como Simón Renard lo hizo, y quizá más atrevidamente. No existe prueba de que Carlos se resintiese nunca por la franqueza. Había visto demasiadas cosas para dar importancia al elogio o la censura. Quizás el detalle más revelador de su carácter será la felicidad que logró en su aislamiento de Yuste, cuando la gota le dejaba algún respiro, y que era turbada tan sólo por los ecos del exterior, que le hacían pensar que, en cierto modo, su reinado había sido un fracaso y le hacían temer por el porvenir de sus reinos y su sangre.

* * *

Deuda y herejía le habían acosado en todas partes. En Yuste, los dos enemigos le alcanzaron. Apenas había llegado cuando se produjo la bancarrota de Felipe; y los últimos meses de su vida se ensombrecieron con la noticia de que hasta en España habíanse producido brotes luteranos. Tenemos cartas escritas por él en Yuste para su hija, la Regente de España, en las que se trasluce su ansiedad por el temor de que el gobierno haya pasado a manos débiles. Carlos no era hombre para disimular errores, suyos o ajenos, ni para exagerar buenos éxitos. Obtuvo victorias, espectaculares algunas, sin imaginar que su acabamiento duraría mil años. Se dedicaba a ponderar las lecciones de los mil años anteriores.

No intentó, como Napoleón, Hitler y Mussolini, forjar un sistema político. Era conservador y prefería lo que había sufrido ya la prueba del tiempo, aunque siempre estaba dispuesto a intentar la reforma cuando veía una clara posibilidad de triunfo.

¡Deuda y herejía! ¡Herejía y deuda! ¿Cómo iba a poder evitarlas? Primero pidió dinero para asegurar su elección de Rey de Alemania, y, apenas coronado, surgió la herejía para demostrarle la estrechez de su poder en el Imperio, y en sus esfuerzos para romper aquellos límites se había ido hundiendo más y más. No le habían valido sus victorias sobre los príncipes rebeldes. Al fin tuvo que darse cuenta de que Alemania no aceptaría a su hijo y de que si la dignidad imperial podía asegurarse para la Casa de Austria sería a condición de tolerar la herejía en los sitios en que el poder civil había seguido a Lutero.

¿Sería capaz su sobrino y yerno Maximiliano, protestante en el fondo, de ir abiertamente contra la Iglesia al morir Carlos? De Fernando, su hermano, ya había visto que siempre estaba haciendo proyectos irrealizables y que flaqueaba cuando más necesario era el esfuerzo. ¿Se podría confiar en que Fernando conservaría el timón?

¿Cómo habían llegado las cosas a aquel trance? Carlos reconoció siempre que la raíz de los trastornos estaba en los de la Iglesia misma. Creía en su posible corrección, y sobre él pesaba el sentimiento de lograrlo. La tarea era sobrehumana, primero por la resistencia de la Corte romana a las reformas, y después porque el interés producido en Alemania por el espectáculo de los abusos disciplinarios y la protección dispensada por los príncipes movidos por causas políticas alentaban a los reformistas a rechazar lo que Carlos sabía que era la condición esencial para el mantenimiento de la fe: la autoridad pontificia. Entre los príncipes que se aprovechaban de la confusión había algunos católicos, lo que hacía más difícil el impulsar a Roma para que reformase. Quizá, vista la interferencia de las soluciones religiosa y secular, Carlos se llegó a convencer de que la reforma no se lograría mientras los éxitos robusteciesen a un soberano cuyo insuperable poder inspirase miedo y celos a los otros soberanos europeos. En cierta manera, él sabía que Paulo IV nunca permitiría la celebración de un Concilio General, y aunque el Pontífice tenía treinta años más que él, Carlos, registrando desde Bruselas el horizonte en busca de una salida, no podía aguardar hasta la muerte del Papa si él había de tener siquiera un breve descanso en esta vida. Carlos no podía saber, pues, si su lucha para salvar la Iglesia a pesar de la Corte romana estaba destinada al fracaso o a preparar el limitado pero vital éxito que después logró la Contrarreforma.

Divagando sobre los territorios que había querido dar a Felipe fuera de España, Carlos vio allí también trabajar la deuda y la herejía, minando todo lo que él había construido. La llegada de María Tudor le había dado una oportunidad que él atrapó y explotó con habilidad consumada y todo su resto de energía, para realizar su antiguo sueño de unir los territorios de la herencia borgoñona con Inglaterra, como contrapeso del aumento que en el poder de Francia producía la unificación conseguida por Luis XI y Luis XII. Era una dificultad el hecho de que María no tuviese hijos, dada la probabilidad de que la política de Isabel condujera a otra ruptura con Roma. Pero subsistía un interés común en mantener a Francia contenida, base para sostener el lazo con los Países Bajos. Carlos había sido aliado del excomulgado Enrique VIII; Felipe y una cismática Isabel podían hacer causa común. Pero la deuda lo impidió también.

Felipe fue reducido a tal extremo que dejó de pagar con puntualidad hasta las miserables pensiones ofrecidas a los principales nobles y oficiales ingleses: clara advertencia de que todos los tesoros de Guanajato y Potosí, aliados con algunos de sus reinos, habían de costar a Inglaterra más de lo que ésta recibiría. Y sin la ayuda de Inglaterra, ¿qué sería de los Países Bajos? Carlos sabía cuán desordenados andarían; y en cuanto a la posibilidad de gobernarlos desde España, todas las ilusiones que había alimentado se disiparon por su lista y parlanchina hermana María de Hungría, único miembro de la familia (Carlos lo sabía muy bien) que realmente sabía lo que con aquéllos se podía hacer y lo que no.

Y después, Italia. El fatal regalo de la investidura de Nápoles le había enredado en una querella contra Francia, que aún se hallaba pendiente cuando Carlos dio su espíritu. Cierto que él había expulsado de Lombardía a los franceses y desbaratado sus intentos de promover disturbios en los pequeños Estados que se hallaban en sus líneas de comunicación por la Península. Para ello había gastado un tesoro innumerable. Pero el francés tenía aún un apasionado partidario en Paulo IV, que, como proclamaba su sobrino, había de unir contra Carlos a Francisco, al Sultán y al demonio; tanto, que Paulo hasta se había opuesto a los esfuerzos que hacía España para aplastar la herejía en Nápoles. Bien podía decir Carlos a Felipe que Milán le daba que pensar más que todo el resto.

De las muchas posesiones de Carlos, solamente los reinos españoles y las Indias de Castilla podían ser consideradas como seguros hasta cierto punto. Sin embargo, los tesoros del Nuevo Mundo lo habían animado para lanzarse a tales aventuras que henchían sus gastos medios anuales a varias veces lo que habían sido al comienzo de su reinado. Este brutal bombeo de mercancías sobre el sistema español, que estaba muy lejos de la fortaleza necesaria para sostener el esfuerzo, había resultado una inflación, pérdida de mercancías y dinero y, al final, insolvencia. Carlos resultaba ya forzado para toda su vida a pedir préstamos. ¿Cómo pudo valerse Felipe sin crédito después de vendidas la mayor parte de sus rentas y reducido a confiscar los cargamentos de América que se habían librado de las garras de los funcionarios, que ya se habían hecho maestros en el peculado con la excusa de que no les pagaban los sueldos? Eraso había visto venir la situación años atrás. Decía que a Carlos y Felipe no les quedaba que hacer más que reducir sus pérdidas y correr a España. Carlos había ido. Felipe quiso primero probar suerte contra Francia; pero por falta de fondos no había podido explotar la victoria de Saboya obtenida por él en San Quintín. ¿Pudo haberse escurrido de entre los peligros que le rodeaban en el Norte y alcanzar vivo el santuario? Y, de hacerlo así, ¿qué habría encontrado en España? La tierra temblaba allí también. Con un arzobispo de Toledo sospechoso de luteranismo, todo podía ocurrir. Deuda y herejía, herejía y deuda. Éstas se iban extendiendo en perspectivas temerosas ante los ojos de un hombre envejecido que esperaba su fin en Yuste.

Aunque Felipe hubiese poseído facultades de gobierno en alto grado, aunque se hubiera tomado el trabajo de aprender bien los idiomas de sus súbditos ingleses, borgoñones e italianos, para no verse en la necesidad de entenderse con consejeros que hablaran español, el conjunto habría sido una grave dificultad para que Felipe dominase aquellos problemas. Y Carlos, a pesar del amor que sentía por su único hijo legítimo, conocía bien lo limitado que era Felipe.

No hay prueba alguna de que Carlos temiera la muerte. Había suspirado por un pequeño descanso antes de morir; lo bastante para ponerse en paz con su Hacedor, y esto no se le había negado. Y ya el mundo nada le ofrecía que pudiese desear.

* * *

Pero había construido más de lo que él mismo sabía. Sus acuerdos, no todos los intentados, sino los conseguidos, surtieron efecto durante siglos, hasta 1918, en sus líneas principales y en parte hasta hoy. Llegó la marea napoleónica, pero en el reflujo dejó un paisaje como el establecido por Carlos. La primera de sus construcciones que desapareció fue la italiana, y aun ésta duró tres siglos, a pesar de las fuerzas aliadas contra ella. Las demás eran fundaciones firmemente cimentadas, inteligentemente adaptadas a la naturaleza del terreno.

Para los pueblos de habla inglesa, y desde el punto de vista del equilibrio europeo, la obra más notable de Carlos fue la consolidación de unión política extendida desde los Estrechos a la desembocadura del Ems, y tierra adentro hasta las fronteras de Luxemburgo-Lorena, independiente de Francia por una parte y de Alemania por la otra. No sólo conservó todo lo que sus antepasados borgoñones habían poseído en aquella región, sino que añadió a la estrecha faja costera consistente en Holanda propiamente dicha y Friesland, que habían sido de ellos, Utrecht, Guelder y Overyssel, fijando así la frontera Holanda-Alemania aproximadamente donde se encuentra todavía. La timidez de Felipe y su desconocimiento del carácter norteño produjo la división por mitad de aquella unión; pero esto ocurrió cuando ya no amenazaba el peligro de la oposición alemana, movimiento que culminó en los días de Lutero y ya había cesado. Cuando se reprodujo en nuestros tiempos, la conciencia nacional holandesa se había fortalecido y convertido en algo que se robustecía con los golpes. El haber conservado la costa de Flandes y las bocas del Escala fuera de la órbita francesa fue hazaña mayor aún. Flandes y el Artois, cuando llegó Carlos, eran feudos de la Corona francesa. Luis XI y Luis XII habían reabsorbido otros feudos que se habían hecho *de facto* independientes. Francisco I y Enrique II no escatimaron nada en sus esfuerzos para recobrarlos. Pero el trabajo de Carlos aseguró el que ni Francia ni Alemania pudieran dominar la faja costera por donde Inglaterra había sido siempre más vulnerable. No era éste su principal motivo, pero no es menos digno de recordación. Carlos era demasiado respetuoso con las instituciones para querer renovarlas mientras pudieran ser útiles. Pero vio que había que suprimir las apelaciones en las posesiones que habían sido feudos del Imperio al *Reichskammer,* ni del Artois y Flandes al Parlamento de París. Continuando y completando la obra de sus antecesores borgoñones, estableció un Tribunal Supremo que satisfacía aquella necesidad y dejó al tiempo afirmar lo que él había establecido.

No es sorprendente que los alemanes vieran en Carlos un enemigo del *Germanenthum,* responsable de la pérdida no sólo de Milán y de otros feudos italianos, sino de regiones como *Dutch Nederlands,* que habían sido parte del Imperio lo mismo que otras provincias que hablaban el bajo alemán. Sus contemporáneos luteranos sospechaban de él hasta por intentar hacer con los obispados de Münster y Osnabrück lo mismo que con Utrecht. Cuando vamos a Austria vemos trabajar allí la influencia desgermanizante. Pasando los dominios hereditarios de los Habsburgo a su hermano Fernando, nacido y criado en España y que no había pisado sus futuros dominios antes de cumplir dieciocho años, Carlos dio a Viena una Corte española con un estilo meridional: lo mismo que luego hizo con Lombardía, y al final Venecia misma cayó bajo la ley austríaca. Si Viena produjo una civilización que el resto de Europa ha encontrado más simpática y tolerante que la dominante en la propia Alemania, Carlos merece por ello un recuerdo. Austria, que era un necesario puesto avanzado del *Germanenthum,* fue preservada de inclinarse al centro alemán y de seguir a los primitivos territorios de Habsburgo a la Confederación Helvética. En su lugar recibió, al mismo tiempo que un grado de prosperidad, la impronta latina, a la que debe su distinto carácter, y se hizo un adecuado centro para una internacional *commonwealth,* cada una de cuyas partes retuvo sus instituciones autónomas mientras duró la monarquía de Habsburgo.

Muchos danubianos, y no sólo austríacos y magiares, habiendo experimentado el sistema rígidamente centralizador desde 1918, volvían la vista atrás con melancolía al flexible y humano régimen que desapareció con los Habsburgo: tiranía le llamaban algunos que lo comparaban con un Estado ideal por ellos imaginado y del que nunca existió semejante en el mundo y que no habían de experimentar después de haber quitado el trono en Viena y Budapest, preparando con ello, como ven ahora, el camino para las "democracias populares dirigidas por el Soviet que produjo la segunda guerra mundial". No es que hubiese nada malo en el sistema de Habsburgo ni que éste pudiera reconstruirse hoy; pero en conjunto era menos opresivo y hacía más felices a los que vivían bajo él que todo lo que hasta entonces se había conocido en el valle del Danubio. La fuerza del antiguo sistema austríaco residía en un concepto medio humorístico, medio irónico, de la incapacidad del hombre para realizar los propósitos mediante súbitas innovaciones, con la implícita idea de que más le habría valido contentarse con aquellas modestas ventajas que el esfuerzo paciente podía procurarle, aceptando las limitaciones necesarias para que pueda funcionar un sistema, en vez de exponerse a perderlo todo por intentar lo absoluto: exactamente la esencia de la filosofía de Carlos.

Y con esto nos despedimos del Emperador. Hemos querido pintar el mundo que lo rodeaba tal como él lo veía, y al césar tal como él aparecía a sus propios contemporáneos, que observaban sus actos con apasionada atención. Durante mil años, desde Carlomagno a Napoleón, no hubo otro gobernante de tanta importancia para la cristiandad. Él habría sido el último en creer que dominaba el curso de los acontecimientos. Luchó para conservar lo suyo, para preservar a su mundo del infiel por fuera y del reformador por dentro y para asegurar lo que quedaba de la unidad cristiana. Su lema pudo haber sido *Domine, dilexi decorum domus tuae.* La apreciación de su éxito tendrá siempre que variar según el punto de vista de cada lector. Pero al menos se puede decir que si todo el Imperio se hubiese hecho protestante y Francia hubiera absorbido a Flandes, sabemos a la incapacidad de quién podríamos atribuirlo. Sus medios siempre fueron escasos para atender a todo lo que de él se esperaba en el aprovechamiento de las victorias o de un éxito diplomático.

Pero por una sagaz combinación de rápida decisión cuando un problema le obligaba a actuar precipitadamente, dejando a los acontecimientos el cuidado de sí mismos, y gracias también a un conocimiento de los hombres que se había convertido en instinto y a un encanto personal que atraía la devoción de sus subordinados, Carlos, incansable en la adversidad, no deslumbrado por el éxito, se las arreglaba de modo que pudo dejar a su sucesor más reinos de los que él había heredado ni habían soñado sus más optimistas auxiliares y detener la descomposición de Roma.

Además del importante papel que jugó en su época, fue hombre de gusto y de sensibilidad, para el que la lealtad en las relaciones humanas significaba lo que significa la belleza en los colores y el sonido; hombre que cumplió su deber conforme a sus luces, trabajó afanosamente y fue más duro para sí que para los otros. Leed en su mirada, en el retrato que de él hizo Tiziano en Munich, lo que Quijada, que había vivido a su lado durante treinta años, intentó expresar en las palabras finales de su descripción de los últimos momentos del Emperador: "Así acabó el caballero más grande de todos los tiempos."

NOTA SOBRE LOS MAPAS DE LAS GUARDAS

Los dos mapas pequeños muestran los cambios políticos ocurridos en los Países Bajos durante el reinado de Carlos V (1515 a 1555).

Los antiguos lazos que existían entre estas provincias (excepto el Artois y Flandes, originalmente feudos de Francia) y el Imperio se habían ido relajando gradualmente; pero aún quedaba un resto, al menos en teoría, hasta 1548, en que las autoridades competentes del Imperio reconocieron que el Círculo borgoñón no dependía de los Tribunales imperiales ni de la Dieta. Entre tanto, Carlos hizo importantes adiciones al territorio de Holanda.

El mapa grande (Habsburgo y Europa al comenzar el año 1548) presenta (en rojo) las posesiones de Carlos V por sus diversas coronas, incluso el Ducado de Milán, que había cedido ya a su hijo Felipe, y (en azul) los de su hermano Fernando.

Dado el destino de este libro, no ha parecido necesario presentar aquí la totalidad de Estados, eclesiásticos y civiles, con sus complicados enclaves, que entonces formaban el área conocida como Alemania, en la que el mismo Carlos nada poseía desde que pasó las hereditarias tierras de Habsburgo a Fernando. En todo caso, ningún mapa de esta escala podría indicar todos aquellos límites de manera legible. Su simplificación sólo podría hacerse de modo arbitrario, con posibles resultados erróneos. El lector que desee estudiar la **geografía política** de la antigua Alemania necesita acudir a los atlas históricos: el de Droysen es la mejor guía en tan complicado tema.

ASCENDIENTES DE FELIPE EL HERMOSO

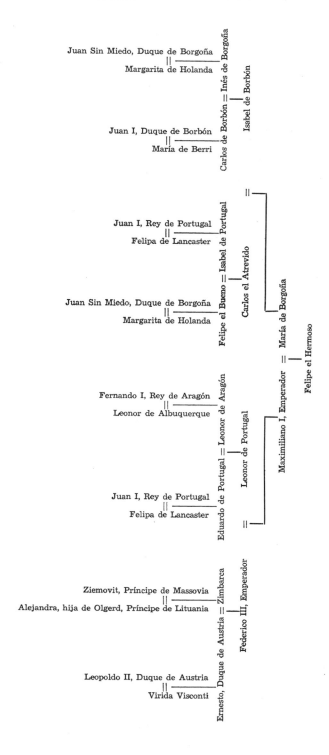

ASCENDIENTES DE JUANA LA LOCA

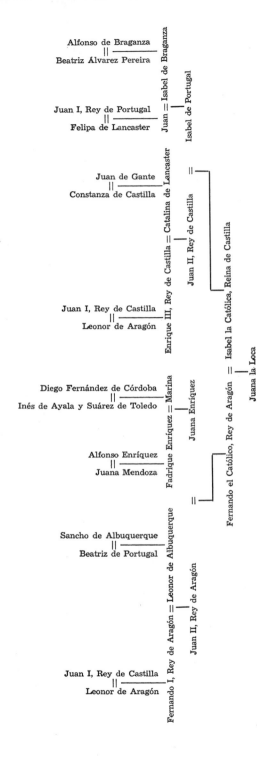

PARIENTES PRÓXIMOS Y DESCENDIENTES DE CARLOS V

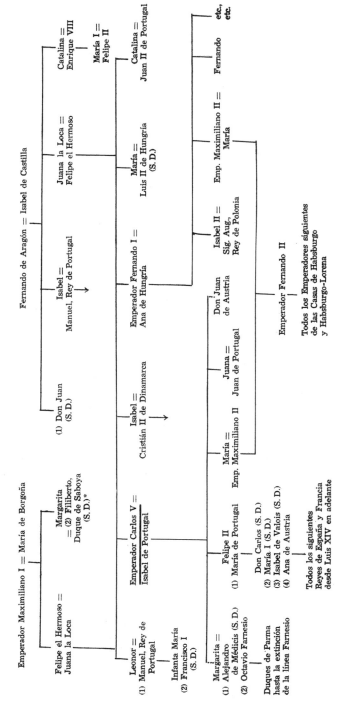

* S. D.: Sin descendencia.

La Europa de los Habs[burgo]

Territorios de los cuales Carlos V era soberano.

Territorios pertenecientes a Fernando.

Territorios fuer[a...] a Fernando, [...] grantes del I[...]